中传学者文库编委会

主　任： 廖祥忠　张树庭
副主任： 蔺海波　李　众　刘守训　李新军　王　晖
　　　　　杨　懿　柴剑平

成　员（按姓氏笔画排序）：
　　　　王廷信　王栋晗　王晓红　王　雷　文春英
　　　　龙小农　付　龙　叶　龙　刘东建　刘剑波
　　　　任孟山　李怀亮　李　舒　张绍华　张　晶
　　　　张根兴　张毓强　林卫国　郑　月　金　炜
　　　　金雪涛　周建新　庞　亮　赵新利　徐红梅
　　　　贾秀清　高晓虹　隋　岩　喻　梅　熊澄宇

中传学者文库

1954-2024

主编／柴剑平　执行主编／龙小农　副主编／张毓强　周建新

影视译制论纲

麻争旗自选集

麻争旗 著

中国传媒大学出版社

·北京·

图书在版编目（CIP）数据

影视译制论纲：麻争旗自选集 / 麻争旗著 . -- 北京：中国传媒大学出版社，2024.8.

（中传学者文库 / 柴剑平主编）.

ISBN 978-7-5657-3700-8

Ⅰ. H059-53

中国国家版本馆 CIP 数据核字第 2024BV2913 号

影视译制论纲：麻争旗自选集
YINGSHI YIZHI LUNGANG：MA ZHENGQI ZIXUANJI

著　者	麻争旗
责任编辑	于水莲
特约编辑	杨舒文
封面设计	锋尚设计
责任印制	李志鹏
出版发行	中国传媒大學出版社
社　　址	北京市朝阳区定福庄东街 1 号 邮　编 100024
电　　话	86-10-65450528　65450532　传　真 65779405
网　　址	http://cucp.cuc.edu.cn
经　　销	全国新华书店
印　　刷	北京中科印刷有限公司
开　　本	710mm×1000mm　1/16
印　　张	17.75
字　　数	275 千字
版　　次	2024 年 8 月第 1 版
印　　次	2024 年 8 月第 1 次印刷
书　　号	ISBN 978-7-5657-3700-8/H · 3700　定　价 90.00 元

本社法律顾问：北京嘉润律师事务所　郭建平

总 序

媒介是人类社会交流和传播的基本工具。从口语时代到印刷时代，再经电子时代至今天的数智时代，媒介形态加速演变、融合程度深入发展，媒介已然成为现代社会运行的基础设施和操作系统。今天，人类已经迈入媒介社会，万物皆媒、人人皆媒，无媒介不社会、无传播不治理。今天，无论我们怎么用力于信息传播的研究、怎么重视信息传播人才的培养都不为过。

中国传媒大学（其前身为北京广播学院）作为新中国第一所信息传播类院校，自1954年创建伊始，即与媒介形态演变合律同拍、与国家发展同频共振，努力探索中国特色信息传播人才培养模式、构建中国信息传播类学科自主知识体系，执信息传播人才培养之牛耳、发信息传播研究之先声，被誉为"中国广播电视及传媒人才摇篮""信息传播领域知名学府"。

追溯中传肇始发轫之起源、瞩望中传砥砺跨越之未来，可谓创业维艰而其命维新。昔日中传因广播而起，因电视而兴，因网络而盛，今天和未来必乘风破浪、蓄势而上，因人工智能而强。在这期间，每一种媒介兴起，中传均吸引一批志于学、问于道、勤于术的

学者汇聚于此,切磋学术、传道授业,立时代之潮头,回应社会需求,成为学界翘楚、行业中坚,遂有今日中传学术研究之森然气象,已历七秩而弦歌不断,将传百世亦风华正茂。

自新时代以来,中传坚守为党育人、为国育才初心,励精图治、勠力前行,秉承"系统治理、创新图强、交叉融合、特色发展"的办学理念,牢牢把握高等教育发展大势、传媒业态发展趋势,瞄准"智能传媒"和"国际一流"两大主攻方向,以世界为坐标、以未来为向度,完成了全面布局和系统升级,正在蹄疾步稳、高质量推动学校从传统高等教育向未来高等教育跨越、从传统传媒教育向智能传媒教育跨越、从国内一流向世界一流跨越,全力建设中国特色、世界一流传媒大学。

中国特色、世界一流,在于有大先生扎根中国大地,汇聚古今、融通中外;在于有大先生执教黉门,学高为师、身正为范;在于有大先生躬耕杏坛,敦品积学、启智润心。习近平总书记更强调,高校教师要立志成为大先生,在教书育人和科研创新上不断创造新业绩。中传广大教师素来以做大先生为毕生职志,努力成为新时代"经师"与"人师"的统一者,做真学问、立高品行,践履"立德树人"使命。

2024岁在甲辰,欣逢中传建校70华诞,学校特邀约部分学者钩玄勒要、增删批阅,遴选已公开刊发的论文汇编成集,出版"中传学者文库",意在呈现学校在学科建设、科学研究、服务行业实践等方面的最新成果,赓续中传文脉,谱写时代新声。

文库汇聚老中青三代学者,资深学者渊渟岳峙、阐幽抉微;中年学者沉潜蓄势、厚积薄发;青年学者踌躇满志、未来可期。文库与五十周年校庆所出版的"北广学者文库"相承接,大致可勾勒中传知识生产薪火相传、三代辉映之概貌，反映中传在构建中国特色新闻传播类、传媒艺术类、传媒技术类学科体系、学术体系和话语体系方面的耕耘与收获，窥见中国特色信息传播类学科知识体系构建的发展脉络与轨迹。

这一构建过程，虽筚路蓝缕，却步履铿锵；虽垦荒拓野，亦四方辐辏。一批肇始于中传，交叉融合、具有中国特色的学科，如播音主持艺术学、广播电视艺术学、传媒艺术学、数字媒体艺术学、政治传播学等，从涓涓细流汇入滔滔江河，从中传走向全国，展现了中传学者构建中国自主知识体系的学术想象力和创新力。文库展示的虽然是历史，实则是呈现今天；看似是总结过去，实则是召唤未来。与其说这套文库的出版，是对既有学术成果的展示，毋宁说是对未来学术创新的邀约。

回首过往，七秩芳华。我们深知，唯有将马克思主义基本原理与中华优秀传统文化相结合，才能推动中华学术创造性转化和创新性发展，推动中国自主知识体系的构建。我们深知，唯有准确把握媒介形态演变的脉动、深刻认知媒介形态变革所产生的影响，才能推动中国信息传播类学科自主知识体系的构建与时俱进。

展望未来，星辰大海。我们深知，以人工智能为代表的产业和科技革命正迅疾而来，媒介生态正在加速重构，教育形态正在全面重塑，大学之使命与价值正在被重新定义；我们深知，唯有"胸怀国之大者"、面向世界科技前沿、面向经济主战场、面向国家重大需求，才能确保中传始终屹立于中国乃至世界传媒教育发展之潮头。

如何应对人工智能带来的深刻变革，对中传而言是一场要么"冲顶"、要么"灭顶"的"兴亡之战"。我们坚信，不管前方是雄关漫道，还是荆棘满途，唯有勇敢直面"教育强国，中传何为？"这一核

心命题,奋力书写"智能传媒教育,中传师生有为!"的精彩答卷,才能化危为机,奋力开创人工智能时代中传智能传媒教育新纪元。

功不唐捐,芳华七秩;风帆正举,赓续创新。

是为序。

第十四届全国政协委员,中国传媒大学党委书记、教授、博士生导师

序 言

本书收录的是作者不同时期发表的一些散论,所谓"散"指的是"散落"在不同的话题里,而不是按照统一的逻辑整合成为一个学术系统,或专著。不过,由于笔者在过去30多年里,主要从事翻译、翻译教学与研究,所发表论述大多都与翻译相关,也就是关于翻译的理论问题或者方法问题,在此意义上,假如把"译论"作为逻辑线索,那么,本书划分的"四个板块"似乎有了思想联系,具体而言,如"翻译论"属于关于翻译的基础理论,因为这里的翻译是一个抽象概念,泛指一般意义的语言转换活动,因而属于本体性研究;到了另一个板块"影视翻译论",由于有了定语"影视"(视听),这时的翻译指的是具体的专业性活动,所以属于专业理论的范畴;进入"译制艺术论"部分,这一板块显然是在翻译基础上向相关产业的延展,这时的翻译活动势必与相关学科发生联系,并成为文化传播系统中的组成部分,所以"译制"研究不可能是单一学科研究,而是具有跨学科性,或者说属于交叉学科理论。

如果从相互关系来看,以上三论其实表现出一种从基础到专业再到学科融合的二次跨越,其间似乎有一点理论层级提升的倾向,以此而论,最后板块"媒介传播论"则属于对基础理论或基本理论的补充,勉强算是向"价值论"或"社会功能论"的延展。从侧重点上讲,四个部分各有聚焦,其价值也不完全等量齐观。

关于翻译本体的思考是有特殊意义的,也是最为重要的,因为翻译活动跟人类生存发展密不可分,所以这样的思考具有哲学的价值,这从文章的标题就可以看得出来。翻译到底从何而来、翻译是如何发生的等等这些都不是小问题,而是大问题,是作为其后所有研究具体翻译活动的认知基础。笔者对于翻译本体的思考从无间断,因为不管是配音翻译、新闻翻译、诗歌翻译,还是字幕翻译、视听翻译,不管给翻译前面加什么定语,中心词是不变的,也就是说,翻译的本质是不变的。笔者正是带着这个思想来研究思考具体的翻译活动的。

可惜的是,关于翻译的本体的研究并没有成为学界讨论的热点,国内关于翻译理论和翻译学的研究似乎依然处于引介、借鉴、摸索的阶段。笔者所见,其中最大的问题恰恰是人们对于翻译的本质的认识还存在一定的模糊性。例如,在谭载喜的《翻译学》里,"翻译的实质"虽然被列为研究的首要问题,但书中却指出,可惜的是,对于这个问题,"我们的翻译理论仍然缺乏一个概括全面的、科学的说明"。这的确让读者感到可惜,因为此书虽然对一些"说法"进行了分析,但最终还是没有提出什么明确的观点[①]。由于缺少关于翻译本体的认识,因此,即使在当代翻译家那里,"教条化"依然发挥着很大的传统优势。没有哲学的理论,从根本上说是缺少灵魂的理论,因而不能算是完整的理论,只能算是"术",不能成为"学",或曰

---

① 参见谭载喜.翻译学[M].武汉:湖北教育出版社,2005:6-39.此书"作为一部翻译学的概论性著作",被誉为"在我国翻译研究发展史上具有里程碑式的意义"。此评论参见张冬梅,黄朝阳.《翻译学》与翻译学[J].湖南工业大学学报(社会科学版)2009,14(3):159-160.

"有术无学"。①

翻译"无学"的状况跟翻译屈居应用语言学下作为"技能"的地位是完全吻合的。这就是说，语言学承认翻译，但只是将其当作"工具"。哲学家承认翻译，但只是把翻译当作"意义的阐释"。国内学者引进西方语言学和翻译学的目的主要是运用其分析方法来帮助我们"理解原文，选择译文"，从根本上说，依然没有离开"工具论"的范畴，因为大家思考的模式依然是"文本—含义—文本"，并不是"人—思想—文本"②。

笔者的几篇小文却直指翻译的本质，追问翻译何为，何为翻译，并力图从认知学的视角阐释译者进行"翻译"的原理，透析翻译活动是怎么发生的。这些东西是翻译学本来应该回答的基本问题，因为笔者认为，翻译学是关于翻译的学问，是关于翻译的起源、发生、发展、价值等一系列基本问题的学问，而不仅仅是"怎么搞翻译研究"的学科介绍和相关理论引介。上述情况在"影视翻译研究"领域同样存在。

例如，有不少研究采取的做法是应用国外某种理论来分析字幕翻译、对白翻译或者视听翻译等问题，但是，其中许多研究只停留

---

① 早期的教条以西方译论为主，当代的教条是西方教条＋中国教条，最终没有提出一套具有中国特色的关于翻译的起源、本质、发展规律的学术体系，顶多是一些关于"如何进行翻译研究""如何描述翻译过程""如何规范翻译活动""如何落实翻译原则、方法和技巧"之类的方法论的知识梳理。在新近出版的《翻译学概论》里，翻译的本质、翻译的原理依然是模糊的，预示着国内翻译学的目的在于建构"翻译研究"的理论体系，并没有把重点放在回答"翻译到底是什么、为什么"这样的本质问题的追问上。《概论》里的14章中除了第二章是"翻译研究与XX"，其他各章都是"翻译与XX"，没有一章单独阐述翻译本身是什么，而是把重点放在分析翻译与传播学或其他学科或问题的"关系"上。可见，翻译学的研究依然缺少本体论和原创性。笔者所见，没有本体论的学科从根本上说还不能完全称得上真正意义上的独立学科。参见许钧，穆雷.翻译学概论［M］.北京：外语教学与研究出版社，2023.
② 麻争旗.译学与跨文化传播：对翻译的根本反思［M］.上海：上海交通大学出版社，2011.

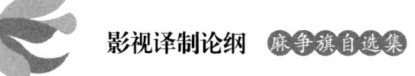

在现象层面,如不少研究关注字幕的时空问题、对白的多模态问题等,而不是首先关照所翻译的文本的本质特征,如电影对白与人物形象的关系、儿童片语言与童趣的表达等,由于缺少本体研究,其结果往往缺少深度。依笔者所见,脱离了本质特征的思考,其主观性大于客观性,讨论出来的原则或者方法就有可能是无源之水、无根之木,往往站不住脚,也就没有多大的意义。本书的"影视翻译论"继承"翻译论"的传统,以本体研究为核心,不仅分析作为媒介的"影视"的特征,更主要的是深入透析影视剧文本的"剧"的本体特征,由此得出关于影视剧翻译的基本认识,为建构系统的"影视剧翻译理论"奠定了基础,同时为形成"译制艺术论"的核心理论,即译制是语言转换的艺术这一思想,奠定了坚实的基础。可以说"影视翻译论"对于形成笔者的学术思想发挥着关键性的作用。

其后的两个单元"译制艺术论"和"媒介传播论"其实是影视翻译基本思想向译制产业乃至国际传播领域的拓展和延伸。当然,实践出真知,笔者的点滴认识都是在关注乃至直接投身译制的实践中逐步形成和完善的。

30年前,笔者刚刚接触译制片翻译,其时正值改革开放初期,国人需要了解世界,所以我们有大量作品引进,笔者也有机会翻译了不少外国的作品,从而积累了最原始的影视剧翻译经验。

30年后的今天,中国社会进步了,中国的译制艺术开始向两翼伸展,一方面,译制艺术积极推动民族语译制的发展,有力促进边疆的文化建设和民族共同体建设;另一方面,译制艺术大力推动对外译制,助力中国影视文化走向世界,由此形成三位一体的、完美的、具有中国特色的译制文化系统,这是多么可喜可贺的伟大成就!更令笔者兴奋的是,与此相随,笔者的教学活动和研究活动也从引进译制不断向民族语译制和对外译制拓展和延伸,最终形成了关于译制艺术的系统的全面的认识,也就是以"语言转换"为核心的"译制重构理论"。

在此,笔者的认识理路与我国译制传播的发展十分完美地统一起来,几乎如出一辙、形影相随,顿感机缘之妙哉!

麻争旗

目 录

翻译论

翻译·存在·文化·审美 …………………………………………… 003
翻译与跨文化传播 ………………………………………………… 015
翻译二度编码论
　　——对媒介跨文化传播的理论与实践之思考 ………………… 022
翻译二度编码论与心理语言学模式 ……………………………… 034
论国际新闻编译的文化策略 ……………………………………… 051

影视翻译论

论影视翻译的基本原则 …………………………………………… 065
新制译制片《居里夫人》之翻译及其艺术品格 ………………… 074
影视对白中"节奏单位"的翻译探究 …………………………… 083
影视剧翻译方法谈 ………………………………………………… 097
修辞重构
　　——电影翻译的艺术手段 ……………………………………… 108

译制艺术论

译制片的屏幕魅力
　——对译制艺术的再认识 ················· 121
加强理论研究，改变教学观念
　——关于影视译制教学改革的几点思考 ··········· 127
理念更迭与全球探望：新时期我国译制艺术发展论 ······ 139
论译制文化的主体特质 ···················· 151
广播影视译制与国家文化安全
　——译制文化产业发展新思维 ··············· 163
民族语译制研究的问题与思考 ················ 169
新疆巴音郭楞蒙古自治州蒙语影视译制研究 ·········· 182
"一带一路"背景下译制艺术与影视对外传播 ········· 195
视听译制艺术的国际传播力研究 ··············· 208

媒介与传播论

中国电影在英国院线传播的市场考察 ············· 221
媒介跨文化研究之我见 ···················· 233
中外媒体英语新闻语言学对比研究 ·············· 244
体育直播的文本和意义：体育媒介事件的叙述模式 ······ 257

后　记 ···························· 266

翻译论

翻译·存在·文化·审美[*]

一、翻译——大众化职业

翻译本是人类社会特有的行为，是人类进行信息交流、文化传播活动的中介环节。随着人类社会的交流传播在内容、方式、形态、规模等诸方面的不断发展，翻译活动也发生着质和量的深刻变化。

在我国古代早有"两舌之人"的活动记载[①]。从东汉时（公元148年）开始翻译佛经算起，到前秦时专设佛经译场，翻译从民间私人事业发展为有组织的活动。到了隋唐时期，我国翻译事业高度发达。随着近代西学东渐，我国翻译事业进一步兴旺发达起来。

然而，古代的翻译毕竟是贵族的事情，是高深的学问，为普通学者所难及。即使是近代，翻译也只有受过特殊教育的人才所能为，终归属于精英文化的范畴。

今天，人类社会已跨入信息时代，传播的大众化、全球化为翻译开辟了一个前所未有的广阔空间，从此，翻译走下了神坛，成为一种日趋大众化的职业。

资料显示[②]，2001年北京市在册的翻译公司（翻译中心或翻译社）有

---

* 本文原载于《现代传播》2001年第5期，收入本书时略有删改。
① "两舌之人"指古代佛经译场中的译员。
② 数据来源于《北京青年报》2001年1月8日第21版。

109 家，1998 年以后注册的达 79 家，两年内翻译公司的数量翻了两倍半。业内人士称，实际上远远不止这个数，大大小小约有 500~600 家。这惊人的数字背后活动着多么庞大的翻译者队伍！不难想象，中国加入 WTO 之后，中外经贸、文化往来会日益频繁，翻译活动也将越来越广泛、越来越平常，译者队伍则势必随之壮大。

于是有人担心，既然人人都能做翻译，那么，以翻译为事业、为追求的翻译家还有饭吃吗？翻译既已大众化，它也会像其他文化产品一样成为一次性消费抑或文化快餐吗？

这种担心不无道理。正如一般商品存在假冒伪劣现象那样，翻译"品"也患有粗制滥造的流行病。社会上有"拿来就译"的，有"望文生译"的，也有靠"文曲星""快译通"等边查快译的——结果许多"译作"文理不通、谬误百出。甚至在广告、招牌、名片这些引人注目的地方，荒唐可笑的"译例"不胜枚举。但"人工智能"的信徒们不以为意，依旧拥抱"翻译将成为历史"的断言。

翻译到底是什么？翻译家要做的事情就这么简单吗？如果掀开所谓翻译大众化的浮尘，从历史的、哲学的、文化的乃至审美的角度来作一番分析，那么，对于翻译的本质及其特征，行里行外的人们自会做出合乎逻辑的判断。

二、翻译——符号存在

翻译，从狭义上讲，是把一种语言文字的意义用另一种语言文字表达出来（《现代汉语词典》），这是语言学上的判断。按卡西尔的符号学观点，人是符号的动物，世界是人造的符号世界，人创造并使用符号进行交流传播，人际传播的过程就是符号互动，不存在没有符号系统的传播。根据"奥斯古德—施拉姆"的传播模式，传受双方互为传播过程的主、客体，执行着相同的功能，即编码、译码和释码。[①] 在此层面上，翻译是把意义转化为符号，又

---

① 胡正荣.传播学总论[M].北京：北京广播学院出版社，1997：173-174.

把符号还原成意义的双向转化。所以,翻译的本质是符号互动,是人的交流传播方式。

例如,甲向乙表达某种思想情感,即所谓传播某种信息,此信息不会自己直接跑过去,而要先被转化成某种乙能接受、能感知的东西,即"你知我知"的符号,譬如一个眼神、一个手势、一句言语、一首诗歌、一枝玫瑰,或一封电子邮件。甲的表达过程,即信息编码本身就是翻译,就是把他的思想情感翻译成符号,于是他完成了一篇译文(眼神、手势、言语、诗歌、玫瑰或电子邮件);这篇译文,即信息符号,经由媒介传递到乙,乙对此译文进行释读,即符号解码,又是翻译,就是把译文还原成甲要表达的意义,即原文。可见,甲、乙之间完成一次信息传播,需经过符号的编码和解码两个基本环节,也就是两个互逆的翻译过程。

再拿艺术创作和欣赏为例,如朱光潜先生所讲,姜白石在作"数峰清苦,商略黄昏雨"这句词时,先从自然中见出一种意境,然后拿这九个字把它翻译出来。后人读这句词时,这九个字只是一种符号,要能认识这种符号,就要凭想象与情感从这种符号中领略出姜白石原来所见到的意境,须把他的译文翻回到"原文"[①]。可见,艺术审美也表现为符号编码和解码这两个基本环节,即两个互逆的翻译过程。

当然,在实际生活中,艺术活动往往比这一模式复杂,但其传播的实质依然遵循符号编码和解码的道理。例如,柴可夫斯基把他见到的"天鹅湖"意境翻译成乐谱,指挥和乐队再把乐谱翻译成《天鹅湖》音乐,舞蹈家把乐谱翻译成舞台表演,我们凭自己的想象和情感,从这演奏的音乐或舞台的表演中领略柴氏的"天鹅湖"意境,即把经二度翻译的译文翻回到原文。

总之,艺术创作和欣赏表现为艺术符号和艺术形象之间的相互转化,也就是说,艺术活动的中心环节就是翻译。

由此展开,"人类精神文化的所有具体形态——语言、神话、宗教、艺

---

① 朱光潜.谈美[M].合肥:安徽教育出版社,1932:89.

术、科学、历史、哲学等，无一不是符号活动的产物"。① 因而，人的一切精神文化活动都表现为这种或那种符号传播形态，即采取这样或那样的翻译方式。

再用一则朱光潜先生关于看古松的不同态度的例子。面对田园里那一棵古松，木商所知觉到的是一棵做某事用、值几多钱的木料，心里盘算它是宜于架屋还是制器，思量怎样去买它、砍它、运它——他读解的是实用价值，是谓译其善；植物学家所知觉到的是一棵叶为针状、果为球状、四季常青的显花植物，心里决定把它归到某类某科里去，注意它和其他松树的异点，思量它们何以活得这样老——他读解的是科学规律，是谓译其真；画家——只管审美，他所知觉到的是一棵苍翠劲拔的古松，他在聚精会神地观赏它的苍翠的颜色，它的盘屈如龙蛇的线纹以及它的昂然高举、不受屈挠的气概——他读解的是美，是谓译其美。②

古松作为同一种符号，对它采取三种态度，实际上就是采用三种解码方式得出的三种结果，或者说，是由三个翻译做出的三份"译文"。

总之，人的交流传播离不开符号，而发生在符号与意义之间的互动就是翻译，所以从根本上说，翻译体现着人的符号存在。

显然，因为人每天都与符号打交道，所以人每天都在做翻译。换言之，因为每天人人都与符号打交道，所以，每天人人都在做翻译。然而，这里所说的翻译是指人的交流传播活动具有编码、译码的性质，与具体的职业翻译的行为并非同一概念。

那么职业翻译，即平常说的翻译有什么特性？按语言学的定义，职业翻译可理解为本文表示意义与符号关系的翻译的特殊形态，因为它的功能是把一种语言符号转换成另一种语言符号，也就是说，它是"符号转换器"或曰"语言转换器"，反映的是符号与符号之间的关系，所以，一般称作语言翻译

---

① 周月亮.中国古代文化传播史［M］.北京：北京广播学院出版社，2000：20.
② 朱光潜.谈美［M］.合肥：安徽教育出版社，1932：15-16.

（如英语翻译、口语翻译等）。①

例如，中美代表举行谈判，需要翻译来沟通语言。中方讲话，是把意见（原文）翻译（编码）成汉语（译文1），作为语言转换器的翻译人员把汉语（译文1）转换成（这是平常讲的翻译）英语（译文2），美方代表再把它（译文2）翻回中方要表达的意见（原文）；同样，美方代表讲话也经历从原文（意见）到译文1（英语）再到译文2（汉语）的转换，然后中方代表再将译文2（汉语）翻回到美方要表达的原文（意见）。②

总之，语言翻译的品质体现为中介转换，是符号与符号之间的互动，发挥着桥梁、管道的作用，是一种职业化的特殊行为，可视为一般意义的翻译（体现意义与符号关系）的延伸和补充。前文所谓翻译的大众化，实际上是指语言翻译的大众化。

语言翻译的意义仅仅是中介或转换吗？或者说，语言翻译谁都能做吗？从社会语言学的观点来看，语言不能脱离社会文化而存在，使用不同语言的人往往处于不同的文化背景。因此，语际交流实际上是不同文化间的交流。③

三、语言翻译——跨文化传播

语言与文化唇齿相依。语言是文化的结晶，文化靠语言得以传播。

作为语际交流的中介，翻译（这里指语言翻译，下同）必然与不同的语言打交道，也就不能不与其各自所属的文化相沟通。

从语言自身的逻辑规则来分析，语言的规则不仅包括语音、词汇、语法

---

① 最常见的交流是在同一语言内进行的，称为语内交流（intralingual communication）。语言翻译见之于操不同语言的人进行的交流，即语际交流（interlingual communication）。在语际交流过程中，翻译起着桥梁的作用。参见范仲英.实用翻译教程［M］.北京：外语教学与研究出版社，1994：10.
② 这里译文1，就是翻译学上的原文语言或叫原语（source language）；译文2则是译文语言或叫译语（target language）。参见范仲英.实用翻译教程［M］.北京：外语教学与研究出版社，1994：11.
③ 范仲英.实用翻译教程［M］.北京：外语教学与研究出版社，1994：11.

等结构层面,而且表现为决定使用语是否得体等诸多因素,即使用规则。"语言的使用规则实际上就是这种语言所属文化的各种因素。"①

翻译的基本环节——理解和表达都受制于原语和译语各自结构规则和使用规则的双重规定。理解的结果是获得原语的意义及其承载的文化信息,它以熟悉原语的结构规则和使用规则为前提,因而不能脱离原语的社会文化因素;表达的目的在于带着理解了的信息,用译语在其社会文化语境中进行有效交流,它以符合译语的结构规则和使用规则为条件,不能不与译语所属的社会文化因素相碰撞、相融合,因此,翻译的使命说到底是从一种社会文化语境中走出来,然后进入另一种社会文化语境,其表象是语言与语言的沟通,而实质是文化与文化的交融。所以,按文化翻译学的观点,语言是文化的载体,文化是语言的管规,翻译则是文化与文化的对话,是跨文化的传播。鉴于此,译者必须熟悉两种文化:本国文化和对象国文化,或曰"翻译者必须是一个真正的文化人"。②

佛文化在我国的传播史几乎就是我国古代翻译事业的发展史,尤其是佛经的传播,完全可以说是翻译家们的功劳。像著名佛教翻译家鸠摩罗什(Kumarajiva,公元344—413)、翻译巨星玄奘③,都是佛家高僧,他们既精通梵文④,又精通汉文,一边传教,一边译经,可以说,他们自身都是跨文化传播的典范。

近代西学东渐标志着我国翻译事业的发展达到了极盛,出现了像严复、林纾以及后来的鲁迅、瞿秋白这样的一批翻译大家。他们的翻译实践哪个不

---

① 邓炎昌,刘润清. 语言与文化[M]. 北京:外语教学与研究出版社,1989:1-2.
② 王秉钦. 文化翻译学[M]. 天津:南开大学出版社,1995:1-3,240.
③ 玄奘不但把梵文佛经译成汉语,而且是中国第一个把汉语著作介绍到外国、让外国了解我国的古代文化的翻译家,是他第一个把老子的著作译成了梵文。印度学者这样评价玄奘:"在中国以外没有这么伟大的翻译家,在全人类文化史中,只能说玄奘是第一个伟大的翻译家。"参见王秉钦. 文化翻译学[M]. 天津:南开大学出版社,1995:240.
④ 佛学是古代一种光辉灿烂的文化,自东汉初年传入中国,到唐代进入鼎盛时期。佛学包括宗教、哲学、科学和技术,用梵文写成。梵文是印欧语系中最难懂的语言。正式从梵文翻译佛经始于公元148年,这是我国翻译事业的发端。参见王秉钦. 文化翻译学[M]. 天津:南开大学出版社,1995:239.

是文化传播？他们自身哪个不是跨文化的传播人？

随着翻译事业的兴旺发达，广泛吸收外来文化，大量的外来语涌入了中国语言文化。据不完全统计，历史上汉语共借入外来语词汇在 10,000 个以上。近代以来，随着西学东渐的浪潮，跨文化语际交流呈多样化、多层次化，汉语同外语（特别是英语）的接触达到了空前的广度和深度。外来词滚滚而来，涌进了汉语文化，形成了不可阻挡的全民化趋势。① 翻译作为文化沟通、文化传播的角色似乎已是一种司空见惯、像家常便饭般无须提及的事情。翻译的"作品"早已融入人们的日常生活，甚至成为人们须臾不可离的东西。例如，出门打的（taxi），见朋友说"早上好！"（Good morning!），带孩子去吃麦当劳（McDonald），口渴来一杯"可口可乐"（Coca-cola）或"百事可乐"（Pepsi）；男士抽"万宝路"（Marlboro）香烟、喝"百威"（Budweiser）啤酒、系"金利来"（Goldlion）领带；女士用"玉兰油"（Oil of Ulan）、喷"百爱神"（Poison）香水；晚上唱一曲卡拉 OK，跳跳迪斯科（Disco），打打保龄球（Bowling）；周末去蹦极（Bungee-jumping），回来洗个桑拿（Sanna-bath），还要用点香波（Shampo），然后上互联网（Internet），给朋友发电子邮件（E-mail），或者打开电视（Television），关注中国入世（WTO）、美国发展 NMD（国家导弹防御系统）的动态，或者欣赏一部奥斯卡（Oscar）大片，直到入睡前说一声"晚安，亲爱的！"（Good night, darling）……在这里，文化、翻译、传播、生活——人们只觉得自然，已无心关注这些概念之间的互动或差异，因为它们已经难分彼此，融为一体了。翻译与文化，翻译与传播的关系变得模糊起来，因而常常被淡忘也就不足为奇了。

总之，翻译是跨文化传播的中介环节，具有文化和传播的双重性质。翻译并非那么简单，因为它不仅在做语言的文章，而且在讲文化的故事；不仅要懂一种语言、一种文化，而且要通两种语言、两种文化——这是起码的条件，仅就这一条，很难人人办得到。

---

① 王秉钦. 文化翻译学 [M]. 天津：南开大学出版社，1995：239–242.

四、文学翻译——艺术审美论

文学翻译在语言翻译的各种形态中占有十分重要的地位。"生产知识、科学文化知识靠翻译来互相传播，互相增进；生活情况以及精神境界的一切事物也靠翻译来互相感受、渗透、了解和理解。这便是文学翻译发挥的巨大作用。"① 文学翻译的品质可以从下面三个主要方面来概括。

（一）情感化

文学翻译家把翻译视为再创作，其原因之一在于译者情感的投入。正如张君川先生所说，不论小说还是剧本，都是诗，都是创作，首先必须爱之如命，甚至自己也有此创作欲望，拿它当自己的作品，才可下手翻译，不然译起来干巴巴的，失去诗意。艺术作品不是科学论文，要有丰富的思想感情与想象，译作亦应如此，才能感人。如果没有译者思想感情的参与，所译的作品就失去了灵魂。以演剧作个比方：我们看剧本，脑中就生出舞台形象，就等于再创造，即就观众、读者来说，在看戏、看小说，也随了演出及作者再创造。译者又何尝可以例外呢？②

文学翻译的过程首先是欣赏，译者须投入情感和想象，方能心领神会，进入原作意境，如果报以冷漠，那就很难为之感染、与之共鸣，谈不上真正理解。表达的过程更须调动情感、发挥想象，以道出真情，说出实话，最终实现传达神韵的境界。

笔者曾听一位翻译家说，翻译是寂寞的行当。要论工作条件，一个角落放一张桌子足矣。然而翻译家却并不孤独，因为他总是在跟人家对话，跟作者对话，跟每个不同的人物对话，直至跟每位读者对话。对译制脚本的

---

① 姜椿芳语，引自巴金，等.当代文学翻译百家谈［M］.北京：北京大学出版社，1989：1.
② 张君川.我的文艺翻译［G］//巴金，等.当代文学翻译百家谈.北京：北京大学出版社，1989：443.

翻译来说①，这种对话更生动、更形象、更直观。在翻译的脑海中有一个大千世界，时而翻滚着惊心动魄的巨幅画卷，时而流淌着催人泪下的绵绵情丝。然而由于思维模式、生活习惯等文化因素的差异，"表面文章"往往很难传达那些细微而珍贵的思想情感。所以，译者必须设身处地，进入人物内心深处，与之息息相通、荣辱与共，从而思其所思，感其所感，进而言其所欲言。

张友松先生说，文学翻译工作者也像作家一样，需要运用形象思维，不可把翻译工作当作单纯的文字转移工作，译者如果只有笔杆子的活动，而没有心灵的活动，不把思想情感调动起来，那就传达不出作者的风格和原著的神韵，会糟蹋名著、贻误读者。②

可见，情感投入是文学翻译的一条基本原则。

（二）性格再现

文学作品大都以塑造人物性格为特征。文学翻译的重要任务在于人物性格的再现。张友松先生谈翻译马克·吐温作品的体会时说，译者必须细心揣摩原作中描绘的各色各样的人物形象及其言谈举止，把自己溶化在作品的境界里，下笔时则力求使原著中的各种人物和自然景色活生生地呈现在读者眼前，使读者得到艺术的享受。③

动人的故事由活生生的人物的一言一行构筑起来，人物性格越鲜明，故事就越感人。准确把握人物性格对影视翻译来说尤其重要，它是保证译制再创作实现生动传神的关键。"年龄、身份、习性和社会地位、文化水平等等各自不同的人物，各有其特征，他们的外貌、语言、举动和表情，在译文中

---

① 译制脚本指电视台或影视公司用作配音译制的进口电影、电视剧之类的影视片的翻译脚本。影视片剧本属影视文学的范畴，因此，影视脚本的翻译应被视为一种文学翻译形式。
② 张友松.文学翻译漫谈［G］// 巴金，等.当代文学翻译百家谈.北京：北京大学出版社，1989：432–433.
③ 张友松.文学翻译漫谈［G］// 巴金，等.当代文学翻译百家谈.北京：北京大学出版社，1989：432–433.

都要恰如其分地表达出来，才算是真正的忠于原著，光在字面上死抠是不行的。"①

同样一句话，如果撇开特定的情感、语境等因素的影响，可以有几种不同的译法，其效果也不会有很大差异，往往因译者自身的风格有所取舍，这似乎是一种合理的自由。但是，人物性格特征则是限制这种自由的客观依据。人物性格越鲜明，这种限制就越严格；同样，译者对人物性格把握得越准确、越细致，那么，忠实于这一客观依据的自觉性就越强，因而译文的选择就越能"对号入座"，真正达到言如其人、观众闻其声便知其人的境界。

总之，人物性格再现是文学翻译的又一条重要原则。

（三）形式美重建

文学形式的多样性丰富了文学艺术的审美表现力，却让翻译伤透了脑筋。单就散文、小说之类的作品而言，译者要调动情感，要努力把握人物性格，准确再现原作神韵，这已实属难为之事。遇上诗歌、剧本、影视片脚本，翻译的任务可谓难上加难。

译诗的原则就是再创诗的意境。朱维之先生说，"译者与诗人之间，要心有灵犀一点通，然后经过再创造而表达出诗的意境……译者除了把原诗的内容——思想、感情、精神——表达出来以外，在形式上要尽量接近原作，从分行和押韵的方法到语言的风格，都要求接近原作"。②

飞白先生谈到译马雅可夫斯基的诗时说，他的体会印证了马氏的话："译诗是难事，译我的诗尤其难……它像文字游戏一样，几乎是不可译的。"他说，诗的音韵、意境是诗赖以飞翔的双翼。在诗的本国语言里，它们本来是诗身上的有机部分，就像鸟翼长在鸟身上那么自然和谐，共同构成了飞鸟的——也就是诗的美。可是如果把诗逐字逐句直译出来，原文的音韵和意境

---

① 张友松.文学翻译漫谈［G］// 巴金，等.当代文学翻译百家谈.北京：北京大学出版社，1989：432-433.
② 朱维之.译诗漫谈［G］// 巴金，等.当代文学翻译百家谈.北京：北京大学出版社，1989：184.

面目全非。鸟身看起来并无出入，有头有尾，但诗已经丧失了飞翔的能力。译诗者面临的难题就是如何尽量保留诗之所以为诗之双翼。①

可见，诗歌的翻译不只在于内容的准确表达，而且在于诗的形式美的再造——努力重建诗之所以能飞翔的双翼，两者缺一不可。

剧本的翻译也不是一件易事，张君川先生说，戏剧由对话组成，译时要考虑到其中的停顿、节奏及动作、人物性格，还要琢磨俏皮话、机智语、幽默、言外意、潜台词。最后还要考虑到戏是上演的，还要"上口"。② 正是这些要素赋予了剧本翻译力求重建舞台演剧形式美的品格。

影视片配音脚本的翻译与戏剧脚本的翻译很相似。剧本要拿去上演，译制脚本供配音用，所以译文都要求"上口"。但是两者之间也有很大的差异。剧本译好了，交给剧团，演员看了译文，然后表演，对白依据译文而行。译制脚本则不然。原作的人物对话、表演已经存在，脚本是依据人物的实际话语译出的，然后拿去让配音演员给剧中人物"对口型"。这与剧本的翻译——上演过程正好相反。"口型化"的原则是影视翻译最突出的一大特点。

影视译制有点像双簧，用剧中人物的口型装配音演员的声音，使所言所语如出其口。翻译的任务是为配音提供蓝本，所以译文要在保证准确、生动、感人的前提下，力图在长短、节奏、换气、停顿乃至口型开合等诸方面求得与剧中人物说话时的表情、口吻相一致，最终使观众闻其声，见其人，知道哪句话出自谁的口。

严格地说，译一部片子像填一首词，思想内容自然不能更改，每句每行的"平仄音韵"也有严格的限定。假如译者忽视"口型化"的规律，不管话语的"轻重缓急"，译文任长任短，"意思对了就可以了，"那么，这样的译文拿去配音的话，就会出现下面的情况：例如，短句译得过长，配音演员只好加快节奏"赶"——结果平静的心情变得焦急不安，沉稳的性格显出浮躁轻率；反之，长句译得过短，配音演员只能放慢速度"拖"——结果激动热情

---

① 飞白.译诗漫笔[G]//巴金，等.当代文学翻译百家谈.北京：北京大学出版社，1989：5.
② 张君川.我的文艺翻译[G]//巴金，等.当代文学翻译百家谈.北京：北京大学出版社，1989：443.

变得呆滞冷漠，干练果断成了优柔不决，如此等等。

可见，"口型化"原则是影视翻译重建形式美的显著特征。

总结起来，情感化和人物性格再造是文学翻译的共同特征，而文学形态的多样性又赋予了翻译重建形式美的不同艺术品格。这三个方面构成了文学翻译艺术审美的主要内涵，也赋予了翻译作为艺术的特殊品质。也就是说，翻译是艺术创作，是艺术家的行为，不是任何人都能胜任的。

翻译与跨文化传播*

一、翻译与文化传播研究的理论意义

改革开放以来，中外文化交流如春潮奔涌，取得了空前迅猛的发展。翻译的作用和地位也随之日益突出。正如北京大学许渊冲教授所说，无论是把外国的先进文化吸收到本国来，还是把本国的先进文化宣扬到外国去，都不能没有翻译。因此，到了全球化的新世纪，翻译取得了前所未有的重要意义。因而，如何培养新世纪的翻译人才，如何以科学的翻译理论指导实践，成为翻译界的热点话题。

中国的翻译，在理论和实践两方面都有悠久的历史和优秀的传统。历史上的翻译家们总结他们的伟大实践，提出了具有深远指导意义的翻译思想，奠定了我国传统翻译理论的基础。许渊冲教授把严复、鲁迅、郭沫若、朱光潜、傅雷和钱钟书这6位大师的翻译理论概括为"美化之艺术，创优似竞赛"。许教授指出，中国翻译学派既尊奉传统理论的精髓，又借鉴哲学、模糊数学与自然科学的最新成就，提出了文学翻译的实践论、矛盾论、超导论、克隆论等，可以算是目前世界上最先进的文学翻译理论。

笔者所见，近几年，我国翻译理论的研究成果累累，出现了百家争鸣的新气象。虽然，仁者见仁，各家学说都有其合理性，但是，多数观点似乎都

---

* 本文原载于《北京第二外国语学院学报》2001年第6期，收入本书时略有删改。

仅限于文学翻译的范畴。从客观上讲，翻译的实践已远远超出文学翻译的领域，呈现出大众化的态势。可以说，翻译活动的大众化与文化传播的大众化并驾齐驱。所以，翻译理论研究不能不与文化传播理论的研究联系起来。显然，分析、认识翻译与语言、翻译与文化、翻译与传播的关系，有助于认识翻译的本质、翻译的功能及其作用和地位，因而必然成为翻译本体论研究的重要内容。那么，翻译的本质是什么？

二、语言翻译的功能和本质

翻译，从语言学上讲，是把一种语言文字的意义用另一种语言文字表达出来（《现代汉语词典》）。翻译活动见之于不同语言的交流。也就是说，翻译是发生在语际交流过程中的一种特殊语言活动。翻译的目的和功能在于使用不同语言的交流双方能懂得彼此的思想、意图、观点和所表达的情感。因此，从微观上讲，如甲、乙之间语言不通，需要翻译来做中介，翻译起着沟通语言的作用；从宏观上讲，如一部中文小说只有译成英语，才能为广大英语读者所读解、所欣赏，才能进而在英语世界得以广泛流传。翻译发挥着桥梁乃至接力的功能。

按照符号学的观点，人是符号的动物，世界是人造的符号世界。人创造并使用符号进行交流传播，人际传播的过程就是符号互动，不存在没有符号系统的传播。所谓符号，就是用来指称或代表其他事物的象征物。人之所以异于动物，是因为人具有符号化能力，即能将语言符号概念化。语言是人类社会中最重要的符号系统，它是人们交流、沟通的最重要的工具。在人际传播过程中，传受双方互为传播过程的主、客体，执行着相同的功能，即编码、译码和释码。所谓编码，就是将意义或信息转化成符号的过程，也就是把意义用语言表达出来。所谓译码，就是将符号还原为信息或意义的过程，也就是理解所接受语言表达出来的意义。人际传播的过程就是对信息或意义交替往复地进行编码和译码的过程①。

---

① 胡正荣.传播学总论［M］.北京：北京广播学院出版社，1997：173-174.

然而，这里所谓编码—译码的过程以传受双方使用"你知我知"的同一符号系统为前提，实属"语内交流"的理想状态。世界上的语言千差万别，彼此不能直接沟通，人类社会的发展则是要打破语言的隔膜，进行跨语言、跨文化的交流，直到实现"全球村"的理想。于是，翻译肩负着这样一个使命——站在使用不同语言的传受双方的中间，交替接受并传递着双方用不同符号承载的信息。这样，传播的模式就由甲、乙对话式变成了三方会谈式。

由此可见，翻译是把意义转化为符号，又把符号还原成意义的双向转化。翻译的本质在于符号互动，既是意义与符号之间的互动，又是符号与符号之间的互动，是跨文化交流中的信息交流转换器。

例如，中美代表举行谈判，需要翻译来沟通语言。中方讲话，是把意见编码成汉语，翻译人员把汉语转换成理解了的意见，然后把它编码成英语，美方代表再把它解码成中方要表达的意见；同样，美方代表讲话也经历从意见到英语再到汉语的转换，然后中方代表再把翻译的汉语解码成美方表达的意见。在此过程中，翻译的职责是把一种语言符号转换成另一种语言符号，也就是说，它是"符号转换器"或"语言转换器"，反映的既是意义与语言之间的关系，又是符号与符号之间的关系。

总之，语言翻译是发生在语际交流过程中的一种特殊语言活动，其品质体现为中介转换，是符号与意义、符号与符号之间的互动，发挥着桥梁、管道的作用，是一种职业化的特殊行为。

三、语言及其文化属性

语言翻译的意义仅仅是中介或转换吗？

按照符号传播的理论，翻译其实同时担负着编码和译码的双重使命。编码和译码的过程并不完全是个人的活动，这是由语言符号的社会性所决定的。一方面它受个人世界观、价值观、知识范围、经验等因素的制约，另一方面也受其所在社会、文化环境的制约。因此，它不仅仅是个简单的技巧问题，还有其更为深层的领域。

从社会语言学的观点来看，语言不能脱离社会文化而存在。语言与文化唇齿相依。语言是文化的结晶，文化靠语言得以传播。所以，使用不同语言的人往往处于不同的文化背景。

作为语际交流的中介，翻译必然与不同的语言打交道，也就不能不与其各自所属的文化相沟通。

从语言自身的逻辑规则来分析，语言的规则不仅包括语音、词汇、语法等结构层面，而且表现为决定使用语是否得体等诸多因素，即使用规则。"语言的使用规则实际上就是这种语言所属文化的各种因素"[1]。因此，学习和运用一种语言必须了解与该语言密切相关的文化。如果掌握语法知识是保证使用语言结构正确的基础，那么熟悉有关文化知识则是保证使用语言得体的条件。在实际交际中，如果在语言的结构规则上出现错误，往往可以得到对方的谅解，至少不会影响彼此的感情。但是，如果在语言的使用规则上出了问题，就可能引起不良后果，甚至破坏双方的关系。从这个意义上来说，使用规则比结构规则更重要。

翻译的基本环节——理解和表达，都受制于原语和译语各自结构规则和使用规则的双重规定。翻译过程的前提是理解，理解的结果是获得原语的意义及其承载的文化信息，它以熟悉原语的结构规则和使用规则为前提，因而不能脱离原语的社会文化因素。翻译的最终结果是表达，表达的目的在于带着理解了的信息，用译语在其社会文化语境中进行有效交流，它以符合译语的结构规则和使用规则为条件，于是不能不与译语所属的社会文化因素相碰撞、相融合，因此，翻译的使命说到底是从一种社会文化语境中走出来，然后进入另一种社会文化语境，其表象是语言与语言的沟通，而实质是文化与文化的交融。

由此可见，翻译的任务，首先在于对原语双重规则的读解，既要弄懂它的结构规则，又要明白其使用规则；既要理解原语的表面文章，又要领悟它的"深刻含义"。为此，翻译必须深入原语的社会文化语境，认识、把握它的

---

[1] 邓炎昌，刘润清.语言与文化［M］.北京：外语教学与研究出版社，1989：1-2.

思维方式与表达情感的习惯，从而准确领会它所承载的一切意蕴。

例如，一篇诗文，或一段人物对话，其中往往包含着独特的社会文化因素，如生活习俗、民族情感、宗教信仰等，这里有共性，也有个性，甚至包括只可意会不可言传者，如果光从字面上推敲，恐怕很难吃透其精神实质，如此翻译，很难再现原作之神韵。

同理，表达的过程必须在译语的结构规则和使用规则两方面做文章，尤其要做好使用规则，即受制于文化因素方面的文章。也就是我们平常所说，译文符合语言规范则可通达，进而可再现原文的意义及其"风姿"，以最终实现在译语的社会文化语境中进行有效交流和传播的目的。

总之，可以这样说，在跨语言交流中，译者不仅充当完成"双方对话"的符号媒介，而且扮演实现"三方会谈"的文化使者，因为语际交流既是语言与语言的交流，又是文化与文化的沟通，而翻译的实质，既是语言与语言的中介或转换，又是文化与文化的对话，是跨文化的传播。鉴于此，译者必须熟悉两种文化，即本国文化和对象国文化，或者说"翻译者必须是一个真正的文化人。"（王佐良语）[1]

四、文化与传播的双重性

翻译的历史，每一页都描绘着跨文化传播的轨迹。

佛文化在我国的传播史几乎就是我国古代翻译事业的发展史，尤其是佛经的传播，完全可以说是翻译家们的功劳。像著名佛教翻译家鸠摩罗什（Kumarajiva，公元344—413）、翻译巨星玄奘[2]，都是佛家高僧，他们既精通

---

[1] 王秉钦.文化翻译学[M].天津：南开大学出版社，1995：1-3，240.
[2] 玄奘不但把梵文佛经译成汉语，而且是中国第一个把汉语著作介绍到外国、让外国了解我国的古代文化的翻译家，是他第一个把老子的著作译成了梵文。印度学者这样评价玄奘："在中国以外没有这么伟大的翻译家，在全人类文化史中，只能说玄奘是第一个伟大的翻译家。"参见王秉钦.文化翻译学[M].天津：南开大学出版社，1995：240.

梵文①，又精通汉文，一边传教，一边译经，可以说，他们自身都是跨文化传播的典范。

近代西学东渐标志着我国翻译事业的发展达到了极盛，出现了像严复、林纾以及后来的鲁迅、瞿秋白这样的一批翻译大家。可以说，他们的翻译实践就是跨文化传播的实践。他们自身都是跨文化的传播人。

随着翻译事业的兴旺发达，广泛吸收外来文化，大量的外来语涌入了中国的语言文化。据不完全统计，历史上汉语共借入外来语词汇在 10,000 个以上。近代以来，随着西学东渐的浪潮，跨文化语际交流呈多样化、多层次化，汉语同外语（特别是英语）的接触达到了空前的广度和深度。外来词滚滚而来，涌进了汉语文化，形成了不可阻挡的全民化趋势。②

翻译作为文化沟通、文化传播的角色似乎已是一种司空见惯、像家常便饭般无须提及的事情。翻译的"作品"早已融入人们的日常生活，甚至成为人们须臾不可离的东西。翻译与文化、翻译与传播的关系变得模糊起来，因而常常被淡忘也就不足为奇了。然而，翻译与文化、翻译与传播的关系问题，具有十分重要的理论意义，不得不引起人们的深刻思考。

从文化和传播的关系来看，文化与传播是一体的，恰似一种"波粒二象性"——它的"粒"是文化，它的"波"是传播。一方面，文化是传播着的文化，没有传播，文化便失去了生命，即使有过辉煌，也只能成为一种历史、一种文明（如玛雅文明）③；另一方面，传播必然是文化的传播，没有文化，传播便失去了根本，也就失去了存在的必要。

---

① 佛学是古代一种光辉灿烂的文化，自东汉初年传入中国，到唐代进入鼎盛时期。佛学包括宗教、哲学、科学和技术，用梵文写成。梵文是印欧语系中最难懂的语言。正式从梵文翻译佛经始于公元 148 年，这是我国翻译事业的发端。参见王秉钦. 文化翻译学 [M]. 天津：南开大学出版社，1995：239.
② 王秉钦. 文化翻译学 [M]. 天津：南开大学出版社，1995：239–242.
③ 玛雅文明曾是西半球伟大的文明之一。玛雅文明分为两种：一种约于公元前 4 世纪至公元 4 世纪时盛行于危地马拉高地，另一种约在公元 3~9 世纪时盛行于危地马拉低地和尤卡坦半岛。参见《不列颠百科全书》第 11 卷第 33 页。

五、结语

概括起来，语言翻译的功能是符号转换，就是把一种语言符号转换成另一种语言符号，在语际交流中发挥着桥梁的作用。翻译的本质在于符号互动，是一种职业化的特殊行为，反映着人的符号存在方式。翻译既是沟通语言的桥梁，就必然与两种语言及其所属的文化打交道，而语言本身与文化密不可分，因此，翻译既是语言的传通，又是文化的交融。文化与传播互为存在的条件，翻译具有文化和传播的双重性质，实际上是一种跨文化传播活动。就素质而言，译者既须获得驾驭两种语言的能力，又要具备沟通两种文化的本领，不仅做传播者，而且做文化人，谱写的是跨文化传播的乐章。从本体论上讲，翻译与语言、文化、传播之间的辩证关系是翻译的本质属性，其研究价值，对于翻译基础理论的建设是不言而喻的。

翻译二度编码论*
——对媒介跨文化传播的理论与实践之思考

翻开传播学的一般论著,不难找到关于符号传播的基本原理,包括各种编解码图式。但是关于跨语言、跨文化的传播问题则较少被提及。因为符号传播的普遍公式是以"你知我知"的同一符号系统为前提的,而跨文化传播的根本使命是要打破语言的隔膜,最终实现麦克卢汉所描绘的"地球村"理想。媒介跨文化传播的关键也正在这里。① 如果我们运用符号传播的一般原理,来分析大众媒介的文本读解过程,进而便可找到媒介跨文化传播的本质规律。

一、媒介跨文化传播的本质与规律

(一)符号传播的一般原理

按照符号学的观点,人是符号的动物,世界是人造的符号世界。人创造并使用符号进行交流传播,人际传播的过程就是符号互动,不存在没有符号系统的传播。所谓符号,就是用来指称或代表其他事物的象征物。人之所以异于动物,是在于人具有符号化能力,即能将语言符号概念化。人创造语言及各种非语言符号用以象征意义来进行沟通交流。语言是人类社会中最重要的符号,它是人们交流,沟通的最重要的工具。在人际传播过程中,传受双

---

* 本文原载于《现代传播》2003 年第 1 期,收入本书时略有删改。
① 麦克卢汉的媒介概念是广义的,可以指语言、文字、图片、电视、电影、书籍、汽车等一切工具。为研究方便,本文中的概念一般指大众传播媒介,如报纸、电视、电影之类。

方互为传播过程的主、客体,执行着相同的功能,即编码、解码,所谓编码,就是将意义或信息转化成符号的过程,也就是把意义用语言(或非语言符号)表达出来。所谓解码,就是将符号还原为信息或意义的过程,也就是理解所接受语言(或非语言符号)表达出来的意义。人际传播的过程就是对信息或意义交替往复地进行编码和解码的过程。

显然,决定传播过程的关键要素是符号——在一方的思想中代表某个意思,如果被另一方接受,也就在另一方的思想中代表了这个意思。[①]文化学家指出,符号是文化产物,是社会习得,代表的是经验、传统,因而必须为社会所共有。但符号具有抽象性和片面性,人们是用有限的符号来指代那无限的世界、无限的意义。这就不能不造成理解的不确定性。语言本身的线性品质使之只能表达事物的某一偏面而排斥其他方面。[②]正如常言所说,小说说不尽人间故事,诗歌道不尽人世情怀。"任何一套符号都不能把一个人的全部感觉和内部的所有活动表达出来"。[③]从另一个方面看,代码、语境和意义是一个事件的不同方面,相同的代码由于语境的不同也会产生不同的意义。[④]所谓"一千个读者有一千个哈姆莱特"指的就是这个意思。

以上便是符号传播的一般原理。那么,大众传播的过程是怎样进行的呢?

(二)电视话语的制码和解码

大众文化的研究中心是传媒,其中不得不提的,就是电视。被学术界称为当代西方文化研究之理论大师的霍尔(Stuart Hall)运用马克思主义政治经济学理论的生产和流通原理,提出了关于电视话语的制码和解码学说。他把

---

① 施拉姆,波特.传播学概论[M].陈亮,周立方,李启,译.北京:新华出版社,1984:67.
② HALL E T. Context and meaning [M]//SAMOVAR L, PORTER R. Intercultural communication: a reader. 9th ed. Belmont, CA: Wadsworth, 2000: 34-36.
③ 施拉姆,波特.传播学概论[M].陈亮,周立方,李启,译.北京:新华出版社,1984:72.
④ HALL E T. Context and meaning [M]//SAMOVAR L, PORTER R.Intercultural communication: a reader. 9th ed. Belmont, CA: Wadsworth, 2000: 34-36.

电视话语的流通划分为三个阶段，每个阶段都有相对独立的条件。①

第一阶段是"制码"——电视话语"意义"的生产，即电视专业工作者对原材料的加工。这一阶段占主导地位的是加工者对世界的看法，如世界观、意识形态等。这里的关键因素是代码（code），它是解读符号和话语之前预设的，已经存在于加工者脑海之中，就像作为语言代码的语法。句子要产生意义靠的是语法，电视话语"意义"的产生则靠的是代码系统。

第二阶段是"成品"阶段。电视作品一旦完成，即"意义"被注入电视话语后，占主导地位的便是赋予电视作品意义的语言和话语规则。由于图像话语将三维世界转换成二维平面，它自然就不可能成为它所指的对象或概念，而且现实存在于语言之外，又不断地由语言或通过语言来表达，所以，意义并非完全由文化代码预设，意义在系统中是由接受代码决定的，也就是说符号的意义跟所给事实不一定符合，观众完全可以解读出不同的意思，而且各人得到的意义并不相同。这就是电视文本的多义性。

第三阶段也是最重要的阶段，是观众的"解码"阶段。这里占据主导地位的，仍然是对世界的一系列看法，如观众的世界观和意识形态等。观众面对的不是社会的原始事件，而是加工过的"译本"。观众必须能够"解码"，才能获得"译本"的意义。如果观众能够解码，能看懂或"消费"电视产品的"意义"，其行为本身就会构成一种社会实践，一种能够被"解码"成新话语的"原材料"。也就是说，意义和信息不是简单被传递，而是被生产出来：首先产生于制码者对日常生活原材料的编码，其次产生于观众与其他话语的关系之中。

霍尔从理论上提出了三种假设的解码立场，即著名的"霍尔模式"：一是"支配—霸权立场"，观众的解码立场跟电视制作者的"专业制码"立场完全一致，制码与解码两相和谐；二是"协商代码或协商立场"，这是大多数观众的立场，既不完全同意，又不完全否定，传受双方处于充满矛盾的协商过程；三是"对立码"立场，观众能看出电视话语的"制码"，但选择的是自己的解码立场。

---

① 陆扬，王毅. 大众文化与传媒[M]. 上海：上海三联书店，2000：68.

"霍尔模式"解决了一个重大问题,即意义不是传送者"传递"的,而是接受者"生产"的。意识形态被传送后并不等于被接受。传送者的解释并不等于接受者的解释。阅读文本是一种社会活动,是一种社会谈判的过程。观众(读者)可以同意也可以反对。有关民族志观众的研究从经验层面为"霍尔模式"提供了论证[①]。

电视话语的制码和解码研究表明,无论电视播出什么样的节目,观众读解的意义都未必是制作者的初衷。换句话说,中国引进许多美国的娱乐节目,但广大观众未必接受美国人的观念。当然这只是理论上的假设,实际上引进节目一般要经过认真的选择和加工(包括译制),观众看到的已经是"几度过滤"的精华,应该说基本上是具有积极意义的。

然而以上分析是以共同的语言文化环境为前提的,大家都用同样的语言体系,有人称之为语内交流。对不同的语言体系来说,情况自然要复杂得多。那么,媒介传播是如何克服语言差异的?

(三)跨越语言障碍:翻译

如前文所述,传播学的一般原理未能解决语言障碍的根本问题,麦克卢汉却有一个令人振奋的推想:"今天,计算机展示了瞬间将一种代码和语言翻译成任何其他代码或语言的前景。"[②] 笔者也为之惊喜,因为千百年来,无数的翻译家为了文化间的沟通而呕心沥血,其工作之艰辛往往苦不堪言。计算机作为"人的中枢神经的延伸"有如此神力,大可让翻译员从繁重的劳作中解脱出来。可惜这个理想至今仍遥不可及。早在20世纪50年代,美国就投入巨资研制机器翻译系统,但数年的努力以失败告终。改革开放20年的中国,电脑专家不断研制"文曲星""快译通"之类的翻译器,结果非但没有取代翻译,实际从事翻译的人数却逐年成倍地增加,仅2001年北京注册的翻译公司就有109家。正是这群默默无闻的人们以不屈不挠的劳动谱写着中外跨文化

---

① 陆扬,王毅.大众文化与传媒[M].上海:上海三联书店,2000:74.
② 麦克卢汉.理解媒介:论人的延伸[M].何道宽,译.北京:商务印书馆,2001:117,48.

交流的真实篇章。但麦克卢汉对翻译竟没有表现出丝毫的关爱：他既幻想着"机器取代论"，又企盼"合乎逻辑的下一步似乎不是翻译，而是绕开语言去支持一种普遍的寰宇意识"，即所谓"集体无意识"的"无言语状况"。①

由此我们不难看出，传播学者、文化学者乃至媒介理论家们往往忽视了制约跨文化传播的关键要素：语言差异。答案在哪里？答案正是麦克卢汉欲以取代或绕开的翻译，翻译是中介，是语言与语言的沟通，是跨文化传播的活性转换器。那么，翻译是如何参与符号传播过程的？

（四）翻译二度编码论

如前文所述，在同一语言系统下，符号传播的过程是一个编码、解码的系统，即从意义到符号，再从符号到意义的二次转换。

如果甲、乙双方分处不同的语言文化体系，上述过程就无法实现。这时，翻译便站在甲、乙之间，扮演着两个不同的身份：先是作为甲的受者，对甲传来的符号进行解码，这就是理解。然后又作为乙的传者，把从甲那里理解了的意义进行编码，编成乙可以接受、理解的符号传给乙，这就是表达。可见，翻译的劳动不是简单的转换，即如字典里所说的把一种语言转换成另一种语言，翻译的活计相当于甲、乙工作的总和：先和甲在同一语言环境中共同完成一次符号化过程，紧接着又和乙在另一个语言环境中共同完成又一次符号化过程，所以我们可以把翻译所进行的两次符号化过程称为"二度符号化"。

当然，翻译用来编码的意义不是自己的主观意义，也不应该是自己的意义，而是从甲传来的符号里面解码出来的意义，这个意义已由甲进行了一次编码，所以，翻译对这个意义的编码就是二度编码，于是，我们把翻译的这种特殊符号化活动概称为"二度编码"，这就是本文所说的"翻译二度编码论"。

人们对翻译的认识往往是现象的、片面的，因为人们一般只见翻译在两

---

① 麦克卢汉.理解媒介：论人的延伸[M].何道宽，译.北京：商务印书馆，2001：117，48.

种语言之间穿梭，却不会洞入翻译的内心深处去体察那艰难、复杂的解码、编码活动。正是翻译家们这种特殊的二度编码活动冲破了语言的障碍，开通了跨文化传播的渠道。翻译家们也正是以这种特殊的创造性劳动为全世界不同文化的交流、沟通和传播写下了辉煌的历史篇章。

二、翻译家的使命

如前所述，翻译家通过二度编码的创造性劳动使跨语际、跨文化的交流传播成为可能。那么，通过大众媒介进行的的跨文化传播又是一种什么样的情形呢？麦克卢汉在论述"媒介即讯息"时，为了突出媒介的决定作用，引用了一个经典的例子：一位非洲人费尽心思每晚必听 BBC 的新闻节目，虽然一句话也听不懂，但每晚 7 点准时听见那声音，对他是至关重要的。[1] 我们的问题是，既然听不懂，那么 BBC 的新闻节目，或是换成其他任何语言、任何内容的节目，对他又有什么意义？再进一步，被称为"新时期中外文化交流丝绸之路"的中央电视台国际部所进行的艰苦繁重、不屈不挠的译制工作又有什么意义呢？

（一）我们为什么要译制？

有一些年轻朋友经常说"要看就是原汁原味的，译制的没意思"。这个问题其实不难回答，但是把它认识清楚是很有积极意义的。

先不说译制本身具有的艺术品质，也不谈专家们所说"文化版图"的大道理，我们只要分析一下语言的问题，就足以说明问题的关键所在。比如报纸，如果头版登的是中文关于甲 A 联赛的近况，二版登的是意大利文关于意甲的赛事，三版登的是德文关于德甲的球讯，四版登的是朝鲜文有关亚运会的报道……球迷还会买报纸吗？是谁又是怎样把信息转换成你我认同的文字符号？再比如广播，如果 7 点播出普什图语有关拉登的近况，8 点播出土耳其

---

[1] 麦克卢汉. 理解媒介：论人的延伸［M］. 何道宽，译. 北京：商务印书馆，2001：48, 117.

语关于东突组织的内幕，9点播出印度语有关印巴边界的冲突……国内听众还会喜欢从收音机里听消息吗？是谁又是怎样把信息转换成大家都懂的声音符号？我们再来谈电视的引进节目。电视引进节目可大致分三类：一是完全译制型，这是绝大多数，经过了翻译和配音；二是原声加中文字幕，此类节目的比例也不少，当然字幕也是翻译的功劳；第三便是拿来就播，原汁原味。那么，主张不要译制的朋友最喜欢哪一种呢？

是第三种吗？显然不是。引进节目不仅有英语的好莱坞大片，还有日语的系列片，韩语的家庭剧……您能听得习惯吗？如果是第二种，也就是还听这些声音，但有了经翻译加工的中文字幕，看懂是没什么问题了，不过您得有个好耐性：一边忙着追字幕，一边跟那些陌生的环境混眼熟，同时要跟那些陌生的话语混耳熟。您能把中文字幕跟剧中人物讲法文、意大利文、西班牙文、越南文……这些语言时的口型、表情进行正确对位吗？这还只是对成人而言，或者包括一部分懂外语的朋友。如果是动画片，比如让"蜡笔小新"讲他原汁原味的日语，小朋友们听得习惯吗？即便加上翻译好的中文字幕，还能有那么多的小观众吗？

现在剩下的就只有第一种了，我们只好委屈一下，接受配音译制。人们对译制的质量提出了许多批评，其实这才是问题的根本。过去人们看《魂断蓝桥》，恐怕没有谁提出想看原版的要求。随着引进节目的猛增，译制力量日显薄弱，结果译制市场混乱，质量也就无法保证了。尤其是盗版片，先不说版权的问题，也不说画面等因素，光看中文字幕：很少有规范的、像样的，有的荒唐不稽、有的粗俗不堪，即使能勉强看下去的，多数也是"牛头不对马嘴"……这怎么不让人对译制产生怀疑呢？值得注意的是，人们对译制问题的关注恰恰说明译制的重要性，也说明加强译制工作的必要性。

译制作为对影视语言文本的二度编码，是影视媒介跨文化传播所必不可少的重要环节。当然，媒介语言文本内容不只是电影、电视引进节目，或出口节目，还有广播、报刊等媒体的新闻、文化娱乐、体育等各种内容。根据同样的道理，我们不难理解，翻译在这些领域对不同的语言文本进行转换、沟通的过程中所具有的重要地位。

(二) 媒介文本的二度符号化

如果我们把翻译二度符号化的原理运用到所有大众媒介语言文本的交流转换之中，那就是媒介跨文化传播的基本原理：甲语言文本（如中文电视片、英文电影脚本法文新闻稿、普什图语专题解说）先由译制人员进行读解其后用乙语言进行配制，即二度编码（如把中文片译制成阿拉伯文、把普什图语解说译制成西班牙语、把法文新闻稿编译成泰米尔文），这样便得到了乙语言文本，然后经媒体传播到乙语言受众那里。

这种现象在我国是早为人们所熟知的，如影视节目的交流要进行译制，国际新闻的流通要经过编译等。正是这些译制、编译家创造性的二度编码劳动为中外媒介跨文化交流传播搭起了信息交换平台。试想，如果没有译制、编译这样的二度编码，世界各国每天生产的各种语言文本将处于一个什么样的相互分离的状态？要是那样的话，改革开放的中国何以透过媒介这个窗口去了解世界？世界又将何以通过媒介来了解中国？

然而目前我们只讲到了翻译（译制、编译）对于沟通语言的重要性。那么，翻译本身与文化和传播有多大的关系呢？

(三) 翻译的文化属性

语言翻译的意义仅仅是中介或转换吗？

如前文所述，翻译的过程集解码和编码于一身，扮演着使用两种语言、在两种文化中进行两次交流传播的双重身份。翻译的创造性劳动也就体现在其进行二度编码的活动中。这样看来，翻译的中介转换不仅仅是个简单的技巧问题，因为编码、解码的行为不完全是个人的活动，这是由语言符号的社会性所决定的，受个人世界观、所在社会、文化环境的制约。翻译要与两种语言打交道，也就不能不与其各自所属的文化相沟通。

翻译的基本环节包括理解和表达。理解就是解码，是从传者那里获得原语的意义及其承载的文化信息，它以熟悉原语的结构规则和使用规则[①]为前

---

① 邓炎昌，刘润清. 语言与文化 [M]. 北京：外语教学与研究出版社，1989：1–2.

提，因而不能脱离原语的社会文化因素；表达就是二度编码，是带着理解了的信息，用译语在其社会文化语境中进行有效交流，它以符合译语的结构规则和使用规则为条件，不能不与译语所属的社会文化因素相碰撞、相融合。因此，翻译的使命说到底是从一种社会文化语境中走出来，然后进入另一种社会文化语境，其表象是构筑符号与符号的转换，而实质是联通文化与文化的对话。

这样分析似乎还不够，我们再从文化和传播的关系来考查翻译所具有的品质。

文化和传播是分立的两个概念吗？

从表面上看，文化和传播是两个不同的概念。人们可以把文化拿出来，给它下定义，说明它的属性，论述它和人的关系。人们也会把传播拿出来，分析它的功能，研究它的元素，考查它的效果。但是如果把文化和传播放在一起来思考，就会发现任何文化，只要是活的存在，就不能不传播，而且一刻也不能停止传播。而任何传播，不论采取什么方式，都不能不以文化为内容，而且只能以文化为内容。

文化具有动态性，这一特征充分说明了文化与传播的密切关系。人们常说文化是社会经验，因为文化不是个人天性，而是社会习得，它只能在社会生活的实际交际中完成，因而它的存在离不开传播。人们获得的经验如果得不到传播，就很难成为历史的记忆，也就没有了文化价值。人们也说文化是历史传统，因为文化不是一代人或几代人的事情，而是世代相传、不断延续的结果。文化正是以传统的力量帮助我们知道过去、认识现在、明白将来，从而推动社会有序地向前发展。所以，文化是历史的流动，是纵向的延续，它的存在离不开传播。

文化作为符号存在本身也说明文化对于传播的依赖性，文化教给我们符号及其意义，目的就是传播。任何符号只有在传播中才能获得意义和价值，没有传播，符号便没有了意义，文化也就失去了存在的可能。动物不能进行符号传播，所以没有文化。人则因为有了符号传播而成了文化的动物。

总之，文化是动态的，处在不断的传播之中，文化又是多元的，因而传播不是单向的、封闭的，而是多维的、交叉的。这就是跨文化传播的普遍性。人类社会的发展史就是一部各种文化不断相互融合的传播史。多样的文化造就了五彩缤纷的现实世界，而跨文化的传播打通了不同文化社会之间的分割，形成了文化与文化的交流互动，推动了世界文化的共同发展，创造了共享的人类文明。其中，翻译作为跨文化交流的中介，同时参与着文化符号的解码和编码活动，因而具有文化和传播的双重性质。

至此，我们可以这样讲，翻译的二度编码过程是不同文化符号之间的信息功能转换，是文化与文化的对话，其根本属性就是文化传播。翻译的过程本身，既是文化行为又是传播活动，是发生在语际交流过程中的跨文化传播。

（四）翻译家的世界

然而以上分析还没有说明翻译对于跨文化传播的全部意义。

研究人类文化传播活动最终不能离开对具体的人的分析。毫无疑问，在跨文化传播的过程中，最活跃的人是处在中介界面的翻译家。翻译家的文化背景、思想观念、个性倾向等诸多因素对翻译活动的各个方面产生着不可低估的影响和能动作用。

我们认识的世界并非如其是，充其量只能如我们的感官所能及。正如麦克卢汉所说"媒介是人的延伸"，人们创造并利用媒介来延长生物感官，然后超越直接经验，通过媒介获取对外界的更多知识。我们大部分人（专家除外）并不知道美国究竟是什么模样，只能通过书籍、报刊、电视、电影、图片来看美国，因而我们大部分人心中的美国其实只是媒介中的美国。一般的中国人看不懂佛经（原文梵文就更不用说了），所以我们只能听方丈说，而一般的方丈并不懂原文的意思，他们是听真谛、鸠摩罗什、玄奘说，所以我们心中的佛其实是翻译家说的那个佛。我们不知道也无法知道莎士比亚到底说了些什么，是什么意思，我们只知道梁实秋、卞之琳、朱生豪等一些翻译家说了些什么（他们在很多地方说得还不一样，哪个对呢？）。可见，我们心中的沙翁原来是翻译家说的那个"他"或"他们"。一句话，我们认识的世界是媒介的世界，就跨文化传播而言，我们认识的世界在很大程度上是翻译家的世界。

虽然，对个别的翻译家来说，翻译的结果受个人价值取向、主观意识（包括动机、情感等因素）的左右，但从整体的翻译事业来看，翻译的取舍和结果自始至终受到翻译家所属文化的制约。用马克思主义的观点看，对外来的东西，人们是因为需要才接受，而接受的东西恰恰是于己有利的那一部分。佛到了中国，印度人的形象逐渐变成了中国的帝王乃至百姓模样，结果让许多佛像看似像你像我又像他，让菩萨像"她"的容姿，让泉州（福建省）的真主像戴上十字架、坐上莲花座。其中的奥秘就是鲁迅说的"拿来主义"，不是哪个翻译家、雕刻家的主观愿望，说到底是中国文化需要的结果。

但是，翻译家的片面性亦导致翻译的世界的片面性并不完全在于翻译家的无能，或是因为翻译家存心要这么做。翻译家要做的事情不是消极的中介转换，而是积极地发挥主观能动性。翻译家的主观能动性集中表现在翻译作为所属文化的代表，按照自身的文化价值取向，带着个人的习惯和风格去读解外来文化，然后转告同胞。翻译作为媒介跨文化传播过程中不同语言文本的二度编码，由于译制、编译人员的参与，也必然依循这样的道理。

翻译家的主观能动性还有另一层更为重要的意义，如前文所讲，翻译活动是人的符号互动，这种符号互动不是简单的中介转换，而是人发挥主观能动性的文化行为，类似"翻译工具论"的观念则是对翻译主观能动性的否定，因为它否定了翻译的创造性劳动。

20世纪50年代，美国政府出资数百万美元研制俄语及其他语言的机器翻译系统。经过国内一些最有才华的语言学家们数年的努力，终于得出这样的结论，唯一可靠的而且从根本上说最快的翻译器还是既精通语言又熟知相关学科知识的人。计算机能吐出几米长的打印文稿，可这没有多大意义。单词和部分语法没什么问题，可就是意思说不通。美国著名语言学家霍尔（Edward T. Hall）指出，机器翻译工程之所以失败，"问题不是出在语言代码上，而是出在语境上，因为语境所承载的意义是有变化的。离开了语境，代码是不完整的，因为它只包含部分信息"。[1] 由此不难看出，机器翻译系统无

---

[1] HALL E T. Beyond culture [M]. Garden City, N.Y.: Doubleday & Company, 1976.

法取代翻译家，其主要原因就在于它无法获得翻译家既懂语言又能从语境中识别意义的主观能动性；而语境识别是极其复杂的人的文化行为，它作为一道难关，恐怕任何人工智能都永远无法彻底攻克。

从以上两个方面不难看出，翻译家在跨文化传播中具有不可替代的重要作用和地位。

三、结语

总结全文，我们似乎应该重新思考这样的问题：麦克卢汉在描绘"地球村"的理想王国时，反复说明了"媒介是人的延伸""媒介即讯息"的论断，那么，人们在引用麦克卢汉这几句名言作为言论的依据时是否该去透析一下麦克卢汉支持自己论断时所采用的逻辑？例如，媒介影响人的不是它的内容，所以那个非洲人听不懂BBC的新闻节目无所谓。

于是，笔者还想冒昧地问一句，何道宽先生在翻译麦克卢汉《理解媒介——论人的延伸》这部作品时是否想到，按照麦氏的逻辑，即一方面寄希望于电脑翻译的神奇功能，另一方面又盼望绕开翻译，那么，何先生这番苦心会得到麦氏的赞赏吗？再问一句赞同乃至崇拜麦氏言论的中国朋友，如果真如麦氏之愿，那么，您会从哪一种作为人的中枢神经的电子媒介那里听到、读到、看到或是了解到麦氏那些哲理名言？抑或根本就不用管这些，因为重要的不是媒介传播的内容，重要的是媒介本身，有它就够了，"媒介即讯息"！

翻译二度编码论与心理语言学模式[*]

一、引言

语言是人类进行交流、沟通的最重要的工具，翻译则是不同语言系统间不可缺少的媒介。翻译的使命在于帮助人类实现跨国界、跨语言的交流，以最终实现"地球村"的共同理想。千百年来，无数的翻译家们为文化间的沟通付出了艰辛的劳动。在数字化的当今，人类也试图采用高科技的手段（如利用电子产品）来帮助翻译者们完成中介的使命。然而电脑毕竟不是人脑，充其量只是人脑的功能仿制。人脑是活的载体，在社会规则、文化、道德、个体意识等诸多因素的影响下进行着创造性的思维活动；而机器翻译劳动只是机械地把一个系统的符号转化为另一个系统的符号，不可能创造出任何涉及道德、文化等因素的思维成果。

事实上，翻译活动作为一种以语言为中介的交际活动，是一种过程的、动态的、深层的和复杂的语言应用过程和心理活动的统一体，因此要揭示这一活动的本质，就不能离开语言学和心理学的认识视角。

心理语言学，作为一门新兴的交叉学科，正是以心理学和语言学的基本理论为基础，采用心理语言学的研究方法，对语言与心理活动之间的关系进

---

[*] 本文原载于《北京第二外国语学院学报》2005年第2期，与刘颖合作，收入本书时略有删改。

行研究，以揭示言语思维、言语理解、言语生成、语言习得等过程中的心理活动规律。本文的基本思想就是用心理语言学的模式来阐释翻译二度编码过程的深层结构和意义。

二、二度编码与符号交流模式

符号学的观点认为，人是符号的动物，世界是人造的符号世界。人创造符号并使用符号进行交流，因此便有了图画、音符、语言等符号来表达人类的思想。语言是人类社会最重要的符号，是人类交流的最重要的工具。

①语言共同体符号交流模式（见图1）：

甲思想→→编码→→符号→→解码→→乙思想

图1 语言共同体符号交流模式

一门语言就是一个符号系统，翻译就是把一个语言符号系统转换为另外一个语言符号系统，也就是说，翻译的过程是一个语言符号阐释过程，这个过程涉及3种因素：语言符号、该符号的所指物、该符号的阐释符号。首先，符号是社会、文化的产物，具有被共识的形态，具有社会共有的拼写、发音等的规则，而符号所指物却有不确定性，因为世界是无限的，人类所要表达的意义是无限的。在同一个语言符号系统下，语言符号在表达者一方的思想中所代表的某个意义在接受者一方的思想中应该代表同样的意义这样才能达到交流、沟通的目的。翻译所使用的"阐释符号"指的是阐释者在阐释原符号时，自己头脑中产生的符号，属于一个新的符号系统，也就是对象语的符号系统。

②非语言共同体符号交流模式（见图2）：

甲思想→→甲语言→→翻译→→乙语言→→乙思想
　　　编码　　　解码　二度编码　　解码

图2 非语言共同体交流模式

显然,翻译进行的符号阐释,包含着几次编码与解码的过程。所谓编码,是指将意义或信息转化成符号的活动,也就是把意义用语言符号表达出来。所谓解码,是指将符号还原为信息或意义,也就是理解所接受语言表达出来的意义。比如中美谈判或者文学翻译,其间都有二度编码过程的作用。

③中美谈判交流模式(见图3):

中方代表→←翻译→←美方代表
二度编码
观点—汉语——观点——英语—观点

图3 中美谈判交流模式

事实上,在外事活动中,我们经常见到这样的情景:在中方和外方之间有另外一个人的出现,那就是翻译。我们假设甲方和乙方分别处在不同的语言符号系统下,要实现沟通,必须由第三方,也就是翻译来实现从一个语言符号系统到另一个语言符号系统的转换。翻译者既是接受者又是表达者。首先,甲方通过一种符号系统表达意义,进行一次编码过程,然后翻译者接受甲方传来的符号,进行解码,理解了甲方的意义以后,翻译者又作为乙方的传达者,将从甲方解码来的意义再进行编码,也就是编成乙方所能理解的另一种语言符号系统下的符号,这又是一次表达。

④文学翻译(诗歌)交流模式(见图4):

作者意境→→诗歌韵律→→译者意境→→译作韵律→→读者意境
对话1   对话2   对话3   对话4
二度编码

图4 文字翻译(诗歌)交流模式

从更一般的意义来看,如一般的文学翻译,或者我们听柴可夫斯基的交响乐,同样需要经过多次编码和解码:首先,柴氏要感受外界,产生情感,然后用音符表达出来,这是一次编码。其次,乐谱上的音符不是用来听的音乐,需要演奏者们用乐器展现为流动的声响。演奏者们读取音符是一个解码的过程,再用乐器演奏则是进行第二次编码。最后,听众接受这些声响,那就要解读、感受这些声响带给他们的意境和作曲者所要表达的感情,这又是一次解码过程。如果再加上芭蕾舞的表演，那等于又开始了一次解码、编码的活动——这种现象说明了符号活动的普遍性，也说明了翻译作为人类符号存在的一般性。

⑤听音乐（天鹅湖）交流模式（见图5）：

```
想象意境→→乐谱表现→→音乐演奏→→舞蹈表演→→观赏感受
  柴氏      指挥（乐队）   舞蹈家       观众
  对话1      对话2        对话3        对话4
            二度编码      再度编码
```

图5　听音乐（天鹅湖）交流模式

可见，翻译过程不是简单的转化，而是在两个不同的语言符号系统中实现两次符号化的过程。由于甲方所要表达的意义经过甲方和翻译者的两次编码过程，所以翻译是对意义的二度编码，这就是翻译二度编码论。

翻译二度编码论将翻译活动过程化，可以说把翻译活动的研究由原来那种结果性的、静态的和表层的研究领入了一种过程的、动态的和深层的研究。但编码和解码也只是对这一过程的概括性描述，在编码、解码过程中又进行着更加复杂的语言理解过程、言语产生过程以及影响理解和语言产生的思维活动。

语言与思维是人类本质的、区别于其他动物的根本特征。翻译是以语言为中介的活动，必然涉及语言知识的运用以及翻译者的心理、生理活动。可以说，翻译活动是一种以语言为中介的心理活动和语言应用过程的统一体。在以往的翻译研究中，人们对于语言应用过程给予了充分的重视，而且在翻译出现问题时往往从语言上找原因，结果却忽视了思维与语言不可分的特点，没能从最根本的思维中寻找问题的根源。事实上，思维活动对语言应用过程，以至整个翻译过程都会产生重要的影响。

⑥同语言交流思维模式（见图6）：

```
        意义→→语言→→意义
        编码思维  解码思维
```

图6　同语言交流思维模式

三、语言翻译与思维模式

心理语言学认为，思维与语言的关系是运动着的关系，不是一成不变的。这个运动过程是思维向语言的运动和从语言向思维的连续往复运动。在这个运动过程中，思维和语言的关系经历了变化、发展。思维不仅用语言来表达，而且是通过语言才开始产生并存在的。每种思维的运动和发展都是为了实现一种功能，解决一个问题。这种思维流在不断地发生进行着。语言的两个方面（内部的、意义的方面和外部的、声音的方面）彼此具有特殊的运动规律。语言的结构并不单纯地反映思维结构，所以语言不能像一件现成的外套那样套在思维的外面。思维的逻辑通过语言具体化，但语言是思维的、外在的、有形的表征，因此，语言有时并不能直接地反映思维。例如，人们常说的"黑孩子""走后门"等词语并不是要直接表达"这个孩子的肤色是黑色的"或"要走的是后面的门，而不是前面的门"。在中国人的思维中，这几个词语要表达的是另一种含义，而且这种思维已在人们的头脑中形成了定式。对翻译者来说，这样的定式却往往能造成很多麻烦，因为如果不能从思维上理解这些词的含义，翻译时就会闹出笑话。由此可见，在翻译的二度编码过程中，从最初对原意的理解到最后译文的产生，思维活动贯穿着整个过程。

⑦翻译二度编码思维模式（见图7）：

```
原意义→→原文→→语言思维加工→→译文
原编码    原语解码    二度编码
原思维    原语思维    译语思维
```

图7　翻译二度编码思维模式

现实翻译活动中涉及许多问题，如语境问题、语义结构问题等，人们习惯于在原文与译文的表现结果上比较、衡量和评论，而不是在分析产生这些译文的过程中指出在哪一环节思维方法上出现了问题。所以对过程的研究是很重要的；而从思维向语言的直接过渡是不可能的，因为思维首先必须通过意义，然后通过词语才能达到交流的目的。

思维本身是由动机激发的,而动机源于欲望、需要或兴趣。人们在表达每一句话时都有一定的表达目的,希望所表达出的语言能够确切地传达自己的意图和思想。所以在每一种思维的背后都有一种情感——意志的倾向。这种情感——意志倾向控制着我们的语言,有时会使语言简单明了,有时会使语言蕴含丰富。只有了解思维的情感——意志基础,才有可能真正而充分地了解一个人的思维,理解一个人的语言。

试比较下列对话的两种不同译法(选自美国电视系列片《亡命追凶》中的"目击者"一集):(金布尔把捡到的钱包送还马西娅,马西娅很感动,于是她也帮了金布尔的忙。)

Kimble: Why are you helping me?

金布尔:为什么帮助我?

Marcia: Don't get the wrong idea, Mr. Sanders. You returned my wallet. It had two weeks salary in it. To a working gid living dollar to dollar, losing it could be a disaster.

马西娅:你可别想错了,桑德斯先生。你送回我的钱包,里面有两周的工资呢!

①对一个靠工资生活的打工女来说,丢掉它会是一场灾难。

②我还要靠这点薪水过日子,把它丢了,我会很惨的。

(金布尔不得不继续逃亡,临别时,马西娅恋恋不舍。)

Marcia: Well, another farewell scene. Don't you hate them?

马西娅:①又一个离别的情景。你不讨厌它们?

②呃,这是第二次分手。你讨厌分手吗?

Kimble: I don't like this one.

金布尔:①我不喜欢这个。

②我讨厌这一次。

Marcia: I can't coax you to stay. I'm shameless.

马西娅:①我不能把你留住。我真不害臊。

②我不会挽留人。我真不害臊。

Kimble: I'm not that man.

金布尔：①我不是那个人。

②我不值得。

Marcia: He must be somewhere...Whatever or searching you're running from——or searching for——good luck.

马西娅：①他一定在某个地方……不管你是为何而逃跑——或者寻找什么——祝你好运。

②是我没福气……不管你从哪儿来，或到哪儿去——祝你好运。

在以上几个例子中，显然第二种译法更能表达人物的内心情感，比第一种更有"戏"，更"传神"，更感人。因为第二种译法掌握了人物说话时的情感倾向，在翻译中加入了情感因素。所以说翻译不能只作"表面文章"或者做文字游戏，那样的译文往往枯燥乏味，很难准确传递人物言辞间所流露的思想感情，因而很难具有感人至深的魅力。

四、翻译解码的心理语言模型

翻译二度编码的过程并不是两个分离的阶段，而是密切联系、往复交叉的统一体。为了研究方便，这里把解码和编码作为有差别的两次心理活动来加以分析。同理，解码的过程也是一个统一体，这里只是从不同侧面进行观察，属于主观划分。

（一）心理词汇提取

由思维与语言的关系可见，心理与语言活动是一个复杂的整体，这个整体可以分解为基本的单位，并且这些单位应该具有整体所固有的一切基本特征。这个单位就是词。词具有了意义，通过语言的形式实现思维的活动。身为第三方的翻译者在接收到一方传来的符号后，便开始对这一符号系统解码，也就是理解传送方的意思。词是传达意义的最小单位，所以翻译者的活动开始于对原语里的词的理解，这就是"心理词汇提取"。

例如，当提到"动物"这一概念时，我们会很快从储存在记忆系统中的心理词汇中提取（想起）如"猪""猫""狗""兔""牛""马""驴""羊"等家畜以及"老虎""狮子"或"鸟""鱼"等动物。我们之所以能够提取（原语）和选择（译语）有关这些动物的单词，是因为我们在记忆中已存储了这些词汇（原语和译语）。

⑧心理词汇提取（选择）模式（见图8）：

原语词汇→→输入刺激→→译者词汇记忆→→选择加工→→译语词汇
　　　　　自动搜索　　　　　　　　　　经验判断

图8　心理词汇提取（选择）模式

翻译者只有在大脑中已储存了一定数量的原语和译语的心理词汇，才能够保证在解码过程中瞬间从大脑中提取最准确的词义。

当然，在翻译的解码实践中，会出现比上述提取过程更加复杂的推理、判断、整合的过程。例如，我们看到英语句子"I'm feeling up"，会想到"up"这个单词在我们的汉语心理词汇中储存的并不是简单的"上"的意思，而是由这个单词形成了一种概念。概念是由生活中各种各样的经历促成的。人从出生开始就不断地观察各种现象，经历各种事件。有些现象和事件比较具体，而有些比较抽象。刚出生的小孩无法体会到嫉妒这样的概念，但你给他一个球，他一下子没拿住，掉在了地上，这个经历小孩就会记住，第二次你再给他球时，他可能会故意将球扔在地上，亲自证实一下物体从上到下的降落是否会反复发生。这种"上下"的亲身经历使我们最容易把握"上下"这个概念。于是就有了"Happy is up; Sad is down"这样的思维概念。

即使我们遇到能在心理词汇储存网络中找到相对应的字面意思的单词，有时也不能直接翻译，如在"morning person"这个词组中"morning"是"早晨"的意思，"person"是指人，但我们不说"早晨人"，而说"习惯早起的人"。可见，翻译并不是两种语言字面意思的一一对应。

语言不能脱离文化而生存，不同文化观念不可避免地会发生局部的交叉、碰撞和冲突，这就给语言翻译的"心理词汇提取"带来种种障碍和困难。例如，翻译实践中经常会碰到词汇空缺的问题，即原语词汇所载的文化信息在目标语中没有对等语或对应语。简单的例子如"karaoke"，因为在汉语中没有与之相对应的词汇，因而无法用准确贴切的词语译出它的词义内涵。聪明的翻译者最后采用音译的办法，并且借用英文字母，结果就有了"卡拉OK"这个新名词。有些词语具有特别丰富的民族文化内涵，在翻译时需要通过加注释才能使译语读者了解原语独特的文化现象。例如：

原语：我属鸡。我从不吃鸡。鸡年是我的本命年。

译语：I was born in the Year of the Rooster*. I never eat chicken. The year of the Rooster* will bring me good luck or bad luck.

外国人一般不知道"属鸡"或"本命年"的文化意义，所以懂行的翻译往往会用注释来加以说明。例如：

Chinese people traditionally use 12 animals, representing the 12 Earthly Branches, to symbolize the year in which a person is born. Spring Festival 2005 for example, is the first day of the Year of the Rooster. People born in this year have the rooster as their life symbol. All other years of the rooster, according to an old Chinese saying, become either good-or-bad-luck years for them.[①]

（二）句子与篇章

心理词汇的提取——对词义的理解只是翻译过程的开始。要翻译好一句话，明确词义之后紧接着就是分析整个句子的语法结构，而且两者必须同时进行，因为两者是相互影响的。即便是一个词，本身也有语法问题。可以说，词义搞准就能译对；语法搞懂就能译通。译对、译通，翻译的问题就解决了大半。至于翻译的精益求精似乎是没有限度的，因为它和其他的诸多因素密切相关，如译者的双语水平、文学修养以及文章背景知识等。

---

① 这段话可理解为：在中国的传统文化中，人们用12种动物代表地支（子、丑、寅、卯、辰、巳、午、未、申、酉、戌、亥的总称，是传统用作表示次序的符号，也叫十二支），指代一个人出生的那一年。例如，2005年的立春是鸡年的第一天，在这一年出生的人们就属鸡。按照中国传统说法，所有其他的鸡年都会给属鸡的人带来好的或不好的运气。

句子的理解是在词汇理解的基础之上进行的,并且是语篇理解的基础。但句子的理解并不是简单的几个词汇理解的堆加,而是一个复杂的加工、整合的过程。对于表达来说,道理也是如此。比如英译汉,在得到英语句子的原文之后,首先要对句子进行句法分析,这是一个将表层结构的句子成分赋予语言范畴的过程。在语言范畴内的语法规则、习惯搭配等知识的积累又基于翻译者对这一语言符号系统的掌握。心理语言学中的互动论认为,我们同时使用所有可能的知识来理解句子,包括词汇知识、语篇、语境等因素。词汇知识使我们对句子所要传达的意义有初步的理解,语篇使我们从整体理解句子,而语境在句子理解中起着很大的作用,能使我们对句子的理解更加准确。尤其当我们使用隐语来传递难以表达的意念和感受、使用间接语言行为来表达有礼貌的请求时,我们需要参照句子中的语境和非语言的语境以及各种语言使用的规则来理解句子。间接语言和隐语的理解是一个多级的过程:我们首先考虑并拒绝句子的字面意义,然后使用一些交际规则来建立说话人要表达的意义。例如,当我们看到句子"Don't talk through your hat."时,"through your hat"可能会对我们的理解产生阻碍。在翻译时,不能强硬地按照字面意思来翻译,我们首先要拒绝句子的字面意义,然后根据其约定俗成的含义进行理解,再进行翻译。

有过翻译实践经验的人们会发现,科技语篇的翻译相对容易,因为只要有了一本得心应手的好辞典,语篇中出现的较难译的专业词汇就会迎刃而解。因为科技语篇中的句子结构较为清晰,语言符号的所指较为清楚,英汉语言间常常可以找到一对一的关系,换句话说,语言符号没有(或少有)延伸的附加意义、符号本身比较稳定。但是,在文学类语篇中,语言符号并不那么整齐划一,词的附加意义、词的引申意义、词的上下文意义都是造成此类语篇中语言符号不稳定的因素。这时,语境往往成为翻译这类模糊语篇的关键。例如:

1. There wouldn't be another Walter Crankite. The best I can do is to survive.

2. You mean did we do it? No, Jack was professional.

第一句话的句子结构较为清楚,但"survive"这个单词的词义有些模糊:

在字典里的解释是"幸存、活下来、继续存在"。按这个字面意思去翻译，整个句子的意思还是不太清楚。若知道这句话的语境，翻译起来就会容易许多。这句话是美国哥伦比亚广播公司的著名新闻节目主持人 Dan Rather 在谈他的前任 Walter Crankite 时说的。由此可知，说话人是在把自己和前任作比较。所以结合背景，这句话可译成"能在主播的位置上干下去就万幸了"。

第二句话中的 professional 也不好处理。Professional 是专业的、十分称职的意思，若翻译时采取原意，整句的意思表达并不十分明确。这句话是电影《泰坦尼克》中老年时的女主角说的。她告诉观众杰克虽然为她画了裸体画，但并没有和她发生性关系。从 professional 这个词本身的定义出发，再加上影片中女主角在杰克画的裸体画前象征性地给了一个铜币，这样我们就可以理解为"画画就是画画，而不是做与画画不相干的事"进而理解为"杰克没有干那种事"，最后本句可以翻译为"杰克可是有分寸的"，或者"杰克可是讲职业道德的"。

⑨句子与篇章理解（加工）模式（见图9）：

原语词汇→→输入→→译者词汇记忆→→选择整理→→译语词汇
句子篇章→→刺激→→语法语境→→整合连贯→→句子篇章

图9　句子与篇章理解（加工）模式

句子理解是语篇理解的基础。在语篇理解中，连贯是语篇理解不同于句子理解的最关键的地方。连贯既是局部的，也是全篇的。如果语篇中的部分句子相互联系，那么该语篇就是局部连贯的。如果语篇中所有的句子都可以和某一个主题联系起来，那么该语篇就是全篇连贯的。理解语篇首先就是要理解语篇中句子之间的这种联系。例如：

原语：My father once bought a Lincoln Convertible. He did it by saving every penny he could. That car would be worth a fortune nowadays. However, he sold it to help pay for my college education. Sometimes I think I'd rather have the convertible.

译语：<u>我父亲曾经买过一辆林肯敞篷车</u>。他尽量省钱才买下了它。那辆车现在会值好多钱。可是为了帮我付大学的学费他把它卖了。有时我想我情愿要那辆敞篷车。

这段英文中用了不少代词,"父亲"第一次出现后,就都用代词"he（him）"表达;"convertible"后来都用"it"和"that car"表示。上面的译文基本上都用了原文的代词。应该说原文使用这些代词是恰当的,但译文完全照搬过来显然没有注意到衔接不当的问题,结果影响了译文的连贯性。按照中文的表达习惯,有几处代词可以用名词代替:

父亲曾经买过一辆林肯敞篷车。当时他是尽量省出钱才买下了车。现在那辆车会值好多钱。可是父亲为了帮我付学费把车卖了。有时我想我情愿要那辆敞篷车。

由于英文的逻辑严密,往往用了一个名词后,以后就用代词取代,而中文却没有那么严格。所以要保持文字的连贯,有时就有必要调整一下代词。另外,衔接的表现形式除了和代词有关外,也和连接词和其他连接成分有关。在英文里"and，also，yet，but，so，because，then"等起连接作用的词或短语是语篇可以流畅展开的重要"纽带"。

五、翻译编码的心理语言学模式

翻译者要把接收到的信息进行第二次编码,也就是要把解读出来的意义置入新的语言环境中。这是一个积极的、活跃的创造过程,因为只有在遵守目的语符号系统规则的前提下,才能产生一个行得通的译文,才能在译语中说得过去,也就是翻译家们所说的通顺。这样看来,译文产生的过程实际上就是在一种语言符号系统下语言表达的产生过程,即心理语言学说的"言语产生"过程。

大体上讲,言语产生的过程经过 4 个阶段:首先是把意念转换成要传递的信息；其次是把信息形成言语计划；再次是执行言语计划；最后是自我监察。

在第一阶段，也就是把意念转换成信息的阶段，在翻译者头脑中的信息并不是自己头脑中产生的意念的转化，而是翻译活动中甲方，也就是被译语一方的表达者头脑中意念的转换。

言语计划的形成过程体现了表达者头脑中进行的复杂活动。就像在实际的语言活动中，为使表达更加准确、流畅，就要采用拟草稿的形式，拟草稿也就是制定计划。即使有时我们实际上不打草稿，心里也会不由自主地计划自己要写或要说的内容，这是打腹稿。这种腹稿是一种内部语言，它不仅在书面语中，也在口头言语中起着制定计划的作用。言语计划过程是在各种语言知识和信息的基础上进行的，如语义、句法结构、词汇、语调形式、语音或书写规则等。一种模型认为，言语计划开始于语义的确定，就是确定所要表达的意思，之后选择句法结构，然后将能传达所要表达意思的实词，如名词、动词、形容词等填入已确定的句子结构中，当然还要包括必要的虚词，如冠词、连词、前后缀等。最后根据相应的语境确定表达时的语调。但实际上所有这些层次的知识和信息并不是依次发生的，在一个层次发生的同时会激活和这个层次有关的其他层次的信息。所以这是一个复杂的、多个层次信息同时并有秩序进行的过程。

⑩二度编码"言语产生"模式（见图10）：

原语意念→→译者信息→→言语计划→→言语行为→→自我监察
　　　　　判断整合　　　拟草稿　　　口译笔译　　编辑修正
图10　二度编码"言语产生"模式

计划制定后，要执行言语计划，因为翻译活动有口译和笔译之分，所以言语计划的实施在口译和笔译中也有所不同。在口译中，言语计划的实施涉及发音规则系统、发声系统等。话语中的停顿现象反映句中的言语计划过程，说明我们一边计划话语的一部分，一边说出另一部分；而笔译中书面语的产生涉及不同的拼写规则系统和既成的书写规则。

我们可以对自己言语失误时的话语进行编辑并修正，对不通顺、表达不准确的字词进行修改，这是言语产生过程最后必经的一个阶段，即自我监察。自我监察包括自我打断、编辑表达和自我改正，是译文产生准确性的保证。

比如翻译雪莱的《西风颂》（原文第四首第一节）：

If I were a dead leaf thou mightest bear;

If I were a swift cloud to fly with thee;

A wave to pant beneath by power, and share.

第一步，把意念转化为要表达的信息。懂诗歌的人会这样分析:《西风颂》全诗以奔放飘逸的文笔、雄浑磅礴的气势、瑰丽奇特的想象歌颂了即将来临的革命风暴，抒发了诗人反抗黑暗、向往光明的革命激情。那么，在这首诗中要表达的意念就是对力量、对革命的向往。这个信息是通过结合背景知识得来的。第二步，把得来的信息制定成言语计划，包括根据词汇意义确定语义，再与中文表达的句子结构结合起来，根据语境确定高亢的语调。第三步，执行言语计划，采取言语行为，也就是表达出译文。例如：

> 如果我是一片落叶，我愿和你紧紧在一起；
> 如果我是一片行云，我愿和你一同飞翔；
> 如果我是一朵浪花，我愿在你的力量下喘息，分享你的力量。
> （笔者直译）

这样的翻译好不好呢？答案似乎是智者见智，仁者见仁。由于文化修养、审美情趣等方面的差异性，不同的翻译者会在信息转换、言语计划方面有所侧重，因而会采取不同的"言语行为"，于是就有了不同的译文版本。

上面的译文读起来应该说基本表达了原文的意思，但是如果采取"监察步骤"，读者也许会发现，译文中少了原文的格律和韵味，气势显得不够磅礴，说明还存在"可修改"的空间。因此，翻译还可以表现出另一种风格：

> 但愿，但愿我是残叶一片与你相随，

但愿，但愿我是捷云一朵与你同飞，

愿只愿是浪头翻滚假你的神威，

（傅勇林译）

相比之下，此译文在韵律上虽不与原文完全一致，但"诗味较浓"：形式对仗工整，节奏抑扬顿挫、缓急适中、起伏有致，读来朗朗上口。如果从"音美、形美、意美"的标准看，似乎比前一版本更有"灵气"。可见，二度编码的言语产生活动是一个整合加工、积极创作的心理语言过程。

六、翻译过程心理语言学模型

总而言之，我们似乎可以对翻译的全过程进行心理语言学的模式化描述，也就是采用模型理论的方法。模型理论是从计算机中的计算模型理论发展而来的。一个模型是对一个系统、过程或结构的简单描述，具有条理化、具体化的特点。在心理语言学中，模型理论可以使复杂的言语感知、言语理解、言语产生的过程形象化、简单化。显然，它的缺点是把复杂问题简单化，而优点在于条理清晰、便于理解。

翻译过程是一个非常复杂的心理过程和语言应用过程，使这个过程模型化同样可以起到"深入浅出"的效果，但要避免僵化的理解，因为模式不是"绝对理式"，仅作启示而已。本文作者以"启示"为出发点，以探索翻译理论和心理语言学理论的结合为手段，试图借助模型理论的方法对翻译二度编码的过程做出心理语言的模型化阐释。

这个过程可以表述为：在翻译者接收到被译语一方的符号后，解码开始，也就是对原文的理解阶段开始。这个过程主要以心理语言学中的言语理解模型为根据，是对语言知识的加工，同时包含语境对理解的影响。二度编码是译语产生阶段，这一过程以言语产生模型为支撑，描述的是把原语意义置入译语语境的符号编码，即语言创作过程。

整个翻译过程的心理语言学模型由三大块组成：最初是原语输入，也就是第一度编码;然后是原文理解,就是解码的过程,需经历信息、概念的转换、处理;最后是译语的产出,也就是第二度编码的终端,即译文的产生。译语产出的过程又包括口译和笔译两种不同的文本结果。其中译者的翻译动机和个人的综合知识会对译文的内容有一定影响。在确定了动机之后,译者经过思维加工,对译语的词汇选择、功能分配和句法成分组合及词性变化等一系列语法进行编码,译文才最终产生。

然而这个模型只能描绘翻译过程中必须或可能出现的活动环节。在实际的翻译活动中,活动过程往往出现回旋、跳跃等不同的状态,那么更多的实际因素还应被考虑在内,如翻译的时间、空间因素、译者的注意力分配因素等。

翻译过程心理语言学模型(见图11):

七、结语

以跨学科的视野来分析、研究翻译已是翻译学发展的必然。任何与语言相关的学科都不可能完全与心理研究无关,这是因为语言在本质上是心理的。翻译活动更是一种涉及语言和心理的活动。用心理语言学的模式把翻译二度编码的活动过程化、具体化、动态化,有助于从更深的层次来分析翻译活动中出现的问题。

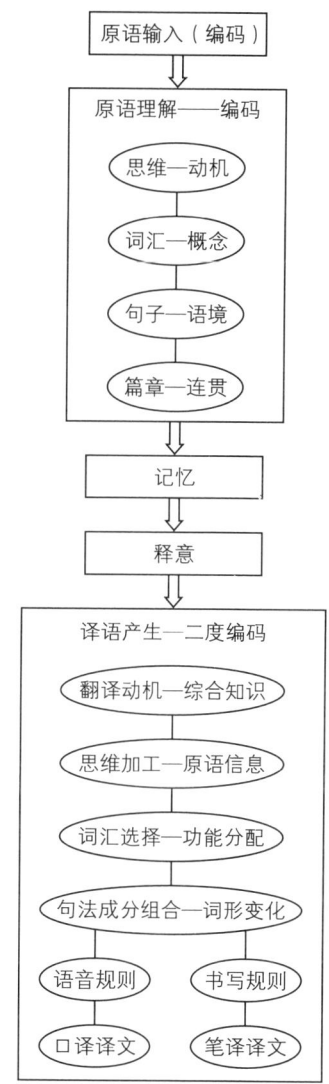

图11 翻译过程心理语言学模型

参考文献：

① 包惠南. 文化语境与语言翻译［M］. 北京：中国对外翻译出版公司，2001.

② 蔡小红. 以跨学科的视野拓展口译研究［J］. 中国翻译，2001（2）：26-29.

③ 桂诗春. 新编心理语言学［M］. 上海：上海外语教育出版社，2000.

④ 华惠芳. 阅读理解中的知识提取和信息加工［J］. 外语与外语教学，2001（1）：41-44.

⑤ 维果茨基. 思维与语言［M］. 李维，译. 杭州：浙江教育出版社，1999.

⑥ 刘利民. 心理语言学［M］. 成都：四川大学出版社，2000.

⑦ 麻争旗. 翻译二度编码论：对媒介跨文化传播的理论与实践之思考［J］. 现代传播（中国传媒大学学报），2003（1）：12-16.

⑧ 麻争旗. 影视剧脚本的翻译及审美特征［J］. 北京第二外国语学院学报，2003（2）：39-48.

⑨ 伍铁平. 模糊语言学［M］. 上海：上海外语教育出版社，1999.

⑩ 叶子南. 英汉翻译对话录［M］. 北京：北京大学出版社，2003.

⑪ 朱曼殊，缪小春. 心理语言学［M］. 上海：华东师范大学出版社，1990.

⑫ CARROLL W D. Psychology of language［M］. Oxford: Oxford University Press, 2000.

论国际新闻编译的文化策略[*]

一、国际新闻与跨文化对话

国际新闻与我国近代新闻传播的发端联系在一起。中国最早的报纸的名称就叫《万国公报》《各国消息》《中外新报》等，大量刊载外国新闻。①由外国人（1833年）创办的第一个近代中文报刊《察世俗每月统记传》的新闻专栏，每期刊登的新闻绝大部分是译自外刊、经过编者加工的国际新闻——这也可被视为国际新闻编译外译中的开端。当前，国际新闻传播业已成为沟通中外、服务社会、促进现代化建设的社会工程。我国媒体的国际新闻传播活动也日益活跃，成为全球新闻流通中的重要组成部分。

（一）国际新闻的不同形态

国际新闻是国际传播的重要内容，是跨越了各国国界的新闻。或者说："国际新闻是超越了国家界线并具有跨文化性的新闻，或者说国际新闻是新闻在国际的流动……国际新闻包括外国消息（国际报道），也包括对外传播，还

---

* 本文原载于《现代传播》2005年第1期，收入本书时略有删改。
① 白润生. 中国新闻通史纲要 [M]. 北京：新华出版社，1998：29，38，42.

包括国际性新闻机构向国际社会提供的国际性新闻。"①

那么,国际新闻活动包括哪些具体形态?或者说我国媒体在实践中是如何界说国际新闻的呢?

其一,把"外国新闻"视为"国际新闻"。这是一种"世界新闻论",认为国际新闻活动指的就是把发生在外国的新闻事件报道给本国受众。这种观点带有普遍性,国内媒体大致采取这种做法。报纸设有国际新闻版或世界新闻、国际焦点等,而电台、电视台、网络媒体都有国际新闻、国际时事、国际快讯、世界报道等形式,其内容有一个共性,那就是"来自外国的消息",也就是属于那种"让中国了解世界"的信息,即人们常说的"让我们看看国际方面的报道"。

其二,把"对外新闻传播"视为"国际新闻"。这是一种"对外宣传论",也就是把国际新闻传播等同于对外新闻传播,而且一般称之为对外宣传。对外国受众来说,关于中国的报道就是"来自本国以外的消息",自然不是国内新闻,而是国际新闻。

其三,把全球性新闻事件的报道视为国际新闻报道。这是一种"国际传播论"。在这里,国际新闻其实就是世界性新闻媒体向"世界受众"提供的新闻服务,也可以说是国际上的新闻流通。按照这种观点,新闻媒体的地位发生了变化,不是某地区或某国家的媒体,而是世界媒体(不受政府支配);受众也不局限于某一地区或某一国家,而是世界各地的国际社会受众,这样,新闻也就无所谓国际或国内,这也就是人们所说的信息全球化的一个具体表现。我们可以暂且这样描述国际传播意义下的国际新闻传播:由国际性新闻媒体从世界各地采制又向世界各地发送的新闻传播。

上述三种观点虽互不相同,但每一观念下的活动都有一个共性,那就是进行"跨越国界"的新闻传播,都属于国际新闻的范畴。由此,我们可以把上述三种方式视为同一事物的三种不同形态,即世界新闻型、对外传播型和

---

① 刘笑盈.国际新闻史研究论纲[M]//徐琴媛,蔡帼芬.国际新闻与跨文化传播.北京:北京广播学院出版社,2003:94-95.另:该文对新闻的定义是:新闻是人们通过大众媒介对具有社会认知价值的新近事实信息所进行的传播。

国际传播型。采取广义的国际新闻观有利于揭示我国国际新闻传播媒体的根本任务：构筑信息交换平台，促进与世界各国的相互了解。国家的改革开放和现代化建设赋予了媒体双重身份：向国人传播外界的信息，让中国了解世界；向世人传播国内的情况，让世界了解中国。

显然，与我国媒体的双重身份一致，我国国际新闻从业人员的基本素养也必然具有双重性：对内做好"世界报道"的工作；对外完成"宣传中国"的任务。这两个方面既统一，又有很大差别，这是由我国国际新闻传播的特殊性决定的。

（二）国际新闻的跨文化属性

既然国际新闻传播是通过大众媒体而进行的跨越国界的新闻传播活动，那么它至少包含三个基本要素：新闻性、大众传播性和跨文化性。如果说新闻性和大众传播性仍然属于一般新闻活动的基本共性，那么，跨文化性则是国际新闻活动的特殊性。

认识国际新闻传播的跨文化性有着十分重要的理论意义和现实意义。

按照"媒介文化"（media culture）研究的观点，新闻现象是一种文化现象，新闻文化是一种传播文化和文化传播。[1] 由于国际新闻传播是国家间的新闻传播活动，所以往往具有跨文化交流的特征，尤其对于中西方之间的新闻流通来说，这种跨文化交流的特点更加突出。[2]

新闻传播业的兴起在西方是资本主义社会变化发展的产物，在中国则是西方文化影响的结果，是与西方资本主义入侵中国联系在一起的。在西学东渐、"历史向世界历史转变"（马克思语）的潮流中，中国的新闻传播业逐步进入中西方文化互动过程的核心。在中西方新闻传播中，曾有冲撞和融会，但现在看来，更多的是冲突和误解、隔膜和疏离。这种差异从表面上看是发生在新闻领域的互动，而实际的动因则是文化差异。中西方新闻传播业在价

---

[1] 刘智. 新闻文化学 [M]. 北京：新华出版社，2001：1-8，137-170.
[2] 翟树耀. 对外宣传报道与英语写作 [M]. 厦门：厦门大学出版社，2001：123.

值判断、思维方式、观念演变等各个方面无不打上各自文化的烙印。① 所以说，只有从历史、文化的深层才能更好地透视国际新闻传播的本质，而不是只在现象上做文章。

在实践中，国际新闻的传播活动不论采取哪一种形态（世界新闻型、对外宣传型或者国际传播型），都不能离开跨国界、跨语言、跨文化的问题，这对于任何业务部门和决策、管理部门来说都不例外。国际新闻工作者与国内新闻工作者的最大区别就是其不仅是跨文化传播者，而且是通过大众传媒进行传播活动的跨文化工作者。这种双重身份尤其体现在国际新闻编译的过程之中，因为编译者所要面对的不仅是新闻信息，而且是不同的语言、文化信息，编译本身既是信息传输，又是语言转换，同时是文化沟通，发挥着整合、加工、传递乃至阐释的复合功能。因此，认识中西语言、文化的差异，探索求同存异的方法，是做好国际新闻工作的前提，也是国际新闻实践中的一项核心工程，因为它是实现有效传播的根本依据和基本途径。

二、国际新闻传播中的语言、文化差异

国际新闻编译是发生在不同的新闻体制以及不同的社会文化环境下的信息转换活动，编译本身涉及不同语言、不同文化之间的相互转化。这样，作为信息的符号载体——语言，以及影响、制约语言符号能指意义的文化语境便成为决定信息内容的一个重要因素。也就是说，分析中外新闻传播的差异性不能不从各自的社会、文化和传播方式等方面寻找原因。

实际上，文化差异存在于国际新闻传播的整个过程中。首先，从传播者来看，中外记者处于不同的文化背景中，所以对事物的判断往往表现出不同的价值取向，尤其反映在对新闻事件的选择、表述方式以及采取的立场、态度等方面。大众传播事业是为一定社会集团服务的舆论工具，因此，从事不同大众传播事业的人，在对新闻事实的评价和选择中，总是打上自身利益集

---

① 顾潜.中西方新闻传播：冲突交融共存[M].上海：复旦大学出版社，2003：3，2，186.

团的烙印，这也就是新闻报道中的价值取向，中外新闻界概莫能外。[①] 同一时期，中外记者关注的焦点会有所不同，而对同一新闻事件，二者往往采取不同的视点、不同的叙述方式并反映出不同的立场和态度。从表面上看，这是记者个人的偏好，但实质上却是不同的社会文化观念所使然。

中西方各自的新闻价值标准是与其意识形态、价值取向紧密联系在一起的。也就是说，文化观念的差异必然首要地表现在新闻机构和新闻从业人员对新闻事件的取舍，乃至在报道中采取的态度、立场和方法上。这一点在国际新闻报道，特别是有关国际政治事件的报道中表现得十分明显。

其次，从传播方式来看，不同的文化习惯会在语言习惯、叙述结构、叙述风格等方面表现出不同的特点。例如，中美之间在语言环境、传播取向等方面有很大的差异，这些差异也必然反映在新闻传播活动之中。按照文化语境的观点，中国文化属"强势语境"，其传播的重点不在于"怎么说"，而在于"如何听"，传播中的信息有很多要靠听者"悟出来"，而不是言者"讲明白"，表现出"重意会""轻言传"的习惯，因为在汉语的交流中听者已经掌握了大量的"preprogrammed information"（预置信息，即经预先编程的信息）[②]，也就是说，具有悠久历史的汉语中包含着极其丰富的文化信息，也正是这些信息构成了中国人相互理解、相互凝聚、相互沟通的共同基础。表现在交流方式上，中国人一般讲含蓄、忌直言，喜欢引经据典、借古喻今，因而不熟悉中国历史的人很难用汉语进行有效的交流。在表达风格上，汉语讲究工整对仗、和仄押韵、辞藻华丽等技巧。

与此相对，美国文化属"弱势语境"，其传播的重点不在"怎么听"，而在"如何说"，传播中的信息主要靠言者"讲明白"，而不是靠听者"悟出来"，表现出"直观性"的习惯，因为在英语语言的交流中听者那里没有多少"预置信息"，也就是说，英语语言里缺少足够的历史文化信息，因而传者必

[①] 顾潜. 中西方新闻传播：冲突交融共存 [M]. 上海：复旦大学出版社，2003：3, 2, 186.
[②] HALL E T. Context and meaning [M]//SAMOVAR L, PORTER R. Intercultural communication: a reader. 9th ed. Belmont, CA: Wadsworth, 2000: 34–41.

须提供必要的背景资料才能完成相互理解、相互交流的过程。① 表现在交流方式上，美国人一般不绕弯子，喜欢开门见山、单刀直入，所以不了解这一点的人往往觉得美国人"很不给人面子"。在表达风格上，英语一般讲究简洁、明确、直陈事实，很少出现辞藻堆砌、冗长累赘的现象。

当然，由于新闻传播重事实、讲快捷的特殊性，语言风格的差异在新闻写作方面的表现远不如在其他社会交际方面表现得那么突出。尤其是改革开放以来，中西方的新闻交流不断加强，我国新闻传播活动在各方面日趋走向与国际接轨的道路。比如在报道的方式上，我国媒体普遍采取了西方通用的倒金字塔结构、客观报道的原则等，呈现出了在结构层面乃至表述、制作方式等技术层面逐步走向国际化、标准化、一体化的趋势。但这不等于说传统习惯没有了市场。翟树耀先生指出，汉语的语言风格反映在新闻用语上，往往是结构有规律、音节有韵味的虚词用得多，成串的简化语和浓缩语比比皆是，加上近年来又出现了"散文式新闻"，即重空泛描述意义而轻叙述事实，讲究新闻写作中的"文学色彩"，抽象的诗言词语铺天盖地。翟先生认为，中国读者因为对那种诗词般的语言所表达的意境比较熟悉，一般尚能接受，在新闻中引用些诗词楹联，也能增色不少。但是对外国受众而言，这种做法就很不可取。例如，有一篇报道中说某一风景区"兼具峨眉之秀，雁荡之奇和漓江之美"。一般的外国朋友如何能理解"峨眉、雁荡、漓江"之"秀、奇、美"呢？②

其实，在对外新闻报道中，这种现象并不罕见。翟树耀先生以大量的事例说明了这种现象的普遍性。③ 例如，有一篇关于某城市机场高速公路开通的报道这样开头："有一条全新的路，有一条美丽壮观的路，有一条现代快速的路。……一辆白色的轿车，载着我们的激动，载着我们的自豪，载着我们的信心，奔驰在这条路上。"美国联合通讯社在一则报道中引用了这一段话，并

---

① HALL E T. Context and meaning [M]//SAMOVAR L, PORTER R. Intercultural communication: a reader.9th ed. Belmont, CA: Wadsworth, 2000: 34–41.
② 翟树耀.对外宣传报道与英语写作［M］.厦门：厦门大学出版社，2001：123.
③ 翟树耀.对外宣传报道与英语写作［M］.厦门：厦门大学出版社，2001：124.

讽刺说，这是"典型的社会主义散文"。

除了语言环境的差异外，中美之间在传播模式的基本取向上也有很大的不同。研究表明①，东亚国家因为受儒家思想的强烈影响，所以视社会关系为一切关系的核心，人们的活动必须以维护社会和谐为原则，在传播模式上以集体主义取向为主导。与此相对，北美社会的传统强调的是个体，社会是独立的个体的集合，人们的活动以满足个体的利益为目的，在传播模式上以个体主义取向为主导。

总之，传播方式的差异是文化差异的重要表现。认识这些差异有助于我们把握国际新闻传播，尤其是对外新闻传播的特点，从而不断改善工作方法、提高传播效果。

最后，从接受心理来看，不同文化群体的成员具有不同的认知习惯，这对于对外新闻传播来说，也是一个十分重要的因素。其实，传播者的价值取向、传播模式和接受心理是一致的，是相互影响、相互作用的统一体。例如，中国人重社会关系、重和谐统一，于是采取集体取向的主导模式，而大众则普遍认同家庭和睦、社会团结、协作互助、共同富裕的观念，崇尚仁、义、礼、智、信等社会规范。与此相对，美国人重自由平等、重个人价值，于是采取个体取向的主导模式，而大众则普遍认同绝对权力、私有财产、个体利益、公平竞争的观念，崇尚民主、独立、公开、法制、协商等社会规范。②了解这些差异有助于我们在传播过程中"求同存异"、找到认识的"共同点"，从而做到心中有数、有的放矢。

从以上分析可以看出，语言、文化差异是跨文化交流的最大障碍，也是制约国际新闻传播的关键要素。认识这种差异，掌握解决、克服这种差异的方法和途径就成为国际新闻研究者和从业者的一项重要使命。

---

① YUM J O. The impact of confusianism on interpersonal relationship and communication patter, in East Asia [M]// SAMOVAR L A, PORTER R E. Intercultural communication: a reader. 9th ed. Belmont, CA: Wadsworth, 2000: 63–67.

② 关世杰. 试论中国人与英美人思维方式的差异及汉字在其成因中的作用 [M]// 刘海平. 中文文化的互动与关联 [M]. 上海：上海外语教育出版社，1997.

三、编译者的文化策略

编译是国际新闻活动中的重要工作,编译者的观念、兴趣、风格乃至人格取向等个体因素对国际新闻的编译工作会产生很大的影响。① 从理论上讲,编译可被视为一种特殊形式的翻译。我国有着悠久的翻译历史,也形成了丰富的翻译经验,这对编译来说是一笔宝贵的知识财富。我们可以通过考查翻译的性质和功能来认识编译的属性,进而探讨编译者应采取的文化策略。

(一)翻译具有文化属性

翻译的文化属性是由语言符号的社会性所决定的。一方面翻译受个人世界观、价值观、知识范围、经验等因素的制约,另一方面受其所在社会、文化环境的制约。翻译要与两种语言打交道,也就不能不与其各自所属的文化相沟通。

翻译的基本环节包括理解和表达。理解就是解码,是从传者那里获得原语的意义及其承载的文化信息,它以熟悉原语的结构规则和使用规则为前提,因而不能脱离原语的社会文化因素;② 表达就是二度编码,是带着理解了的信息,用译语在其社会文化语境中进行有效交流,它以符合译语的结构规则和使用规则为条件,不能不与译语所属的社会文化因素相碰撞、相融合。因此,翻译的使命说到底,是从一种社会文化语境中走出来,然后进入另一种社会文化语境,其表象是构筑符号与符号的转换,而实质是联通文化与文化的对话。③ 所以,按文化翻译学的观点,语言是文化的载体,文化是语言的管规,翻译则是文化与文化的对话,是跨文化的传播。鉴于此,译者必须熟悉两种

---

① 石丹.英语新闻编译的原则和方法[M]//蔡帼芬.国际新闻与跨文化传播.北京:北京广播学院出版社,2003:328-352.本文的"编译"概念既指把外文文章加工成所需要的中文文章,也指把中文文章加工成所需要的外文文章,其他方面与石丹的观点基本一致。
② 邓炎昌,刘润清.语言与文化[M].北京:外语教学与研究出版社,1989:1-2.
③ HALL E T. Context and meaning [M]//SAMOVAR L, PORTER R. Intercultural communication: a reader.9th ed. Belmont, CA: Wadsworth, 2000: 34-36

文化：本国文化和对象国文化，或曰"翻译者必须是一个真正的文化人"[①]。

从文化和传播的关系来看，文化和传播互为一体、互为生存的条件。[②] 文化是传播的内容，传播是文化的形态，文化寓于传播之中。文化与传播是人的存在的两个方面，两者犹如物质与运动那样，形成辩证统一的关系，互为依存，不可分离。任何文化，只要是活的存在，就不能不传播，而且一刻也不能停止传播；而任何传播，不论采取什么方式，都不能不以文化为内容，并且只能以文化为内容。

文化是动态的，处在不断的传播之中，文化又是多元的，因而传播不是单向的、封闭的，而是多维的、交叉的。这就是跨文化传播的普遍性。人类社会的发展史就是一部各种文化不断相互融合的传播史。多样的文化造就了五彩缤纷的现实世界，而跨文化的传播打通了不同文化社会之间的分割，形成了文化与文化的交流互动，推动了世界文化的共同发展，创造了共享的人类文明。其中，翻译作为跨文化交流的中介，同时参与着文化符号的解码和编码活动，因而具有文化和传播的双重性质。

可以这样讲，翻译的二度编码过程是不同文化符号之间的信息功能转换，是文化与文化的对话，其根本属性就是文化传播。翻译的过程本身既是文化行为，又是传播活动，是发生在语际交流过程中的跨文化传播。

（二）翻译家的主观能动性

研究人类文化传播活动最终不能离开对具体的人的分析。毫无疑问，在跨文化传播的过程中，最活跃的人是处在中介界面的翻译家。翻译家的文化背景、思想观念、个性倾向等诸多因素对翻译活动的各个方面产生着不可低估的影响和能动作用。

我们认识的世界并非如其是，充其量只能如我们的感官所能及。正如麦克卢汉所说，"媒介是人的延伸"，人们创造并利用媒介来延长生物感官，然

[①] 王佐良语，参见王秉钦．文化翻译学［M］．天津：南开大学出版社，1995：1-3，240．
[②] 周月亮．中国古代文化传播史［M］．北京：北京广播学院出版社，2000：20．

后超越直接经验，通过媒介获取对外界的更多知识。①我们大部分人（专家除外）并不知道或亲自感受到美国究竟是什么模样，只能通过书籍、报刊、电视、电影、互联网、图片等媒介来看美国，因而我们大部分人心中的美国其实只是媒介中的美国，也就是说大多数人心目中的美国是翻译家的美国。再如，一般的中国人看不懂佛经（原文梵文就更不用说了），所以我们只能听方丈说，而一般的方丈并不懂原文的意思，他们是听真谛、鸠摩罗什、玄奘（他们既是高僧，又是翻译佛经大师）说，所以我们心中的佛其实是翻译家说的那个佛。我们不知道也无法知道莎士比亚到底说了些什么，是什么意思，我们只知道梁实秋、卞之琳、朱生豪等一些翻译家说了些什么（他们在很多地方说得还不一样，哪个对呢？），可见，我们心中的沙翁原来是翻译家说的那个"他"或"他们"。一句话，我们认识的世界是媒介的世界。就跨文化传播而言，我们认识的世界在很大程度上是翻译家的世界。这个世界是阐释学所说的"意义"的世界。

虽然，对个别的翻译家来说，翻译的结果受个人价值取向、主观意识（包括动机、情感等因素）的左右，但从整体的翻译事业来看，翻译的取舍和结果自始至终受到翻译家所属文化的制约。用马克思主义的观点看，对外来的东西，人们是因为需要才接受，而接受的东西恰恰是于己有利的部分。

当然，翻译家的片面性亦导致翻译的世界的片面性，并不完全在于翻译家的无能，或是因为翻译家存心要"以讹传讹"。翻译家要做的事情不是消极的中介转换，而是积极地发挥主观能动性。翻译家的主观能动性集中表现在翻译作为所属文化的代表，按照自身的文化价值取向，带着个人的习惯和风格去读解外来文化，然后转告同胞。翻译作为媒介跨文化传播过程中不同语言文本的二度编码，由于编译、译制人员的参与，也必然依循这样的道理。

翻译家的主观能动性还有另一层更为重要的意义：翻译活动是人的符号互动，这种符号互动不是简单的中介转换，而是人发挥主观能动性的文化行为。

---

① 麦克卢汉.理解媒介：论人的延伸［M］.何道宽，译.北京：商务印书馆，2001：84，117.

(三) 编译者的文化策略

国际新闻编译者，必然以中外文化传通为天职，扮演文化使者的角色，也就是要做跨文化的交流者。鉴于此，翻译前辈们的伟大实践和创造精神成为我们今天认识新闻编译的智慧源泉。

从策略来看，如果按照传播对象来划分，把属于"外国消息"类编译视为"外译中"，把属于"对外宣传"类编译视为"中译外"，那么，前者之法似可比作"择书而译，取便发挥"，其目的在于让国人认识世界、了解世界；而后者之道或可名曰"有的放矢，润物无声"，其宗旨是让世界认识中国、了解中国。两者之间，看似相同，而且确有相同的新闻原则和编译方法，但是，由于目的不同、对象不同，因而所采取的策略有很大的差异：

"择书而译、取便发挥"①的"外译中"是"拿来"，正如佛文化的译介，有删漏、有阐释、有演绎、有汉化，更如近代西学东渐时《天演论》的达旨，有增删、有改编、有综述、有发挥，目的是"师夷之长、洋为中用"，用现在的行话说就是需要采用取舍、重组、概括、合并等方法，使之适合我国国情，有利于现代化建设。

"有的放矢，润物无声"的"中译外"则是"输出"，正如拿着一批文化产品到别的国家去办文化节、开展示会，有调研、有策划、有包装，还要借

---

① "取便发挥"似乎不符合新闻编译的"忠实"原则。但是，编译的"忠实"是值得商榷的。笔者认为，说编译要"忠实"几乎是一句空话。如果编译真的做到"忠实于"原作，那就跟一般翻译没什么区别了。其实，编译本身相对于翻译的特殊性恰恰就在于贯彻"忠实"原则的灵活性上。一般认为，科技翻译是最忠实的——哪怕"硬译"，也不能"篡改"；文学翻译因为讲艺术形象的完整性，所以形式对等就放在了第二位，结果给"不忠"，或曰"艺术再造"留下了创作空间；这样一比，新闻编译最具灵活性：原稿是长篇大论，"译文"可以缩为寥寥数言的一句话；而"综述"可以把若干"小稿"整合为一篇大"译文"。可见，编译的活计，妙就妙在"编"，就是对原稿"做手脚"，结果往往是"改头换面"，甚至"偷梁换柱"。这样看来，编译的忠实，大概只能是对原稿所提供的"事实"的忠实，不能无中生有是对编译者最有效的、也是唯一有效的行规，因为选什么"事实"、怎么"表述"这个事实，完全有可能随编译者的主观倾向而定。借用后现代的话说，这是对"忠实"的"颠覆"，因为对于"意义"来说，重要的不仅仅在于"说什么"，而且在于"怎么说"。显然，"编"的结果主要是对"怎么说"做手脚，那么，对"意义"的忠实，就只能靠"事实"来说话，而问题在于"事实"本身是不会说话的。

助精于此道并了解当地文化的公关公司搞"外交"、搞宣传、搞促销,目的是投其所好、博得青睐,亦如传播学术语"受众意识""满足理论"之类,即通过增加贴近性、改善传播环境,以缩短传受双方之间的距离,避免逆反心理,从而赢得受者态度的改变。

把这两者统一起来,就是国际新闻编译者的双重文化策略。采取"取便发挥,有的放矢"的思路对改善我国目前国际新闻编译的状况具有一定的积极意义。例如,在外国消息的编译中缺少必要的规范和原则,存在着"随便拿来主义",而不是鲁迅先生说的为我所用的"拿来主义"。不少媒体登载的编译文稿五花八门,加上文辞的错漏、浅陋,像是万花筒,看去一片光怪陆离:那是一个可笑的世界、无聊的世界、可恶的世界。这样做可能引起一些好奇心、增加几分可读性,但以此作为与国际接轨的代价值得吗?严复先生"择书而译"为的是"唤起民众,奋发图存",他的态度是"一名之立,旬月踟蹰"——那种使命感和责任心在奔小康的当代中国是何等的崇高、何等的难能可贵!所谓"取便发挥"也绝非"随便发挥",而是精心加工、用心良苦的体现。例如,我国媒体的对外传播常有"自说自话"的情形(有些外文杂志形式呆板、内容枯燥,没有多少外国朋友喜欢看,只是完成对外宣传的任务),缺少受众意识,实际上起不了多大的宣传作用。可这样的做法似乎还在扩大规模,甚至喊着、赶着要走向世界,却不知花力气搞受众调查、提高"产品质量"、探寻"润物无声"的策略才是实现有效传播的根本出路。由此可以看出"取便发挥,有的放矢"策略对认识国际新闻传播的启发意义。

四、结语

概括起来,一方面,因为国际新闻编译是新闻传播活动,所以编译者应遵守"用事实说话"的信条,不能无中生有;又因为国际新闻具有跨国际、跨语言、跨文化的特征,所以编译者时刻面临着语言、文化差异的课题。编译的策略应以新闻传播的本质为母体、以翻译的文化艺术精神为灵魂。只有将这二者统一起来,才能说明编译存在的必要性。

影视翻译论

论影视翻译的基本原则[*]

翻译是决定译制成败的关键。如何完整、准确地再现原作的艺术风貌？如何使带着异国情调的影视作品迈着轻松的步履走进寻常百姓家？本文拟从五个方面分析说明影视翻译必须把握的基本原则。

一、口语化

"信、达、雅"是传统的翻译准则，现在一般理解为"忠实、通顺"。作为影视翻译自然不能离开这一原则。但是如何实现"忠实、通顺"则值得研究。影视片中的人物对话的翻译不是供读者去慢慢阅读品味的，而是要转化为配音演员的声音，使观众在观赏的瞬间去理解并接受。因此，仅仅达到文字上的"通顺""通达"是不够的，还必须使之贴近生活，使之易于上口、便于听懂。这样的译文，经过配音，才能与人物表情（包括口型）相吻合，才能最终求得自然、逼真的艺术效果。

试比较下列对话的两种不同译法。（选自美国电视系列剧《亡命追凶》中的"天命难违"一集）

（金布尔到兽医马丁家求职）

Kimble: I don't know much about animals.

金布尔：①我对牲畜知道得并不多。

---

* 本文原载于《现代传播（北京广播学院学报）》1997年第5期，收入本书时略有删改。

②我对兽医可不大懂。

Doc: You don't have to. Folks around here believe I do. Been fooling them for forty years……

马丁医生：①你没必要知道。周围的乡民们相信我知道。40年了我一直愚弄他们……

②呃，不用你懂。乡亲们都以为我懂。（画外）我蒙了他们40年了……

（在汽车上）

Doc: Well, Simmon's beliefs forbid the use of medicines……When his wife took to bed, I had that hospital send a doctor to her. But Joshua held him off with a shotgun.

马丁医生：①呃，西蒙的信条禁止使用药物。他妻子卧病在床时，我让医院给她派来了个医生。可乔舒亚用枪把他拒之门外。

②呃，乔舒亚这个人不信医疗这一套。他老婆病倒时，我请医院派了个医生来，他端着枪把医生赶跑了。

对照原文，上述两种译法均可谓"忠实、通顺"。但是笔者认为第二种更与剧中人物、情境等相吻合，更具有生活气息。这样的译文在配音时更"带劲儿"，听起来更"有味儿"。这就是"口语化"的基本含义。

总之，对话语言是口语会话，因此翻译的首要原则就是使译文"好配"，使之念起来上口，听起来入耳。所谓"通顺"就是念得很"顺"，听得很像"话"。

二、人物性格化

如果说"口语化"是达到顺畅、自然的基本手段，那么"人物性格化"则是求得准确、生动的基本途径。影视片中的人物往往个个性格鲜明，而这些不同的个性在很大程度上是通过其各不相同的言语风格表现出来的。所谓"人物性格化"就是要求准确把握人物个性，使译文言如其人。

例如，在美国影片《起锚》中，乔机智勇敢、快言快语、风趣幽默，而克劳伦斯憨厚老实，说话推心置腹，诚恳真挚。热情开朗的苏珊言辞坦率而富有激情，而淳朴善良的布鲁克林姑娘句句朴实、字字真诚。就连天真倔强的小唐纳德也"出言不凡"，寥寥几句，却句句有棱角，使人听后不能轻易拿他"当儿戏"。

试对比下列对话原文和译文的语言特色。

（乔和苏珊的对话）

Joe: You're dressed up. You'll look like a million dollars. A girl like Sussy, I believe you'll kill him. Huh?

乔：①你着装起来，看上去就像一百万美元。像苏珊这样的姑娘，我相信，你会杀了他。哈？

②你打扮好，一看就像是摇钱树。噢，相信我，你会迷倒他的。哈？

Joe: He wants somebody to think about, write to—you know to come home to.

乔：①他想要个值得想念的，写信的，你知道，值得回家找的人。

②他想找个值得想念的，鸿雁传情的——守在家里等待的。

从上所见，翻译追求人物个性化，就是要字斟句酌，力图使其话语句句恰如其分。这是使译文准确、生动的基本保证。

三、情感化

所谓"情感化"就是要求翻译努力"进入角色"，设身处地，从人物内心深处把握领会其言语的确切含义，从而使译文"言而由衷""有感而发"，具有真情实感。

好的译制片，观众为剧情所吸引，几乎感觉不到影片是经过配译而成的。其中自然以译文达到"真切感人"作为先决条件。如果翻译只停留在文字的浅层上，没有潜入其情感深层，那么，即使文字上说得过去，算得上"真实、通顺"，甚至在字数、节奏等方面也无可挑剔，其结果也往往"貌合神离"，难以求得"神似"。

试比较下列对话的两种不同译法。（选自美国电视系列片《亡命追凶》中的"目击者"一集。

（金布尔把捡到的钱包送还马西娅。马西娅很感动，于是她也帮了金布尔的忙。）

Kimble: Why are you helping me?

金布尔：为什么帮助我？

Marcia: Don't get the wrong idea, Mr. Sanders. You returned my wallet. It had two weeks salary in it. To a working girl living dollar to dollar, losing it could be a disaster.

马西娅：你可别想错了，桑德斯先生。你送回我的钱包，里面有两周的工资呢！

①对一个靠工资生活的打工女来说，丢掉它会是一场灾难。

②我还要靠这点薪水过日子，把它丢了，我会很惨的。

（金布尔不得不继续逃亡，临别时，马西娅恋恋不舍。）

Marcia: Well, another farewell scene. Don't you hate them?

马西娅：①又一个离别的情景。你不讨厌它们？

②呃，这是第二次分手。你讨厌分手吗？

Kimble: I don't like this one.

金布尔：①我不喜欢这个。

②我讨厌这一次。

Marcia: I can't coax you to stay. I'm shameless.

马西娅：①我不能把你留住。我很羞愧。

②我不会挽留人，我害羞。

Kimble: I'm not that man.

金布尔：①我不是那个人。

②我不值得。

Marcia: He must be somewhere…Whatever you're running from—or searching for—good luck.

马西娅：①他一定在某个地方…不管你是为何而逃跑——或者寻找什么——祝你好运。

②是我没福气……不管你从哪儿来，或到哪儿去——祝你好运。

在上述例子中，显然第二种译法更能表达人物的内心情感，比第一种更有"戏"，更"传神"，更感人。所以说翻译不能只作"表面文章"，或者搞文字游戏。那样的译文往往干枯乏味，很难准确传递人物言辞间所流露的思想感情，因而很难具有感人至深的魅力。

按照"情感化"的要求，译者要深入每个人物的内心世界，与之"息息相通""生死与共"，进而"思其所思""感其所感"，而最终"言其所欲言"，实现译文表情达意、"情真意切"的艺术效果。

笔者认为，对影视翻译来说，"情感化"的原则，既是译者在创作过程中所追求的理想境界，也是译者在下笔时锤炼文字、决定取舍的衡量尺度，同时是鉴赏翻译水平的重要标准。

四、口型化

口型化是影视译制最突出的一大特点。搞译制有点像演双簧，用剧中人物的口型装配音演员的声音，使所言所语如出其口。翻译的任务是为配音提供蓝本，所以译文要在保证准确、生动、感人的前提下，力图在长短、节奏、换气、停顿乃至口型开合等诸方面求得与剧中人物说话时的表情、口吻相一致。

译制的结果至少能使观众闻其声、见其人，知道哪句话出自谁的口，这是最起码的要求。为此译文必须尽可能与原话字数相当，长短一致。译文过长过短都会给配音带来困难，甚至影响人物性格的塑造和情绪的表达。

对于较为简单的语句，求得长短一致并不太难。试对比下列对话的不同译法。（选自美国电视系列剧《亡命天涯》中的"目击者"一集）

Marcia: That's me. You're you.

马西娅：你是你，我是我。（对等）

Kimble: Didn't he tell you?

金布尔：①难道他没有跟你说过吗？（过长）

②他没告诉你吗？（相当）

Marcia: Good as new.

马西娅：①和新的一样好。（过长）

②像新的。（对等）

Marcia: What do you think you're doing?

马西娅：①你干什么？（过短）

②你干什么？你想干什么？（相当）

Kimble: I want to thank you again.

金布尔：①我想再一次向你表示感谢。（过长）

②再次向你表示感谢。（对等）

Dawes: Well, I figure he knows only two people here. You and me. Me, he's running from. You're nice run into. Have you seen him?

道斯：我想他在这里只认识两个人——我和你。我是他想躲的，你是他想见的。看见他了吗？（相当）

对于较为复杂的段落，有时则需要重新断句。例如：

Marcia: Please! I'm sorry. No good-byes. I mean don't think of me as just kind—if you ever think of me again. No…don't…don't say anything. I'll leave first. You wait a few minutes and then go.

马西娅：别谢了！对不起。不说再见。如果你将来记得我，请你不要……只记得我很热情。不必多说了。我先走。过几分钟后，你再走。

另外，要尽量选用发音口型相近的字，尤其是独词句及句首句尾的字。例如：

Oh—噢；Hey—嘿；Hello—你好；

Not if, old friend. When.

不是万一，是一万。

如上所述，"口型化"是影视翻译区别于文学及其他各类翻译的最突出标志。一篇论文，一部小说，译文多几个字或少几个字，读者是不大在乎的，一般也不影响译著的质量；而影视作品中的人物对话业已在长短、节奏、时间乃至口型等方面成为定型。因此，影视翻译没有像文学翻译所能享有的那种发挥余地。严格地说，译一部片子像填一首词，不仅思想内容不可更改，就连每句每行的"平仄音韵"也样样铸定。如果翻译忽视"口型化"的规律，不管话语的"轻重缓急"，任长任短，"意思对了就可以了"，那么，这样的译文经过配音后，短句译得过长，配音演员只好加快节奏"赶"——结果平静的心情变得焦急不安，沉稳的性格显出浮躁轻率；反之，长句译得过短，配音演员只好放慢速度"拖"——结果激动热情显得呆滞冷漠，干练果断成了优柔不决，如此等等。可见，"口型化"是影视翻译必须遵循的一条极其重要的原则。

五、通俗化

从理论上讲，"通俗"并不为众家所共识。最早的翻译理论讲"信、达、雅"，要求"忠实、古雅"。后来发展为"忠实、通顺"，只要"顺达、流畅"，就不必拘泥于"古雅"。但"通顺"绝不要求"通俗"，因为"通俗"是指大众化，而达到"通顺"并不意味着具有了大众化的特点。可见，"通俗化"的原则是要求在"通顺"的基础上力求语言靠近大众、清楚明白、雅俗共赏。

"通俗"不等于"低俗"或"平淡"。现代汉语里大众化的语言有着极其丰富的表现力，它能反映简朴的思想，也能表达复杂的情感，关键在于能否使之生动活泼、准确自然。

例如（《亡命追凶》中的片头解说词）：

Narrator: "The Fugitive." A Q. M. production. Starring David Janssen as Doctor Richard Kimble, an innocent victim of blind justice. Falsely convicted for the murder of his wife. Reprieved by faith when a train reck freed him on route to the death house...freed him to hide in lonely desperation...to change his identity...to toil at many jobs...freed him to search for a one-armed man he saw leave the scene of the crime... freed him to run before the relentless pursuit of the police lieutenant obsessed with his capture.

解说：(画外)《亡命追凶》QM 公司出品。主演：戴维·唐森。理查德·金布尔医生，清白无事，却蒙冤受屈，被错判为谋杀妻子的凶手。幸好，一起车祸使他在遣送途中死里逃生。从此，他隐姓埋名，东躲西藏，在孤独和绝望中忍辱负重。他要找到那个逃离犯罪现场的独臂人，还要躲避穷追不舍的探长为他布下的天罗地网。

上面这段话，语言精练，结构严谨，具有高度的概括性。如果译文过于平白，就显得淡而无力；反之，如果译得生涩古雅，恐怕普通听众难以听得明白。所以要把握雅俗共赏的原则，力争既清楚明了，又生动准确。

广义地讲，"通俗化"不仅仅指语言表达的风格。由于文化差异、专业术语等因素的作用，有的地方翻译并没有"作难"，可观众听了，恐怕还是不能马上转得过弯儿来。因此，为了便于观众理解，翻译时对某些译法可作适当的"变通"，如对某些计量单位，可以把英尺换算成米，英里换算成千米，等等。

从以上分析可见，所谓"通俗化"实际上是一个为观众服务、对观众负责的原则，要求翻译在下笔时，设身处地为普通观众着想，想一想哪种译法较容易理解，哪种表达至少不至于引起误解，如此等等。这就是"通俗化"原则的道理所在。

然而，提倡译制"通俗化"，恐怕在影视界颇遭非议。中外影视人士皆有否定译制的必要性的，他们有的主张原文加字幕，有的认为要看就看原文的，这样才能绝对"原汁原味"。连"译"都成为不可能，哪还容得了"通俗"？

笔者则力主"通俗化"。影视作品不仅仅是艺术家的艺术。作为一种大众传播媒介，它自始至终必须以服务普通大众为宗旨。译制的目的就在于使其成为不同文化间进行有效交流的桥梁。一部来自异国他乡的优秀影视作品，如果因为文化的差异、语言的障碍，结果只能充当少数艺术家或者以外语过硬为标志的文化程度较高的少数阶层的奢侈品，而把千千万万的普通大众拒之于门外，那么，这样的艺术终究是遗憾的艺术；同时，它与创作者所应有的初衷是相背离的。

另一方面，中国正在昂首迈向 21 世纪。在建设物质文明的同时，要大力建设社会主义的精神文明。为了使译制片更为广泛地走向千家万户，从而帮助广大人民群众在欣赏艺术的同时更好地了解世界，提倡译制"通俗化"，力求雅俗共赏，其现实意义就不言而喻了。

总结以上五个方面，"口语化"要求译文具有生活气息、使对话像"话"；"人物性格化"要求言如其人，使话语反映人物个性；"情感化"要求语出有情，使言语真实感人；"口型化"是对译文在形式、结构等方面的严格规定；而"通俗化"是在翻译已经承担的多重使命中又增加了一项为观众着想的新内容。这五个方面可以说是影视翻译最主要的特征，也是翻译在创作中所必须遵循的最基本原则。五个方面相辅相成，共同作用，翻译时不能有所偏废、顾此失彼。这是做好影视翻译的基本保证。

改革开放以来，中外影视合作与交流正日益蓬勃发展，使一度萧条的译制业获得了新生。与此同时，一批译制新秀脱颖而出，担负起继往开来的历史使命。但是，一些不良现象的存在却极大地影响着译制艺术的理论研究和实践的健康发展。例如，有的人认为译制无学。在他们看来，翻译只要是学外语的，谁都能干，无须研究，还算什么成果？这显然是对翻译再创作艺术的直接否定。有的则是拿来就译，管它什么原则，所以出现不少"硬译""死译"，甚至"胡译""乱译"现象。确有不少译制片就是被这样"拿来就译"出来的。这种做法是不负责任的态度，可以说是对艺术的亵渎。

如何防止影视译制走入误区？如何使更多更好的译制片为社会主义的精神文明建设服务？这是每一个影视译制工作者都面临的研究课题。

新制译制片《居里夫人》之翻译及其艺术品格

[编者按]美国故事片《居里夫人》是一部描写世界著名女科学家居里夫人生平的影片。该片于1998年5月23日在中央电视台《名著名片欣赏》栏目首播。在此之前,中共中央政治局常委、国务院副总理李岚清于5月16日致信清华大学,向师生们推荐这部影片,鼓励同学们学习居里夫妇那种为科学而忘我的献身奋斗精神。

《居里夫人》是李岚清同志推荐的世界名片。李岚清同志对该片的译制工作十分关心。影片播出后,李岚清同志于6月19日在中南海亲切接见了译制主创人员,高度赞扬这部影片的译制水平。他说:"这部影片的翻译及配音制作都具有很高的艺术成就。开始我一直担心经过译制能不能保持原汁原味,能不能还那么感人。看了译制片后,我大吃一惊。没想到会取得这么大的成功,尤其在两所高校(清华大学和苏州大学)产生如此强烈的反响。"他向大家介绍说,苏州大学的校长号召师生写观后感,结果收到三千份,现已送编出版。

李岚清同志十分称赞该片的翻译。他对翻译麻争旗讲:"你翻译得很好。你感动了我,感动了导演,感动了演员,最后感动了广大观众。另外还有个专业性问题。你能译得通俗明白,做到这一点很不容易。比如测量放射性能量那一段,铀和钍包含在铀矿里的时候,

---

* 本文原载于《现代传播(北京广播学院学报)》1998年第6期,收入本书时略有删改。

读数是八,而分别测量后加起来只有四。这个差数在哪里?这样译出来,人们很好理解。"

李岚清同志对影视译制事业寄予很大的期望。他指出,江泽民总书记讲过,我们要吸收人类一切精神文明成果。不要以为译制是传播西方文化,不要有这个顾虑。我认为有的外国影片很好看,比如《龙卷风》,片子赞扬的是一种敬业精神。所以,好的译制片能发挥教育感染青少年的作用。他说,"我们要放开视野。现在的视野还不够宽。我认为影视译制有市场,大有希望,大有前途"。

《居里夫人》中文译制片翻译为麻争旗,其他主创人员为廖菁(居里夫人配音)、徐涛(居里配音)、吴珊(导演)、郭维安(翻译编辑)。

影片《居里夫人》讲述的是著名女科学家居里夫人的生平事迹,故事真实感人,集思想性和艺术性之大成。如何准确地再现原作的艺术品格,使之不失其应有的感人魅力?这是对该片译制工作者的考验,也是衡量其译制水平的最高标准。翻译是决定译制成败的关键。笔者有幸担任该片翻译,深知肩上的分量,从受命之时即全身心投入,唯恐有丝毫懈怠。

从翻译的特点来讲,影视片的翻译与普通文稿或一般的文学翻译有着很大的不同,因为它既要遵循一般的翻译原则,又要满足作为大众媒体的影视片中的人物对话语言所特有的规定性。因此,影视翻译必须按照自身的特殊规律来规范自己的根本法则,创造自己的艺术品质。笔者曾在《论影视翻译的基本原则》[①]一文中论及影视翻译基本原则的五个方面,即口语化、人物性格化、情感化、口型化和通俗化。本文以下就《居里夫人》的翻译特色及其艺术品格谈几点体会。

---

① 麻争旗.论影视翻译的基本原则[J].现代传播(北京广播学院学报),1997(5):81-84.

一、言如其人，性格鲜明

准确把握人物性格是影视片翻译的重要职责，是保证译制再创作获得成功的必要条件。动人的故事由活生生的人物的一言一行构筑起来，人物性格越鲜明，故事就越感人。现代翻译理论所谓"忠实"的原则，指的不仅是忠实原作的本意，而且是忠实原作的风格。对影视翻译来说，则主要在于忠实人物的性格。同样一句话，如果撇开特定情感因素的影响，可以有几种不同的译法，其效果也不会有很大差异，往往因翻译本身的风格有所取舍，这似乎是一种合理的自由。但是人物性格特征是限制这种自由的重要客观依据。可以说，人物性格越鲜明，这种限制就越严格。同样，翻译对人物性格把握得越准确，忠实这一客观依据的自觉性就越强，因而译文的选择就越能"对号入座"，真正达到言如其人、生动传神的境界。

影片《居里夫人》中的人物性格十分鲜明。居里夫人，聪颖倔强，脸上闪着火焰，眼里充满好奇和智慧，言语朴素而不平淡，铿锵有力却不咄咄逼人；居里博士，温和善良，热情诚挚，精辟的话语里充满了想象且富有哲理；老居里先生，豪爽耿直，说话直言快语，不给人一点情面；老居里夫人，慈祥厚道，是好心肠的贤妻良母；佩罗特教授，高瞻远瞩，思想深刻，语重心长，正是他的一句教诲成了居里夫人乃至无数学子献身科学的座右铭；只有短暂出场的大科学家开尔文男爵，一位善良而淳朴的老人，淳朴得像天真的孩童……正是这些活生生的人的不同性格赋予了故事生活的气息，使每一幅画面生动而逼真，给观众留下难忘的印象。

试对比下列原文与译文中人物语言的性格特点。

（居里夫人简称 Marie—玛丽；居里博士简称 Pierre—皮埃尔）

例1（在第458次实验失败后，皮埃尔欲劝玛丽放弃。）

Piere: How much longer do you think you can drive yourself like this? And how much longer do you think I can stand by and watch you destroy yourself? The world has done without radium up to now. What does it matter if it isn't isolated for another hundred years?

皮埃尔：你这样没命地干还能坚持多久？我能永远这样陪着你，眼巴巴看着你毁了自己吗？没有镭世界也存在到了现在。就算再过一百年还分离不出镭，又有什么关系呢？

Marie: I can't give it up. If it takes a hundred years it would be a pity. But I'm going to see how far I can go in my lifetime.

玛丽：我不能放弃。假如还需要一百年，那的确很遗憾。但我一定要看看，以我的毕生精力能不能完成。

例2（医生诊断玛丽的烧伤有可能引发癌症，皮埃尔万分担忧。）

Marie: Oh, Pierre, can't you see how——how unimportant little things like this are compared with what it might mean? It might prevent great sicknesses——even deaths——Pierre——

玛丽：噢，皮埃尔。你不明白吗？比起它可能产生的作用来说，我这点烧伤算得了什么？它有可能治疗疑难病，甚至绝症。皮埃尔……

例3（刚认识玛丽时，皮埃尔对女人的观点。）

Pierre: Always the continual struggle against woman. When we wish to give all our thoughts to some work which estranges us from humanity, we always have to struggle against woman.

皮埃尔：我们总是要不断地抵抗女人，因为我们要集中精力搞研究，这是远离尘世的事业。所以我们总是要和女人作斗争。

Pierre: Woman loves life for the living of it. In the world of abstract research, she's a danger and a distraction. She's the natural enemy of science.

皮埃尔：女人的天性就是爱生活。抽象研究的领域里，女人是干扰物，是危险品，女人是科学的天敌。

Pierre: Women and science are incompatible. Women of genius are rare. No true scientist can have anything to do with women.

皮埃尔：女人和科学水火不相容。女人很少有天才。真正的科学家跟女人没什么缘分。

例4（皮埃尔向玛丽倾诉衷肠。）

Pierre: ...It's an excellent combination. I might compare it with the chemical formula NaCl, Sodium Chloride. It's a stable, necessary compound. So, if we marry on this basis, our marriage would always be the same, the temperature would be the same, the composition would be the same...

皮埃尔：……你我是最完美的结合。拿一个化学式来打比方，比如氯化钠，是一种稳定而必要的化合物。所以，如果我们按这种意义结婚，那么，我们的结合是牢固的，温度保持不变，成分不会变化。……

对比以上各例可以发现，原文中的人物语言带着鲜明的性格特征，而译文以同样的风格再塑了人物的鲜明性格。总之，翻译要整体把握人物性格、把握其语言特色，从而在译文中努力再创这些人物性格，通过配音，最终实现不仅"形"似而且"神"似、观众闻其声便知其人的艺术效果。这就是言如其人、人物性格化的道理所在。

二、言而由衷，真实感人

影片《居里夫人》的感人魅力，不仅在于它赞颂了伟大科学家的无私献身精神，而且在于它讴歌了平凡人的真实情感。准确自然地传递原作所蕴含的每一份感情，实为翻译的天职，这就是情感化的原则。

一位翻译家曾说，翻译是寂寞的行当。要论工作条件，一个角落放一张桌子足矣。然而翻译家并不孤独，因为他总是在跟人家对话，跟作者对话，跟各个不同的人物对话，直至跟每一位观众（读者）对话，对影视翻译来说，这种对话更生动，更形象，更直观，在翻译的脑海里有一个大千世界，时而翻滚着惊心动魄的巨幅画卷，时而流淌着催人泪下的绵绵情丝，但由于文化差异，"表面文章"往往很难传达那些细微而珍贵的真情实感。所以，翻译必须设身处地，进入人物内心深处，与之息息相通、荣辱与共，从而思其所思，感其所感，进而言其所欲言。笔者在译《居里夫人》时近乎忘我，每遇动人之处往往情不自禁，随人物一同掉泪。

试体会下列原文与译文中人物语言的情感成分：

例1（玛丽愉快地接受皮埃尔的求婚。）

Marie: I can imagine no respect or friendship greater than I have for you mow. I can imagine no future so full of promise as the one you offer.

玛丽：我想象不出还有什么能比得上我对你的尊敬和友谊。我想象不出什么样的未来能比你为我所描绘的更光明。

例2（新婚蜜月，玛丽满怀幸福。）

Marie: I wouldn't even know how to start, Piere. I wouldn't know what to do. I'm very glad we're married to each other, Pierre.

玛丽：没有你，我甚至不知从何入手。我不知该怎么做。我真高兴，我们有这样的缘分，皮埃尔。

例3（镭的伟大发现里凝聚着爱的无私奉献。玛丽对皮埃尔一片深情。）

Marie: Because I'm so proud of you. I'm so proud that sometimes I think I'll burst. You're a very great man, Piere. Not the way the word means, but just you, your kindness, your gentleness, and your wisdom. I love you, Pierre, so deeply. I never dreamed that——I'm so thankful, Pierre. That's what I wanted to tell you. That's what I hope you've always known.

玛丽：我为你感到骄傲，有时骄傲得简直控制不住。你是一个伟大的人，皮埃尔，不是一般意义的伟大，我是指你的善良，你的温和文雅，你的智慧。我爱你，而且这么深。以前我没注意我对你这么感激。我想说的就是这些。我希望你永远知道。

例4（在玛丽的眼里，皮埃尔完美无缺。）

Pierre: Perhaps one day I'll get a new dress suit. You know, I've had mine since I got my doctor's degree. Looks bad on me, doesn't it?

皮埃尔：也许我该做一套新礼服穿。我这套是我获得博士学位时做的。很难看了，对吧？

Marie: No, Pierre! No! You look very handsome in anything.

玛丽：不，皮埃尔！不！你穿什么都非常英俊。

例5（多次实验之后居里夫妇误认为彻底失败，面对这一沉痛打击，皮埃尔借女儿缠着要妈妈讲故事之机，编讲了一个寓意深长的美好神话——美丽的公主和孤独的男士相爱，他们为造福人类共同探寻一件藏在神石里的珍宝。）

Pierre: One day……So, they worked very hard for a long, long time to try and secure the treasure from the stone——but they grew very tired, and at last, they knew that they would never be able to free the treasure from the enchantment of the stone. But they weren't sad about it, because they knew that no matter how many disappointments they had, they would always go on together having the courage to take many disappointments, because they were together. And they lived happily ever after.

皮埃尔：有一天……于是，他们苦干了好长好长时间，千方百计想把财宝从石头中取出来，他们非常疲劳，最后，他们发现他们永远不可能从那块神石中把财宝取出来，但他们并不难过，因为他们知道不管他们经历过多少次失望，他们将永远并肩前进。他们有勇气经受失望的打击，因为他们在一起，从此，他们生活得非常幸福。

例6（皮埃尔为玛丽挑选耳饰，向店主介绍她的有关特征。）

Pierre: And her hair is sort of gold, you know. Yes. And her eyes are grey——very calm and gray, and her coloring is very——very lovely, sort of——smooth skin, and nice delicate coloring——and uh——well, I——I don't know whether it would be of any help to you, but I believe the lady is quite beautiful.

皮埃尔：呃，她的头发有一点金黄。是的。眼睛是淡蓝，淡蓝色，很宁静。她的肤色非常漂亮，非常细嫩，而且非常光滑，呃，还有我，呃，我不知道对你有没有什么帮助，我，呃，我觉得这位女士非常漂亮。

从以上各例可以看出，居里夫妇的话语中没有海誓山盟，更没有打情骂俏，然而就在这自然朴实的字里行间却洋溢着他们彼此深深的爱，那种人世间最真挚、最炽热、最崇高的爱。细细体味以上原文与译文的感情色彩，我们可以发现，充满真情实感的语言是自然的、由衷的，是有感而发、发自内心的，并不是翻译刻意雕琢所能为之。要达到这一境界，翻译必须与人物进行感情沟通、成为情感知音。翻译就是以忘我的感情投入实现译文言而由衷、真实感人的艺术追求。

三、通俗明白，雅俗共赏

影视片的翻译要遵循通俗化的原则，这是由大众媒体的固有特性决定的。一部思想性、艺术性很强的影片，译得通俗明白，就能为普通百姓所理解、所接受，从而更好、更广泛地起到教育人，特别是教育青少年的作用。如果译得过"雅"，甚至艰深难懂，那就违背了它的初衷。

要做到通俗明白，翻译必须对原文语言现象，尤其是专业性问题有充分理解，然后在表达上深入浅出，力争既简单明了，又不失严谨准确，朴实而不乏味，深刻却不莫测，从而求得雅俗共赏的效果。

影片《居里夫人》十分详细地再现了居里夫妇发现并提炼镭元素的研究过程，涉及许多专业性知识和名词术语。为了便于观众看懂，原作的风格就是"通俗化"的典范。翻译理应忠实并发扬这一风格，既保持科学严谨的态度，又考虑普通观众的接受能力，从而努力创作自己的艺术品格。

试比较下列原文与译文在表达上的特点。

例1（贝克勒尔发现铀沥青矿石具有放射性。）

Pierre: You mean then that there is something about that rock that gives off rays of its own——rays powerful enough to go through black paper and affect this photographic plate.

皮埃尔：你是说这块矿石有某种特性，能够自己发光，而且光线很强，能够穿透黑色的纸，并对底片产生作用。

例2（玛丽萌发深入研究放射性的念头。）

Marie: What are these rays that are given off, and why are they given off? It's an accepted principle in science that nothing can go on forever without running down, isn't it?

玛丽：这种光线是什么光线？为什么会释放出来？没有一种东西可以永远不停地运动下去。这是一条科学公理，对吗？

Marie: I mean a clock will run down if it isn't wound—a fire will burn out if it isn't fed. And yet, in these rocks which have been in the middle of the earth for millions of years, and never seen the sun, rays are constantly being given off, all by themselves. What is this energy? Where does it come from?

玛丽：比如说钟表不上发条就会停止，火不添加燃料会最后熄灭，人不吃饭就会死去。可是，那些铀矿深埋在地底下几百万年，从来没有见过阳光，竟然会不停地自己发出光来。这是什么能量？是从哪儿产生的？

例 3（玛丽和皮埃尔分析测量铀和钍能量的结果。）

Marie: When the uranium and thorium are in the pitch blende, the reading is eight, but individually they only total four. Why, then, do they give out twice as much when they're in the pitchblende as they do when they're tested separately? Where are those four missing points?

玛丽：当铀和钍包含在铀矿里的时候，读数是八，而分别测量后加起来只有四。那么为什么存在于铀矿中所产生的能量竟是单独产生能量之和的两倍？这个差数在哪里？

Marie: What if there exists a matter that is met inert, but alive——dynamic? Do we dare think that our four missing points——this strange power——is in that one thousandth of one per cent? Pierre, we've discovered a new element——an active element!

玛丽：假如有一种物质不是惰性，而是活性的，结果会怎么样？敢不敢想相差的那四点——那四点能量——就在剩下的这十万分之一的物质里？皮埃尔，我们发现了一种新元素，一种活性元素！

从上面的例子中可以看出，通俗不等于平淡，更不是低俗，而是在朴实之中见哲理。所谓仁者见仁、智者见智，正是通俗明白、雅俗共赏所追求的效果。

总结起来，《居里夫人》的翻译突出人物性格，力求言如其人、生动传神；在情感传达方面深入人物内心世界，努力实现言而由衷、真实感人的艺术效果；对待专业性的问题，则依据通俗化的原则，努力创造雅俗共赏的艺术品格。

以上仅是笔者在翻译《居里夫人》过程中，努力实践人物性格化、情感化以及通俗化等基本原则方面的粗浅体会。偏颇之处，敬请指正。

影视对白中"节奏单位"的翻译探究[*]

影视剧中的对白跟日常生活中的对话不同，因为它是一种经过艺术加工的语言形式。生活中的话语往往是随意的，而演剧中的语言更精练、更上口、更有节奏感。如何使译文精练、上口，并在节奏上与原文对应，是影视剧翻译者的一项基本美学追求。然而，英汉语言表达方式的差异给这项工作造成了很大的困难。正因如此，寻找节奏的共通性成为译制工作的重要任务。

我国的译制工作者在这方面取得了非常成功的经验。译制界常说的行话"对口型"，或"声画对位"，其实就是"对节奏"，指的是在译文与原文之间寻找节奏对应。那么，如何使这些经验转化为理论知识，以更好地指导实践并成为有效的教学资源呢？本文将从实践和教学出发，对影视剧翻译中的语言节奏问题进行学理思考。

一、"数音节"与"打拍子"

"对口型"是对影视剧翻译工作的一项特殊要求，因为对白要跟人物与画面吻合，如果脱节就会直接影响观众的理解。有一种观点认为，对口型是配音原则，字幕翻译不必那样严格。这种认识是片面的。银幕上的字幕是画面里人物话语的文字形式，文字必须与画面同步，观众才能明白哪句话是谁

---

[*] 本文原载于《中国翻译》2011年第6期，为2011年全国翻译专业教育与翻译产业发展论坛宣读论文，收入本书时略有删改。

说的，任何错位都会给理解带来困难，从而影响正常欣赏。从这个意义上讲，所谓"口型"原则对字幕翻译也是适用的①。那么，从方法上讲，怎样组织句子才算是"口型吻合"呢？

比较直接的做法是数音节，英文几个音节，中文就用几个字。这种办法简单易行，而且往往能奏效。例如，I agree（三个音节）翻译成"我同意"（三个字）在节奏上是合适的；Do you understand（五个音节）跟"（你）听明白了吗"（五个字）也是基本对等的。不过，像 It's funny, isn't it（六个音节）跟"很滑稽，不是吗"（六个字）就不太吻合，显然汉语译文的发音比原文长，而且口型变化也多。这说明数音节并不精确，其中的主要原因是一个汉字的发音时长跟一个英语的音节不完全一样。所以，对于长句和结构复杂的句子，往往需要采取灵活变通的办法来翻译。

其实，我国的专业译制单位都设有"对口型"这样一道工序，在后期录音时还可以利用技术手段进行微调②。有了这些程序作保证，加上长期的经验积累，我国的译制片总体来说在口型方面是很出色的③。

当然，"对口型"的过程并不仅仅涉及字数多少的问题。这就像诗歌那样，字数固然重要，但只是必要条件而不是充分条件，因为还有其他更重要的因素。同样，对口型的环节里还包含其他更深层的意义。

例1. 对口型不只是做到长短一致，因为节奏要跟意思紧密结合。

原文：Well, figure he knows only two people here. You and me. Me, he's running from. You're nice run into. Have you seen him?

译文1：啊，我想他只认识这里的两个人。你和我。我，他从那儿跑出来。你很好跑进去。你看见他没有？（节奏相当，但意思不明确、不自然）

---

① 配音翻译跟字幕翻译在语言转换这个本质上具有同样的属性，两者之间只是表达形式不同而已，详细讨论可参见杨和平，麻争旗. 当代中国译制 [M]. 北京：中国传媒大学出版社，2010：12.
② 译制的生产工序包括八个环节：看原片、初对、复对、排戏、实录、鉴定、补戏、混录。这八个阶段既相互联系又各自独立，是技术和艺术的高度结合。
③ 国际电影界一些权威人士观看了上译厂译制的影片后，认为其艺术水平在世界上是第一流的——转引自中国配音网站

译文 2：我想他在这里只认识两个人——我和你。我是他想躲的，你是他想见的。看见他了吗？（节奏相当，意思清楚明了，而且"想躲"和"想见"既有对比又有节奏感）

分析：在此例中，译文 1 跟译文 2 在节奏上没有多大的差别，但是话语的意思却不一样。显然译文 2 比译文 1 更有表现力。

例 2. 除了节奏因素外，如果在发音上能做到口型开合一致（尤其是句首和句尾），那是最理想不过的事情。

原文：If charges are filed...

译文 1：如果指控成立……

译文 2：万一指控成立……

原文：Not if, old friend. When.

译文 1：不是如果，是到时候。

译文 2：不是万一，是一万。

分析：在此例中，把 if 译成"如果"或"万一"没有本质差别，但是"万"和 when 口型相近，又是尾词，可使配音口型吻合，所以，译文 2 比译文 1 更高明一些。

从上述例子可以看出，采取变通的方法是影视翻译的重要手段。当然，由于英汉语言发音方式的不同，要使每句配音对白与原语的说话口型完全一致是不可能的，像上例中"一万"对应英语的 when，或者像我国第一部译制片《普通一兵》中用"冲啊"对应俄语的"乌拉"等几乎"完美"的创造是不多见的，因为其中有偶然的因素，但是一般情况下，保持大致相当也是译制艺术创作过程中的一个基本要求。

例 3. 口型原则也包括语序的调整。

原文：No wheels missing whatsoever!

译文 1：轮子都没丢，不管怎样。

译文 2：轮子都在，一个也没丢！

原文：A stay of execution by the order of the Lord Chancellor.

译文 1：你改为死缓，大法官下的命令。

译文 2：大法官下令了，你改为死缓。

分析：在此例中，译文 1 采取原文的语序，不符合汉语语义逻辑；译文 2 进行了句式调整，更符合汉语的表达习惯。

例 4. 对口型时还要考虑语言跟动作的配合。

原文：Do you think it would be too unmilitary if we were to run?

译文 1：我们跑的话，算不算违反军纪？

译文 2：你挽着我跑，算不算违反军纪？

分析：在此例中，译文 2 里"你挽着我跑"比译文 1"我们跑"更符合剧情动作的要求。

总结起来，从表面上看，对口型有点像"数音节"那样，只是简单的技术操作，实际上却是像"找感觉"那样，是一项复杂的艺术加工，因为节奏感本身是语言美的重要标志[①]。不过，遗憾的是，对于到底怎样对口型的问题，在译制界和学界始终没有一个统一的说法，而是往往凭经验而论。其中的一个重要原因是，不仅英语的音节跟汉语的音节发音时值不对等，而且话语的节奏特征也不一样。

传统的做法是根据画面来判断，而判断的依据只有经验和感觉。当然，这也符合艺术的规律，因为艺术跟科学不同，毕竟感觉是第一位的。可是，这样的解释对于影视翻译研究，尤其是专业教学来说，却没有多大的意义。那么，能不能找到一种操作方法，哪怕是仅限于学术层面的方法，以便为初学者打开一条可以少走弯路的训练通道呢？

其实，经验不是教条，经验里往往已经蕴含着"科学"的探索。译制前辈陈叙一（原上海译制片厂厂长）经常用"敲"的办法来把握翻译的语句。这"敲"的背后有什么奥秘？有人认为，"敲就是数音节，这听起来似乎有道理，但其实是误解，显然，"敲"的目的不是数音节，因为数音节用不着"敲"。如果仔细分析就会发现，原来"敲"的作用不是"数字数"，而是

---

① 节奏美是语言美的必要条件，但不是充分条件，因为影视剧翻译还要遵循其他原则，如生活口语原则、人物性格原则等，详细论证参见麻争旗.论影视翻译的基本原则[J].现代传播（北京广播学院学报），1997（5）：81-84.

"数鼓点"，正如在戏剧里那样，鼓点儿一般不代表音符，而是代表节奏，也就是轻重缓急。人们唱歌时"打拍子"也是这个道理。拍子管的是音乐的节奏，"敲"指的是说话的节奏。可见，"敲"的做法看似简单，实则揭示了一条非常重要的原理：语言节奏的普遍性和相通性。正是由于这个原理，译制过程中实现口型吻合才成为可能。于是，我们就有了这样的追问：英汉之间在节奏上到底存在什么样的异同？或者说英汉节奏的相通性是怎样被"敲"出来的？

二、"重轻组"与"二三律"

研究节奏对应的问题可以从讨论语言的节奏开始。从严格的意义上讲，要比较两种语言的节奏是一项复杂的工程，因为其中牵涉诸多要素。假如只从翻译的角度出发，以"寻找译文与原文大致对应"为尺度，以解决"对口型"的问题为目的，那么，我们要考察的重点就相对集中在时长和节拍等要素上。

（一）音节对比

研究发现，英语的音节有轻重之分，发音时长和强度是不均等的，其中重读音节的强度和长度大于轻读音节。相较而言，汉语的音节没有轻重之分，发音时长和强度基本上是均等的[①]。

例1. How about the part where you saved me from drowning in Central Park Lake?

译文1：你从中心公园的湖里把溺水的我救上来的那段呢？

译文2：你从中心公园的湖里救我的那段怎样？

---

① 这里所谓"基本均等"是一种静态假设，是相对于英语而言的。在实际话语中，汉字的音节时长并不均等，具体特征见下文讨论。不过，在有关汉英节奏对比的讨论中这种观点却有一定的普遍性。参见吴飒的《论英语节奏训练》，载于"雅信达英语互动网"www.EnglishVod.net。笔者不同意这种看法，因为汉语音节在句子里不仅发音长度不同，而且轻重也不一样。

译文 3：你从公园的湖里救我的那段怎样？

分析：原句虽然有 17 个音节，但重读音节只有 6 个，所以整个句子读起来并不长。相较来说，译文 1 像是按照原文的音节"对应"出来的，句式冗长、啰唆、拖沓，读起来跟原文的节奏很不一致；译文 2 比译文 1 轻快了一些，但是读起来仍显得慌张；只有译文 3 跟原话的节奏比较接近。可见，从音节上讲，英汉之间的节奏是不对等的，所以，寻找"翻译节奏单位"不能拿汉语的音节跟英语的音节进行简单对照。

（二）音步对比

音步的概念取自对诗歌韵律的文体分析，如抑扬格、扬抑格、扬抑抑格等，"扬"表示重读音节，"抑"表示轻读音节，所谓"抑扬格"是指一个音步由一个轻读音节和一个重读音节构成。汉语现代格律诗无法用轻重音相间的形式体现节奏，但可以模仿音步在诗行中出现的次数来建立自己的节奏。这种类似音步的东西叫作音组，亦有人称之为顿、拍、音尺[①]。著名翻译家卞之琳就是采用"以顿代步"的方法来翻译英文诗的。所谓"顿"，原来是指诗句里可以停顿的地方，故而借以代表节奏单位。一顿等于一个"音组"，每组二至三个汉字。

英语的一个音步由一个或多个音节组成，第一个音节是重音，而其后的音节均为非重音。一般认为，英语句子里的每个音步所占用的时间大致相等（并不完全相等[②]）。例如：

Since/ last Sunday's /dreadful news, we have /seen throughout /Britain and around the /world, an over /whelming exp /ression of /sadness at /Diana's /death.

与英语相比，汉语的自然音步一般由两个音节组成，由三个音节组成的

---

① 汉语现代格律诗中的音组与英语格律诗中的音步一样是构成诗的节奏的基本单位。两个字或三个字在语法上或意义上有密切关系，就会很自然地形成一个音组。详细论证参见陈祥梁.从音步到音组：论英诗节奏对现代汉语诗歌的影响［J］.福建外语，1998（1）：58-61.

② 根据有关统计，英语音步中音节的数目分别是 1，2，3，4，那么各音步所占用的时间依次为：1，1.2，1.4，1.6。详细论证参见陈莹.英汉节奏对比分析［J］.西安外国语学院学报，2004（2）：1-4.

音步叫"超音步"。其他音步都可认为是二、三音步的扩展。四字串一般由两个双音节音步组成,五音节的组合一般是 [2+3] 和 [3+2] 两种形式,六音节的组合有 [2+4] 和 [4+2],七音节常见的韵律形式是 [4+3] 或 [3+4]。

汉语的自然音步(二三字)与英语的重轻音步比较接近。例如,例 1 里 "How about the part where you saved me from drowning in Central Park Lake?"是 6 个音步,与此对应的最佳译文"你从公园的湖里救我的那段怎样?"也是 6 个音步。

(三)节拍对比

所谓"节拍",指的是音乐中每隔一定时间重复出现的有一定强弱分别的一系列拍子,是衡量节奏的单位。拍子是音乐中划分小节时值的单位。"节"与"拍"是不同的单位。这里借用音乐的节拍概念来考查语言的节奏。例如,"我去北京"前后两节拍都由两音节组成,这说明"我去"和"北京"属于不同的小节,其中每个音节时长大约相同。如果把一个音节的音长看作一拍,"我去北京"的节拍就是 2+2,即(1+1)+(1+1),也就是两个小节都含有两个拍子。

英语的"节奏组":英语的节奏是重轻型,话语的流动按照轻重相间的规律向前发展,从节拍特征来看,是"重音计时节拍",重读音节在句子中有规则地出现,使语流产生节奏感。也就是说,英语的节奏呈现"重轻组合"重复出现的基本规律,为保证语言节奏,不管一个节奏组中有多少个非重读音节,重读音节出现的间隔时间都基本不变。例如:

The elec**tri**city **board sta**ted that they would be ob**liged** to con**si**der the **re**intro**duc**tion of **power cuts**[①]。

此例中有 9 个重读音节,所以全句有 9 个"重轻组合",每个组合的间歇基本相等,这就是所谓的"等时现象"。

---

① 这句话是新闻广播记录,摘自 BROWN G. Listening to spoken English [M]. London: Longman, 1977: 43,转引自吴飒的《论英语节奏训练》,载于 www.EnglishVod.net。

汉语的"节拍":汉语的节奏是松紧型,话语的流动按照紧松张弛的规律向前推进,节奏以节(不是音节)为单位,节的时长不是两拍就是三拍,极少一拍。这种现象就叫"汉语节奏的二三律"①。例如:

// 这.样珍贵.的 / 资料 //(3+2)他.是没.有的 //(3)
// 他只有一些 // 中文书 //(3+2)和 / 中文画报 //(1+3),
// 书.的扉页.上 //(3)有他.的 / 亲笔签名 //(3+2)。

这个句子的节拍为:

//(1+1+1)/(1+1)//(1+2)//,
//(1+1+1)//(1+1)///(1+1+1)//,
//(1+1+1)//(1+1)/(1+1+1)//。

全句共10个节,其中一拍一节的1个,两拍一节的3个,三拍一节的6个。

"意群"与"二三律":如果用节拍的方法来划分单位,把英语的一个重读音节看作一拍,非重读音节看作一拍,那么,一个节奏组(重轻组合)相当于汉语的"一节",每节两拍或者一拍。跟汉语的"二三律"对比,英语的节奏特征就是"二一律"。

按照这个办法,上文中关于"湖中救人"的例子里原文有6个重读音节,说明句子有6个节奏组:How about the // part where you // saved me from // drowning in // Central Park // Lake? //

中文译文3与原文的节奏基本对应,但是,按照节拍的方法来划分,却

---

① 根据语图仪的实验数据发现,例句中"珍"的时长为239ms,"资"的时长为249ms,"画"的时长为236ms,"报"的时长为252ms,"扉"的时长是226ms。这些音节的音长都为230～250ms,相差无几。引自安英姬.谈汉语的节奏单位"节"[J].汉语学习,2002(5):43–47.

只有 4 节：

你从 // 公园的湖里 // 救我的那段 // 怎样？//

由此看出，中文的节跟英文的节奏组具有同等的节奏功能，而且长度比较接近，但并不完全对应。假如按照意群来划分英文的节奏单位，那么，上例就是 4 个单位，恰好与译文 3 的 4 节对应：How about the part// where you saved me// from drowning // in Central Park Lake? //

这就是说，如果把英文的意群作为翻译的参照单位，中文译文以节为计算单位，那么译文与原文的对应值最佳。

总结以上分析，英语的音节与汉语的音节不对应，英语的音步与汉语的自然音步比较对应，英语的意群与汉语的"节"比较对应。

三、翻译"节奏单位"

至此，我们似乎解开了"敲"的秘密：根据原语的节奏来确定译文的节奏。当然，以上关于英汉语言节奏特点的分析为"敲"找到了操作的方法。英语可以按照音步或者意群来划分，汉语则可以用自然音步（二三字）或"节"（二三律）予以对应。不过，所谓方法不是教条，因为英语的音步和意群在发音时长上不完全均等，而汉语的自然音步和"节"比英语的"单位"更接近"标准化"。况且，上述分析只是静态假设，在实际话语里，还会出现各种变化。所以，到底采取哪种方法最终要视实际发音的情况而定。毕竟，节奏单位只是检验译文与原文节奏吻合的一个条件，而不是创作的方法。所以，从逻辑上讲，节奏单位应该是对不同译文进行选择的依据。

（一）翻译节奏对应程序

作为一种训练程序，我们的建议是：首先分析英语的节奏类型是长节奏（多个重读音节）还是短节奏（不多于两个重读音节），大致估算节奏单位数；其次，选择汉语的对应单位，以"节"对应长节奏、以"拍"（或自然音步）对应短节奏，对比不同的译文，选择最佳对应值。按照这个程序，翻译的过程似乎成了一种分析和对比。

例1. She said nothing ① |when I asked her ② |if she is going. ③ |

按照意群来划分，这个句子可以分解成三个"节奏单位"。如果把这个句子翻译成汉语，则有以下几种选择：

译文1：当我问她① | 到底② | 去还是不去（时）③ |，她什么④ | 也没有说。⑤ |

译文2：我问她① | 是不是② | 打算去③ |，她没说④ | 一句话。⑤ |

译文3：我问她① | 去不去，② | 她没说话。③ |

分析：通过比较可以看出，译文1和译文2的翻译都是通顺的，意思也明白，但节奏单位比原话多。译文3的节奏与原话最吻合，所以应该是最佳译文。

例2. 电影《女王》中女王的讲话：Since last Sunday's dreadful news, ① |we have seen, ② |throughout Britain ③ |and around the world, ④ |an overwhelming expression ⑤ |of sadness ⑥ |at Diana's death. ⑦ |

译文1：自从上周日① | 听到噩耗，② | 我们在全英国③ | 甚至全世界④ | 看到，⑤ | 人们处处⑥ | 都在为⑦ | 黛安娜的去世⑧ | 感到悲伤。⑨ |

译文2：上周日戴安娜王妃① | 不幸遇难。② | 噩耗传来，③ | 在英国④ | 乃至全世界，⑤ | 人们为之⑥ | 深感悲痛。⑦ |

分析：根据意群和自然停顿，这句话的原文可以划为7个节奏单位，其中①和⑤为"长"节奏，其他都是"短"节奏。通过对比可以看出，译文1的节奏"点"（单位）比较多，显得零碎，译文2比较整齐，而且长短的间隔与原文贴近，所以从"节奏单位"的视角看，译文2比译文1的对应值高。

（二）翻译节奏对应评估

假如把意群（或音步）作为英语的"标准节奏单位"，把节（或自然音步，相当于"拍"）作为汉语的"翻译节奏单位"，那么，我们可以先用这两种"节奏单位"来分别划分英语对白和汉语译文的节奏，然后通过进一步对比分析来评估译文跟原文的节奏对位关系①。这种方法是否可行,我们选取几则课堂教学案例来加以验证。

例 3. 电影《国王的演讲》中国王的讲话。

原文:But we can only ① |do the right ② |as we see the right ③ |and reverently ④ |commit our cause ⑤ |to God. ⑥ |

译文 1:只有① | 心怀正义② | 才能正确行事。③ | 我们在此④ | 虔诚向上帝⑤ | 祈祷。⑥ |

译文 2:只要我们① | 坚持真理② | 不辱天命,③ | 那么正义④ | 必将握在⑤ | 我们手中。⑥ |

原文:If one and all ① | we keep ② |resolutely faithful ③ |to it, ④ |then, ⑤ |with God's help, ⑥ |we shall ⑦ |prevail. ⑧ |

译文 1:只要每个人① | 坚定信念,② | 在③ | 上帝的④ | 帮助下,⑤ | 我们⑥ | 必将⑦ | 胜利。⑧ |

译文 2:只要我们① | 万众一心② | 坚定信念,③ | 那么④ | 上帝⑤ | 会保佑我们,⑥ | 胜利必将⑦ 属于我们。⑧ |

分析:这段话的英文节奏是根据影片中人物讲话的停顿标出来的。讲话的停顿比一般会话要多,而且时间更长。假如译文已经存在(译文 1 是下载字幕,译文 2 是课堂建议),而且必须依照原文的节奏"装进去",那么,按照原话的节奏单位,译文 1 在第一句中的③和⑤与原文不对应;第二句除了①和②跟原文基本对应外,其他单位跟原文几乎完全脱节。比较而言,译文 2 可以跟原文基本对应。

这里需要注意的是,配音时,除了长度对应外,还要考虑语义、逻辑、语气、连贯性等其他要素,所以词语的安排是灵活的,有时汉语的字数不仅不能少于英语,而且有可能会多几个字。例如,第二句中的第⑦、⑧单位中,

---

① 这里的"节奏单位"是为了比较而假设的概念,不一定完全符合实际话语的节奏,而且所谓"划分",其方法因人而异,所以不能当作严格的尺度来理解。这个办法最初是笔者在教学中总结出来的。参与实践的学生虽然会用不同的方法来进行划分和对比,但得出的结论基本相同。实验结果证明,这种假设是有效的。

原文都是短节奏，但是停顿较长，如果汉语也用短节奏（二三字），那么配音的语气不够，结尾不稳，所以用四个字既可以对应，也有更好的语义效果和稳定性①。

例 4. 影片《居里夫人》对白翻译节奏对比。

原文：No, please. ① | I must talk to you. ② |

译文 1：不，① | 拜托。② | 我必须③ | 跟你谈谈。④ |

译文 2：你别讲。① | 听我跟你讲。② |

原文：I find myself ① | in a very peculiar position. ② |

译文 1：我发现自己① | 处在一个② | 非常特殊的③ | 位置上。④ |

译文 2：(我发现) 我产生了 (一种) ① | 特殊的感觉。② |

原文：I found ① | everything very confusing. ② |

译文 1：我发现① | 所有的事② | 都非常③ | 令人费解。④ |

译文 2：我感觉① | 一切 (都) 非常奇怪。② |

原文：It's impossible ① | to do my work. ② |

译文 1：我已经① | 无法② | 进行工作了。

译文 2：连工作① | (都) 无法进行了。② |

原文：In short，① | I find it impossible ② | to goon without you. ③ |

译文 1：总之，① | 我发现② | 没有你③ | 我无法④ | 继续工作。⑤ |

译文 2：我发现① | 没有你我 (就) ② | 无法继续工作。③ |

原文：But now，① | suddenly，② | something has becoming ③ | very clear to me. ④ |

译文 1：不过现在，① | 某些事② | 突然③ | 开始对我④ | 变得⑤ | 非常清楚了。

译文 2：现在，① | 我好像② | 突然解开了③ | 这个谜。④ |

分析：这段对白选自影片《居里夫人》中"居里求婚"的片段。从译制效果看，不论是语气、节奏、口型，还是情绪、思想、风格，汉语配音跟原

---

① 试比较汉语"一心"跟英语 keep、汉语"将"跟英语 shall 的发音口型。

片人物的表情动作都十分贴合，就像讲母语那样自然真实。从翻译的角度看，译文2跟原文的节奏非常吻合，这从原声跟配音的节奏分析就可看得出来。需要说明的是，译文个别地方的节拍似乎比原文多，但实际配音效果却并不觉得冗长，这是对特殊情况采取个别对待的结果。原话的语速很快，而且语流连贯，像连珠炮一样，充满了激情。如果按照一般情况下通用的简洁精练原则，虽然节拍会更吻合，但情绪就没有这样饱满、真挚。可见，节奏单位不是教条。毕竟，配音翻译是"装词"，能不能装得进去、能不能装得自然流畅，才是最终的判断标准[①]。

四、结语

根据以上分析，我们可以得到这样几点认识：英语和汉语虽然具有不同的节奏特征，但是二者之间也有一定的共同性，这是译者寻找节奏对应的基本依据，也是"对口型"的基本依据。这种共同性存在于音节及其组合的各个层面，其中，英语的音节跟汉语的单字有部分对应关系，但不精确；英语的重轻组合跟汉语的自然音步比较对应，但比较细碎；英语的意群跟汉语的节或拍比较对应，但不够整齐。从教学手段上讲，"节奏单位"的方法有一定的可操作性，但不是教条，具体翻译时需要根据实际情况采取灵活变通的策略。

参考文献：

① 陈逢丹. 汉英节奏对比初探［J］. 科教文汇（中旬刊），2009（2）：263.

② 陈建民. 汉语口语［M］. 北京：北京出版社，1984.

③ 杜伟东. 朗诵学［M］. 成都：成都科技大学出版社，1992.

---

① 本文重点讨论节奏问题，因而暂时"忽略"其他要素。在实际翻译过程中，节奏原则（声画对位）必须与其他原则相互结合才能发挥效应。详细论证参见麻争旗. 影视剧脚本的翻译及审美特征［J］. 北京第二外国语学院学报，2003（2）：39-48.

④ 端木三.汉语的节奏[J].当代语言学，2000（4）：203-209，278.

⑤ 冯胜利.论汉语的"自然音步"[J].中国语文，1998（1）：40-47.

⑥ 吕叔湘.语文常谈[M].北京：生活·读书·新知三联书店，2006.

⑦ 麻争旗.影视译制概论[M].北京：中国传媒大学出版社，2005.

⑧ 孟宪忠.英语语音学[M].上海：华东师范大学出版社，1991.

⑨ 王洪君.试论汉语的节奏类型：松紧型[J].语言科学，2004（3）：21-28.

⑩ 王力.诗词格律[M].北京：中华书局，2009.

⑪ 王明军，阎亮.影视配音艺术[M].北京：中国传媒大学出版社，2007.

⑫ 王佐良，丁往道.英语文体学[M].北京：外语教学与研究出版社，1987.

⑬ 肖曼琼.论卞之琳的文学翻译思想及其译诗实践[J].中南大学学报（社会科学版），2008（1）：143-146.

⑭ 徐有志.现代英语文体学[M].郑州：河南大学出版社，1992.

⑮ 张颂.朗读学[M].长沙：湖南教育出版社，1983.

⑯ 朱光潜.诗论[M].合肥：安徽教育出版社，1997.

⑰ GONG J. Introducing English rhythm in Chinese EF1 classroom: a literature review [A]. Post-Script, Volume 3.1. Faculty of Education. University of Melbourne, Australia, 2002.

⑱ HALLIDAY M A K. A course in spoken English: intonation [M]. Oxford: Oxford University Press, 1970: 1-3.

⑲ ZATLIN P. Theatrical translation and film adaptation: a practitioner's view [M]. Multilingual matters, 2005.

⑳ YVES G .Screen translation: special issue of the translator [M]. Taylor and Francis, 2003.

㉑ DE LINDE Z, KAY N. The semiotics of subtitling [M]. Manchester: St. Jerome Publishing, 1999.

影视剧翻译方法谈[*]

语言的特征决定翻译的策略和方法。影视剧中的对话不是自足的语言系统，而是作为作品的组成部分，在多重语境的制约下发挥传情达意、塑造艺术形象的功能。影视剧翻译的任务是语言转换，但转换是手段，其目的则是用译语置换原语，并使译语在新的语言环境里同样具有传情达意、塑造艺术形象的功能。语言的差异性和语境的制约性给翻译的语言转换设置了重重障碍。如何跨越这些障碍以实现目标是影视剧翻译要解决的根本问题。

一、"视"与"听"：影视剧翻译的基本特征

影视剧属于大众传播，作为翻译，其根本使命就是通过语言转换使作品获得跨文化传播的条件。研究影视剧翻译的目的就是揭示语言转换的艺术性，从而使译作更好地服务大众。那么，作为转换的对象，影视剧中的语言具有什么特征？这样的特征通过怎样的方式表现出来并对翻译产生制约？或者说，影视剧的翻译带着服务大众的目的，通过语言转换，最终在译制作品进行跨文化传播的过程中扮演着什么样的角色，发挥着怎样的作用？我们不妨以语言本身的传播方式为起点来探析影视剧翻译的本质特征。

---

* 本文原载于《现代传播（中国传媒大学学报）》2012 年第 3 期，收入本书时略有删改。

（一）声画统一：基本表达方式

影视剧中的语言（不管是对白、独白、旁白，还是其他样式）不是自足的文本，而是声画统一体中的有机组成部分。因此，翻译的语言不管采取哪种表达方式，如声音（配音）或文字（字幕），都具有不完整性。如果用语境理论的话语来描述，这个特征可以被称为语境制约性。也就是说，影视剧的翻译并不追求意义的独立性，而是要与故事、情节、画面、人物等要素紧密结合在一起。换言之，影视剧的"译作"并不单独存在，而是伴随观赏行为与"读者"见面（相当于"发表"），其自身并不具有阅读价值，因为"译作"本来就不是"写"出来让人"读"的。

理解这一点至关重要。首先，语言的非自足性决定了翻译行为的非独立性。作为影视剧的译者，在进行"文本"转换的时候，不是关起门来看着"文本"动笔"写"译文，而是必须首先考虑各种语境条件，必须想方设法使自己的"译文"与这些要素"吻合"，如画面动作、人物个性、作品风格、译入语接受习惯等，否则就会犯"两层皮"的毛病。有些译制作品听起来别扭，其中固然有各种原因，但"貌合神离"、不符合声画统一的规律是通病。

其次，这种声画统一性也决定了配音翻译的隐蔽性，配音翻译的质量是由观众"听"出来的（听得明白、流畅、过瘾就是好）。这等于说，检验翻译的标准是瞬间的动态的"听觉效果"，而不是作为一个思考的对象进行理性判断，因此，"译文"越隐蔽（自然），越有利于观者实现欣赏的目的。最大限度地使观众获得审美愉悦，是翻译的最高境界。

这种隐蔽性也影响译者的翻译策略。一方面，由于影视剧对白具有稍纵即逝的特点，译者必须"字斟句酌"，必须考虑"译文"的配音效果，考虑观众的听觉效果。配音脚本里那些"无声"的文字，其实都是译者设计出来的"有声"的话语（就像乐谱里的符号，代表着声音和旋律）；另一方面，正是这种隐蔽性使得译者在处理直译与意译、归化与异化等矛盾时，有了非常明确的选择依据：例如，用本国语言译制外国作品时，"译文"越像本国语言、越像日常生活话语，译制的结果就越有利于观众轻松、自然地欣赏作品；相反，"译文"离本国语言越远，给观众造成的"困难"就越大。

此外，声画统一性也造就了字幕翻译的特殊性。一方面，字幕翻译与配音翻译具有同样的功能——传情达意、塑造人物形象；另一方面，字幕虽然表现为文字，是让观者"看"的，但是看字幕却与看书不同，因为字幕是人物话语的文字形式，而不是原创的"书面材料"，因此，在句子长度、节奏等方面必须与"话语"吻合，让观者在"看"的同时获得"听"的感觉。同时，由于受时空的限制，字幕翻译有时需要采取删减、压缩等手段，而且，为了便于"阅读"，译者往往选择化难为简的语言策略。

（二）视听艺术：媒介文本特征

影视剧的取材来源于生活，其传播对象是大众，所以，剧作的语言首先必须被大众认同和接受，这就是大众性。生活是多彩的，话语也必然是多样的，这就是社会性。剧中人物对白既有非正式谈话，也有各种正式语体，一般表现为片段，所以往往受文体规范和多重语境的制约，这就是语境性。影视剧是表演的艺术，对白不同于平常的话语，而是经过艺术加工和有声表演，具有视听审美的特征，这就是戏剧性。

以上几个特征是从影视剧的性质和功能出发，对影视剧语言进行的概括性描述，可以作为一般属性，或者说基本属性。认识这些基本特征是研究影视剧翻译的起点，因为这些特征决定了影视剧对话翻译必须具有同样的特征，也就是大众性（可以理解为"百姓话语"）、社会性（可以理解为"多样人生"）、语境性（可以理解为"语境制约"）、戏剧性（可以理解为"艺术审美"）。

然而，这些特征又是通过什么表达方式体现出来的？或者说，译文的质量是通过什么渠道得到检验的？答案只有一个，那就是视听——所有的这些特征只有在作品被观赏的时候才能体现出来。同样，要考察"译文"是不是传达了这些特征，也只有在人们欣赏译制作品时才能得到验证。这个特征赋予了影视剧翻译"视听艺术"的基本属性。

（三）屏幕魅力：信息传播功能

影视剧对话翻译的目的是传情达意，其目标是使观众在理解的基础上获得艺术审美的享受。为达到此目的，译文必须做到标准规范，而且具有艺术表现力，也就是必须有一定的文采①。从语言传播的角度看，影视剧翻译通过知识传播、文化传播、艺术传播等各种功能的共同作用，实现自己的语言转换价值——创造屏幕魅力，赋予译制作品艺术审美的品格。

首先，影视剧的题材广泛，人物话语里包含着丰富的知识信息，涉及社会生活各个方面，翻译通过忠实、通达的手段，准确而清楚地向观众传递各种知识，发挥大众传媒的作用。例如，影片《居里夫人》里包含着大量物理学、化学等科学知识，以及有关镭元素的发现过程和原理等专业信息。译者在充分理解的基础上，准确地表达相关概念，并采用化难为易、通俗易懂的策略，传达了基本思想，使普通观众尤其是青年学生，不仅看得有味，而且听得明白，发挥了电影普及科学知识的作用，取得了良好的社会传播效果②。

其次，中外影视剧的交流具有跨语言、跨文化的基本属性，译者在处理文化信息方面应当以高度的跨文化意识和责任感，积极调动各种语言转换艺术手段，充分发挥桥梁的作用。相反，如果缺少这样的意识，则会出现"理解不到位"，甚至"文化误读"的问题。

例如，美剧《绝望的主妇》（第一集）里，原话（母亲吓唬孩子）："If any of you acts up, so help me, I will call Santa, and I will tell him you want socks for Christmas." 原译（字幕版）："今天如果你们谁捣蛋，我马上打电话给Santa，我会告诉他，你们圣诞节只要短袜就可以了。"类似这样的译文就是缺少文化关照的例子。西方人过圣诞节时，袜子一般不作为礼物，而是用来装礼物。母亲威胁孩子说圣诞礼物只有袜子，孩子一听就明白，那等于说没有礼物了。这样的"潜台词"在汉语里，对于普通观众来说，恐怕很少有人能马上反应过来，而且不少人其实并不了解这里的背景知识。如果有了这层考

---

① 关于文采的问题需要引起社会的重视，因为有一种普遍的观点认为，影视作品是大众传播，"翻"明白就可以了，不像小说那样需要艺术加工。这种思想是目前国内译制水平下滑的重要原因之一。
② 《居里夫人》获得优秀译制片"飞天奖"一等奖。参见麻争旗. 新制译制片《居里夫人》之翻译及其艺术品格［J］. 现代传播（中国传媒大学学报），1998（6）：59-63.

虑，翻译就不会直接照搬原话，而是采取适当变通的办法，如译为"我跟圣诞老人说，你们不要礼物了。"或者"我告诉圣诞老人不要给你们礼物。"另外，原译直接引"Santa"也是不妥的，因为这个词不见得大家都认识。

最后，影视剧的语言不是日常口语，而是经过艺术加工的艺术语言，往往具有精练、感人的审美品质。译者应当充分理解人物话语里的哲理性、人情味、幽默感、韵律感等艺术特征，充分调动修辞手段，生动再现"文学语言"的美感，从而给观众带来审美享受。然而，由于社会上不少人对影视剧"对白"本身具有文学艺术品质的认识不足，致使不少"译作"文理不通、苍白无力，有的甚至污秽不堪，从而大大影响了译制作品的艺术感染力。相反，优秀译制片中常有名言佳句成为社会流行语，是翻译语言展示艺术美的很好例证。

例如，动画片《小小救生队》里的《消防员之歌》，英语歌词优美动听，可是字幕却翻译成了句子散乱的大白话。动画片的传播对象是少年儿童，培养孩子们的语言节奏感是大众媒体应尽的职责，动画片的译者也应该承担这样的责任。

二、"写"与"说"：影视剧翻译的思维模式

翻译面对的是两种语言，而语言的背后是两种文化。语言文化的差异性为影视剧翻译创造屏幕魅力设置了重重障碍。例如，英语跟汉语在表达习惯、句式结构、思维逻辑等方面存在着很大的差异。同样的意思，在英语里是一种说法，到了汉语里却是另一种截然不同的说法。如果在英语里套用汉语的说法，或者拿英语思维来组织汉语句子，其结果往往出现表达不顺、语义不清的毛病，这样的译文会直接影响观众的理解，当然也不可能产生语言美感。在多数情况下，照着原话写译文，也就是照搬原话句式，就会出现这样或那样的问题。

如果按照"二度编码"的翻译思维原理，译者改换思维模式，从英语的思维里跳出来，把自己跟作品中的人物融为一体，然后改用汉语的思维，把

人物想说的话说出来，就会取得不同的效果。我们不妨拿一段翻译案例来解析译者进行二度编码的思维转换过程①。

影片《百万美元宝贝》字幕翻译片段：

① I only ever met one man I wouldn't wanna fight. When I met him, he was already the best cut man in the business. Started training and managing in the 60s, but he never lost his gift.

①我只遇见过一个我不想和他争斗的人。我遇见他的时候，他已经是拳击界最好的伤口护理师。从60年代起就开始做训练师和经理人，一直保持着高昂的热情。

② People love violence. They'll slow down at a car wreck to check for bodies. Same people claim to love boxing. They got no idea what it is. Boxing is about respect. Getting it for yourself and taking it away from the other guy.

②人们热爱暴力。他们会在车祸现场减慢车速查看死尸。就是这些人宣称他们热爱拳击。他们根本不了解拳击是什么。拳击有关尊严。赢得你自己的，同时剥夺对手的。

上面这两段旁白是"叙述人"在影片开头的"话外音"的字幕翻译，画面是一场拳击比赛。从"帮助观众理解"的角度看，译文是比较"忠实"的，行文也是比较"流畅"的。普通观者一般可以看懂其"大意"。例如，第一段话里有"伤口护理师"，还有"训练师"和"经理人"，这些主题词可以代表"叙述"的主题，即被介绍对象"弗兰基"的身份；第二段里有"暴力""拳击""尊严"等，这些概念都在指向影片的主题，即"暴力—拳击—尊严"。

然而，如果从"艺术审美"的角度看，这两段翻译的"忠实性"和"流畅性"都值得商榷。例如，第一段的第一句开宗明义地说"争斗"，语义模

---

① 麻争旗.翻译二度编码论：对媒介跨文化传播的理论与实践之思考[J].现代传播（中国传媒大学学报），2003（1）：12-16. 此外，影视剧的翻译问题也是一个语境适应的问题，因为译者的策略其实是受多重语境制约的结果，其中包括社会语境、文化语境和情景语境等不同层面，这些因素决定了影视剧翻译思维的特殊性。参见麻争旗.影视译制语境论[M]//舒笑梅.外国语言文化研究（第一辑）.北京：中国传媒大学出版社，2010.

糊,因为画面里是"拳击"(根据画面和叙述主题,这句话在汉语里的"心理图式"是"打拳击,弗兰基比我在行"或者"搞拳击,我佩服弗兰基")。"训练师"也不到位,因为汉语里没有人说"武术训练师""乒乓球训练师"。还有,"经理人"的说法也很勉强,因为虽然这个概念在当代中国社会已不陌生,但是,根据剧情,"managing"指"弗兰基"是"拳击训练馆"的"经理人",而不是一般意义上的"掮客"("叙述者"的本意是:"我要介绍的这位朋友身怀绝技——或者说是最好的伤口护理师,后来当教练、办训练馆")。总之,由于"思路不清",所以,下一句本来根据连贯性,应该讲"当了教练、办了训练馆后,还干'老本行'"(画面上的确是"弗兰基"自己上手,给拳手处理伤口),结果却把"gift"(本事)译成了"热情",造成主题断裂,使观众不知所云。

同理,第二段的译文也有不少"问题":首先,说人们"热爱暴力"有点夸张,似乎是说"美国人把暴力当成事业"("热爱"在汉语里情感成分比较浓,而英语里"love"则比较普通,翻译时弱化为"喜欢"更为妥当)。其次,说"在车祸现场减慢车速"不合情理,言外之意似乎是"在非车祸现场原速前进",这是其一;其二,"减速"后去"查看死尸"更不合情理,好像大家都是"专业路警"或者"验尸官",否则为什么要"查看"?其实原话的"slow down"和"check"是用来解释上句"love"的,意思是说"人们喜欢暴力的东西,所以遇到车祸什么的,总爱(不避血腥)凑过去看个热闹"。其三,译文完全照搬英语句式,甚至不避重复啰唆:"人们""他们""就是这些人""他们""他们"——连续五句话重复出现指示代词,而且就像把"check"直译成"查看"一样,把"claim"也直译成"宣称"(其严肃性与前文"热爱"完全一致,共同指向"伟大的暴力事业——拳击")。

从以上分析可以发现,按照英文的思维模式来组织汉语,结果会造成译文语义不清、表达不畅,甚至"跑题"等问题,更谈不上富于表现力的语言美。这就是说,所谓翻译二度编码,不只是用汉语把原话的意思说出来,因为如果说的是"字面意思",那就可能不符合汉语的思维,不仅影响表述的流畅、连贯,而且可能直接影响主题的表达。真正的二度编码是要超越译者思

维,进入人物的心理,去寻找"意义",这是第一层思维转换。然后,采取汉语思维的逻辑,重新组织语言,与汉语观众进行"对话"。唯有如是,其所译所言,才能符合主题,符合人物心声,符合译语观众"听"的习惯,才能发挥翻译语言美的功能。

总之,影视剧翻译不是"译字",而是"言说",不是按照原语思维把字面的意思写出来,而是按照译语的思维把字面背后的本意说出来。换言之,由于影视剧的语言不是无声无息的书面材料,而是充满活力的人物话语,所以,译者不能"无动于衷",而要设身处地,替人物说话,这样的"话"才具有活力。进而,由于语言习惯的差异性,译者往往不能只做表面文章,即言其所已言(字面意思),而要感其所感,思其所思,言其所欲言(心里本意)。一句话,影视剧翻译是"说"的艺术,所谓思维转换就是由"写字"转变为"说话"。

三、"译"与"演":影视翻译的创作手段

译制要加工的对象是作品中的人物对白,而人物对白跟动作、音乐、音响等其他要素一样是原作中的重要艺术要素。配音的方式是完全性的置换,就是把原语撤下来,植入一套新的系统。很显然,这里的难度就在于这套新的系统要跟其他没有被置换的要素有机地融合在一起(自然得不漏任何马脚),这就是译制的魅力。电影译制专家陈叙一根据40年的创作经验,对译制片创作艺术作了高度概括:"剧本翻译要'有味',演员配音要'有神'。"这句名言是对译制片创作者们艺术创作经验的总结,它揭示了译制艺术创造屏幕魅力的关键所在。

配音脚本是译制艺术创作的起点和基础,配音活动其实就是给外国人的嘴"装"中国话。译制脚本的重要性体现在它决定配音的内容,即说什么。好的配音脚本的语言应该是生动的、有意思的、耐人寻味的、与作品相吻合的。

概括地说,好的配音对白应该贴近生活、贴近作品、贴近剧情,即"三

贴近",也就是让人觉得像日常生活那样自然,觉得与作品的风格一致,觉得有"戏"的味道。对脚本翻译来说,要实现这样的目标,就要采取一定的手段,那就是生活化、风格化和戏剧化。

(一)生活化:译文贴近生活谓之"真"

影片《起锚》翻译片段

乔鼓励苏珊	译文1	译文2
You're dressed up.	你着装起来,	你打扮好,
You'll look like a million dollars.	看上去就像一百万美元。	一看就像摇钱树。
A girl like Sussy,	像苏珊这样的姑娘,	相信我,
I believe you'll kill him. Huh?	我相信,你会杀了他。哈?	你一定会迷倒他的。哈?

分析:从基本信息的传递来看,此例中译文1跟译文2都属于基本忠实和通顺的。但是,"打扮""摇钱树""迷倒"要比"着装""一百万美元""杀了他"更贴近大众,所以,第二种译法离生活更近,更具有生活气息。这样的译文配音时更"带劲儿",听起来更"有味儿"。假定译文2是由译文1发展而来,那么,这个转变过程就是"生活化"的具体表现。

(二)风格化:译文突出主题谓之"善"

影片《居里夫人》翻译片段

玛丽跟皮埃尔对话	译文1	译文2
If it has this power, why hasn't it also the power to destroy unhealthy tissue? Do you realize what that might mean? It could heal. By destroying unhealthy tissue it could heal all manner of diseases.	既然它有这个力量,为什么它没有力量摧毁非健康组织呢?你认识到这意味着什么吗?它可以治疗。它可以通过摧毁非健康组织治疗各种疾病。	假如真有这种力量,那它为什么不能破坏非健康的组织呢?你明白这将意味着什么?它可以治病。通过破坏非健康组织,可以治疗各种疾病。
Like cancer even?	像癌症这样的?	甚至像癌症?

续表

玛丽跟皮埃尔对话	译文1	译文2
Yes, Pierre. It might even do that. We don't know what things it might do—for people.	是的,皮埃尔,它甚至可以这样做。我们不知道它能做什么——为人民。	是这样,有可能治癌症。它对人类的作用将无法估量。
But Marie……	可是玛丽……	可是玛丽……
Oh, Pierre, can't you see how-how unimportant little things like this are compared with what it might mean? It might prevent great sicknesses—even deaths—Pierre -	噢,皮埃尔,你看不出来像这样的小事情跟它可能的意义比是多么不重要?它有可能防止大病—甚至死亡—皮埃尔——	噢,皮埃尔,你不明白吗?比起它可能产生的作用来说,我这点烧伤算得了什么?它有可能治疗疑难病,甚至绝症。皮埃尔——

分析:单从信息传播的角度讲,此例中译文1和译文2没有本质的区别,而且从行文表达来看也没有多大的优劣之分。但是,如果考虑到作品的风格,考虑到话语间所弘扬的是科学家不惧个人安危的崇高精神,那么,译文2比译文1在语义上更清楚、语气和情绪上更明确,而且主题更突出。假如译文2是由译文1发展而来,那么,这个转换过程就是"风格化"的具体体现。通过对比可以发现,译文与原文风格的吻合,并非"自然而然"产生,而是经过译者用心加工才彰显出来的。

(三)戏剧化:译文生动有趣谓之"美"

影片《居里夫人》翻译片段

1 老居里跟儿子打槌球	译文1	译文2
Won? Sure I won! But what satisfaction do you suppose I get out of it? You're not paying attention. No credit in beating anyone who doesn't pay attention.	赢了?当然我赢!不过你认为我从中得到了什么满足?你没有注意。打败任何不注意的人没什么荣耀。	赢了?我赢了!不过这样赢了,你说有多大意思?因为你其实根本没用心。跟不用心的人打,就算赢了也没什么价值。
I tried to, Father.	我试了,爸爸。	其实我尽力了。
Then you're just plain stupid.	那你是个白痴。	那就说明你很笨。

续表

2 老居里说孙女儿"缠人"	译文 1	译文 2
Well, something's got to be done about that child of yours. I think you ought to take it back. I had to stand on my head to make her eat her supper, and now she-now sh—now she won't go to bed until her mother tells her a story. I'd like to know what's the matter with my stories. They're the same stories.	你们的那个孩子你们该做点什么了。我看你们该收回去了。我倒立着才让她吃了晚饭。现在她,现在她不睡,直到她妈妈给她讲故事。我想知道我的故事有什么问题。它们都是同样的故事。	你得想点办法管管你那个孩子了。我实在拿她没办法。我使尽了招数才哄她吃了晚饭。现在她,现在她不肯睡觉,非要等她妈妈给她讲故事。我不明白我讲的哪点不好。故事都是一样的。

分析:此例的话语反映老居里的性格特征。从语言表达质量上看,译文1和译文2似乎没有高下之分。但是,仔细体会其中的语气、结构,就会发现,译文1显得平淡,给人"平面化"的感觉;而译文2更形象、生动,给人"鲜明"的印象,这样的译文经过配音后与人物更贴切,听起来更有味。假如译文2由译文1发展而来,那么,其中所谓的"味道"就是"点化出戏"的结果。

总之,由于中外语言的差异性,把原话直接翻译过来往往达不到"三贴近"的要求,所以译者必须进行转化,这就是"化"的意义。这里的"化"就是"点化",使不顺、不美、不生动的话"化"为听起来舒服、顺耳、生动的话。一句话,翻译创造美感的手段就叫"点化出戏"。由此看出,使配音对白具有美感的"化"的手段正是翻译创造审美价值的体现。

影视剧语言的特殊性决定了影视剧翻译的特殊性,这种特殊性不仅表现在译者的思维过程中,而且表现在具体的表达手段上。由于声画统一和语言差异的共同作用,译者必须通过思维转换才能真正吃透原话的意义,进而找到合适的表达方式来实现与译语观众的有效对话。为了再现原话应有的传情达意、塑造人物形象的传播功能,译者须采取一定的"化"的手段,以赋予"译文"审美品质,使"译文"获得美感,从而为观众带来审美享受。

修辞重构*
——电影翻译的艺术手段

电影翻译的功能和目的是什么？这些功能和目的是如何实现的？有一种观点认为，电影翻译（尤其是字幕翻译）的主要任务是帮助观众理解剧情。[①]这种理解是片面的、消极的。电影里的话语——以对白为主的人物语言，不仅具有传情达意的信息功能，而且具有塑造人物形象的艺术功能，是电影艺术创作的重要组成部分。译者的追求不仅在于"把意思说对"，更在于"把话说好"，从而实现作为"剧"的本体特征。

一、修辞重构：电影翻译本体论

修辞重构，就是把原语电影中的人物话语在译入语中进行重新规划，再现原语作品中人物的性格特征、思想情感、行为动机，不仅传递人物说了什么，还要让人物说的话符合人物设定和语境，让这些话听起来有味道，即"言如其人"。简言之，修辞重构即是电影翻译的本体。

（一）修辞与修辞重构

在古典意义上，修辞学指演说的艺术，是"一种能在任何一个问题上找

---

* 本文原载于《当代电影》2020年第2期，收入本书时略有删改。
① 麻争旗，解峥．理念更迭与全球探望：新时期我国译制艺术发展论［J］．现代传播（中国传媒大学学报），2018（10）：103-107．

出可能的说服方式的功能"。① 此后的几千年间，修辞学逐渐转向话语和文学技巧，特别是隐喻、借代、比拟等"修辞格"的研究。20世纪后期，修辞学吸收了后现代的立场和方法，形成了新的修辞学。新修辞学认为，社会生活本质上是由象征环境，即修辞环境建构的，同时构筑后者。②"语言，即修辞，就是社会现实。"③

修辞研究的重要内容是话语传播的效果，或者说是语言符号对意义的建构。电影翻译是语言转换，即把人物的语言由一种符号体系转换为另一种符号体系。④ 在翻译的过程中，译者首先作为讯息的接收者与原语作者和作品对话，建构文本意义；再通过与译入语观众的对话建构译入语文本意义。这就是翻译的"二度编码"。⑤ 从修辞学的角度考察，翻译的二度编码过程实际上是将原语修辞建构的意义转换成译入语的修辞话语，译者的活动是将自己通过与原语作者对话建构的意义再通过与译入语观众的对话进行意义的再度建构。修辞重构的艺术标准，可以简单概括为两个方面，即"善解人意"与"合乎情理"。"善解人意"指译者对原语作品的解码应超越字词对应的层面进入人物的内心世界，从而解读出人物话语中的深层意指；而"合乎情理"要求观照译入语观众的语言和思维习惯，与观众共同建构电影话语在译入语中的修辞意义。

（二）电影翻译的三个层次

从翻译修辞的角度可以将电影翻译策略大致分为词语对应、意义对应、效果对应（修辞重构）三个层次。

---

① 亚里斯多德.诗学，修辞学，罗念生全集（第一卷）[M].罗念生，译.上海：上海人民出版社，2016：145.
② 胡春阳.传播的话语分析理论[D].上海：复旦大学，2005：41.
③ 鲍曼.想象与修辞幻象：社会现实的修辞批评[G]//宁.当代西方修辞学：批评模式与方法.常春富，顾宝桐，译，北京：中国社会科学出版社，1998：78.
④ 麻争旗.影视译制概论[M].北京：中国传媒大学出版社，2005：2.
⑤ 麻争旗.翻译二度编码论：对媒介跨文化传播的理论与实践之思考[J].现代传播（中国传媒大学学报），2003（1）：12–16.

词语对应就是用译入语字词代替原语字词的字面意义，是对原语字词和句法的机械复制。词语对应难以解决电影翻译中的多个基本问题。首先，语言不仅是信息传递的符号，更是修辞手段，电影人物通过话语传情达意，表达思想，语言所指往往大于其字面意义；第二，语言表达受其所在的社会文化语境制约，英语中明白晓畅的表达，按词语的字面意思转换成汉语就可能语句不通、不知所云；第三，电影是视听艺术，台词只有和表演结合起来才具有艺术效果。简单的词语对应难以形成明白晓畅的译入语，更难符合剧中人物说话的节奏和表演的情绪。

意义对应超越了词语的字面意思，从语篇的角度形成了对原语的理解和转换。这样的翻译基本能够传达原语信息，或者说能够达到"帮助观众理解剧情"的目的，相较词语对应又跨越了一步。但是，仅仅做到意义对应的译文缺乏对语言展现的人物性格、情绪、社会心理、文化等艺术特征的把握，剧中男女老少讲的话不符合各自身份设定，都讲一个翻译腔，无法达成电影艺术效果。用翻译家许渊冲的话说："如果读者知道原文说了什么，但不喜欢译文，这就没有达到文学翻译的目的，也就是说，译文只和原文意似，却没有传达原文的意美。"[①]

效果对应指的是电影在译入语观众中实现原作在原语观众中达成的艺术效果和审美享受。电影翻译需要超越台词本身的文本意义，通过修辞重构展现作品主题及风格、人物性格、话语和心理特征。电影翻译不是搬运字词，而是替人物说话。

（三）"把话说好"与再现"剧"的本体

电影对白是经过艺术加工的艺术语言，具有精练、感人的审美品质。电影语言的戏剧文学特征要求翻译不仅要传达原语台词的字面意思，更要让观众理解并感受到人物话语背后的深层含义，包括话语中的悲喜、感悟等情感变化；幽默感、韵律感等话语个性；人生哲理、善恶美丑等价值取向。"把话

---

① 许渊冲.翻译的艺术［M］.北京：五洲传播出版社，2006：16.

说对"完成了传达原语字面意思的任务,而"把话说好"要求译者理解并表达剧中人物的话语、性格和思想。理想的翻译效果是让观众忘记了翻译的存在,只感受到人物的话语表达,不管这个话是用英语、法语、还是汉语讲出来的。

二、电影修辞艺术论

研究电影对白的修辞重构首先要了解电影对白的一般修辞特性。换句话说,先要懂得电影对白的修辞艺术才可能谈论在译入语中实现修辞重构。笔者拟从作品主题、人物性格、话语节奏和表达风格四个方面讨论电影修辞艺术。

(一)作品主题

如果我们把电影作品的创作和欣赏看作一个修辞(话语)过程,那么作者和观众的互动就是一个意义建构的过程。按照现代修辞学的观点,修辞建构了我们的现实,也建构了我们对现实的理解。在电影创作和欣赏这一修辞互动过程中,被建构起来的语言同时建构了言语的意义,即作品的主题。电影翻译修辞重构,即对原语作品主题的开掘和在译入语语境中的重构。

(二)人物性格

电影作品是对人生百态的艺术再现和升华。可以说,世界上的人有多少种性格,电影里的人物就有多少种性格。在一部电影里,不同人物有着截然不同的性格特征。老一辈电影翻译家、上海电影译制厂老厂长陈叙一说"剧本翻译要有味"。[①] 这个"味"虽然不能完全靠性格化的人物对白来体现,但翻译对人物性格的把握对体现作品的"味道"和特点是必不可少的。

---

① 上海电影译制厂. 魅力人声[M]. 上海:上海辞书出版社,2007:8.

（三）话语节奏

对白翻译受到演员口型的严格限制。不管是配音还是字幕，译入语的对白都应该尽量跟演员说话的节奏吻合。这是电影翻译不同于其他类型文学翻译的突出特点。

由于英语和汉语在语言逻辑和表达习惯上的差异，原语和译入语的节奏对应不是通过字词的发音规则，而是通过话语的节奏单位来实现的。英语的节奏是重轻型，重读音节在句子中有规律地出现，使语流产生节奏感；而汉语的节奏是松紧型，话语的流动按照紧松张弛的规律向前推进，节的时长不是两拍就是三拍，叫作"汉语节奏的二三律"。① 译者需要找出两种不同语言的节奏特点把相应节奏长度的字词填入原语既有的节奏单位。陈叙一做翻译的时候有一个习惯，一边想一边用手在桌子上敲，实际上就是在敲语言的节奏。②

（四）表达风格

电影作为艺术产品呈现出千姿百态的作品风格，给观众带来了不同的审美感受。作品风格的多样化带来了不同作品语言风格的多元特征。奥斯卡获奖影片《百万美元宝贝》(*Million Dollar Baby*，2004）讲的是拳击场上拼命一搏、自强不息的奋斗精神，全剧语言充满激情和哲理，但有许多不太规整的表达，还有很多不符合现代英语语法的句子。

三、修辞重构作为翻译手段

对应电影对白修辞的四个方面，笔者提出相应的翻译策略，也就是修辞重构的艺术手段。

---

① 麻争旗.影视对白中"节奏单位"的翻译探究［J］.中国翻译，2011（6）：55–59.
② 麻争旗.影视对白中"节奏单位"的翻译探究［J］.中国翻译，2011（6）：12.

（一）找主题

作品主题是由无数个段落和语句的小主题建构的，大主题渗透在小主题中。那么，如何把握这个大主题，让小主题为大主题服务呢？这就需要在翻译每一个小主题，即场景和对话的时候观照大主题，否则就会造成虽然小主题翻译对了，但是大方向"跑题"的毛病。

在影片《百万美元宝贝》中，老拳手 Scrap 的旁白经常起着提示作品主题的作用（见表1）。

表1 《百万美元宝贝》Scrap 旁白

If there's magic in boxing, it's the magic of fighting battles beyond endurance, beyond cracked ribs, ruptured kidneys and detached retinas. It's the magic of risking everything for a dream that nobody else sees but you.	如果拳击运动中有诀窍的话，那么，这种诀窍就是不停战斗，超越耐力的极限，超越折断的肋骨、破裂的肾脏和脱落的视网膜。 这种诀窍是：为了别人无法了解的梦想而赌上一切。

这段话里的关键词是两次出现（反复强调）的同一个词"magic"。这个"magic"是什么，把它翻译成"诀窍"是否合适？"magic"第一次出现是说它能让人忍受常人不能承受的痛苦和劳累，超越耐力、挑战极限，忍受身体的巨大痛苦和伤害；这个词第二次出现更进一步说，为了这个"magic"你可以赌上一切（甚至包括性命）。这里"magic"一词所表达的思想内涵已经超越了"诀窍"，在汉语里"诀窍"一词的基本释义是"关键性的方法"，而在这段话里，"magic"指的是一种让人欲罢不能的强大吸引力，即"魅力"。这就是本段的小主题。

拳击为什么会有如此大的魅力甚至让人不顾身家性命地热爱呢？这就涉及整部电影的大主题。在后面的情节中观众会了解到，老拳手在自己的第109场比赛中受伤了，一只眼睛失明，不得不中断拳击生涯，此后的生活一直困顿潦倒，但是这一切都没有让他后悔，他说 I had my shot（我拼过了）。拼过了，不后悔！——电影的大主题逐渐显现。

在整部电影中，老拳手只是一个影子，更重要的人物是女孩 Maggie。她出身贫苦，想改变命运，只能靠自己打拼。从不被收留到通过自己的真诚努力获得教练的认可，在比赛中过关斩将，直到冠军赛上被对手以不光彩的方式击倒受伤，失去自理能力。她要求疼爱她的教练结束自己的生命，她不后悔，因为她拼过了，甚至还要拼上性命。"Daddy used to tell me I fought to get into this world, and I'd fight my way out."（爸爸说我是靠拼才活下来的，所以我要拼下去。）为了梦想不惜拼上身家性命，这既是拳击的精髓，是体育精神的体现，也是电影要展现的文化性格和人文精神。电影的主题在这里得到了升华。

（二）贴标签

给不同人物"贴标签"，就是将人物性格典型化。在传统的京剧表演艺术中，人物性格典型化是通过脸谱化的特征表现出来的。生、旦、净、丑四个行当演绎了大千世界中的各色人等。在现代电影艺术中，典型化也是人物塑造的不二法门。克里斯多夫·沃格勒总结了电影编剧中的角色原型：英雄、导师、关卡守门人、信使、变化者、影子和小丑，[①] 几十年来成为电影制作和电影批评的经典。

电影翻译给人物"贴标签"不等于将人物脸谱化，而是根据人物的话语、表演以及在整个电影文本中的逻辑找出这个人物最突出的性格特征。不仅要明白人物说了什么，更要理解这个人物为什么在这个场合说这个话，也就是人物特征决定了在这个语境中应该说什么、怎么说和不应该说什么或不应该以什么样的口吻说话。同时，要观照语言背后的心理，因为语言不是套在思维外面的一件外套，[②] 只有理解了人物内心，才可能让人物说出来的话"合乎情理"。

传记影片《巴顿将军》（Patton，1970）讲述了美国"二战"英雄巴顿将军富有传奇色彩的军旅生涯。这位"暴戾的军神"一出场就在美国国旗下发表了一番独具特色的演讲。这里笔者仅选择两种译文加以对比（见表2）。

---

① 肖维青.英汉影视翻译实用教程［M］.上海：华东理工大学出版社，2017：5.
② 维果茨基.思维与语言［M］.李维，译.杭州：浙江教育出版社，1999：165.

表 2 《巴顿将军》巴顿将军台词

原文	译文 1	译文 2
Now, I want you to remember that no bastard ever won a war by dying for his country. He won it by making the other poor dumb bastard die for his country.	弟兄们：我要你们记住，没有哪个杂种是靠"为国捐躯"来赢得一场战争的。要赢得战争，靠的是让敌国那些可怜的杂种为他们的国家捐躯。	弟兄们！大家记住，想打胜仗，不是他妈的不要命。打胜仗，是要他妈敌人的命。

从字面来看，两种译文差异不大，都传达了原文包含的信息，并且适当使用在中文语境下能够接受的粗话"杂种""他妈的"来翻译原文中的bastard，做到了语义和语言风格上的统一。但是仔细对比可以发现，译文1的语言文雅庄重与粗俗鄙陋杂糅，使人难以捉摸这位将军到底是口不择言的直率型军人还是温文尔雅的儒将。如果我们把儒雅和粗鄙的语言成分分别用"+"和"-"来标识，那么这句话给观众的印象是这样的：没有哪个杂种（-）是靠"为国捐躯"（+）来赢得（+）一场战争的。要赢得战争（+），靠的是让敌国（+）那些可怜（+）的杂种（-）为他们的国家捐躯（+）。语言信息不是简单的正负相加或相抵，标识不同性格特征的话语杂糅在一起给观众造成的只能是信息的混乱。译文2较好地处理了这方面的问题，全句保持了统一的风格，人物性格通过语言得到了准确的传达。

值得说明的是，给人物"贴标签"的依据并非仅仅是对白原文，对白是根据人物性格设计的，对人物性格的把握是人物语言标签的根本来源。按照电影编剧弗朗西斯·科波拉的说法，巴顿是"一个与时代格格不入悲剧式的人物，一个堂·吉诃德式的人物"。[①] 影片中的巴顿将军虽然战功卓著却远非一个"高大全"的完美英雄，他性格暴躁，语言粗鲁，甚至殴打士兵。这才是影片要表现的那个完整立体的人物。抓住这个性格特征并将其用特色鲜明的语言表现出来，正是译文2优于译文1的所在。

---

① 李孟哲.影片《巴顿将军》浅析[J].电影评介，2008（5）：50-51.

(三)数拍子

拍子就是节奏。著名配音演员孙道临说过:"配音的剧本跟一般的文学翻译不一样,需要考虑每一句话多少字,口型是开口口型,还是闭口口型,它的语言节奏都要考虑周全。"① 汉语节奏"二三律"可以被认为是汉语节奏的一种元结构,在多数情况下汉语的节奏是符合这个特征的。当然,"二三律"并不一定就是两个或三个汉字组成一个节奏单位,汉语里需要区分重要信息和非关键信息,非关键信息不用重读,因此不构成一个节奏单位,只是一个节奏单位的辅助成分。

英国电影《女王》(*The Queen*,2006)讲述了戴安娜王妃突然去世后,女王在民众、媒体和政府的多重压力下的复杂心境和艰难抉择。女王的讲话正式庄重、句子长、结构复杂,由多个话语节奏构成。

Since last Sunday's dreadful news, | we have seen, |throughout Britain| and around the world, |an overwhelming expression |of sadness |at Diana's death.

通过将英语的重读单词标出,我们将整个句子划分成7个节奏单位。再来看两种不同的译文。

译文1:自从 / 上周日 | 听到 / 噩耗,| 我们在 / 全英国 | 甚至 / 全世界 | 看 / 到,| 人们 | 处处 | 都在 / 为 | 戴安娜 / 的去世 | 感到 / 悲伤。

译文2:上周日 / 戴安娜王妃 | 不幸 / 遇难。| 噩耗 / 传来,| 在 / 英国 | 乃至 / 全世界,| 人们 / 为之 | 深感 / 悲痛。

我们同样将两种译文按照"二三律"标记出节奏单位,可以看出译文1共有9个节奏单位,比原文长出两个节奏,在配音时会造成配音与人物口型不吻合;更为重要的是,译文1的节奏长短差异较大,如都是两个节奏的"看 / 到"和"感到 / 悲伤",每个节奏所占的时间差异很大,整体句子读起来不上口;而译文2保持了原文的7个节奏单位,译文节奏平稳,符合女王的身份设定。这就是节奏对应所产生的艺术效果。

---

① 麻争旗.影视对白中"节奏单位"的翻译探究[J].中国翻译,2011(6):172.

(四)上手段

这里的"手段",指的是修辞格,就是通过话语的连贯、对比、对照等达到传达原语色彩的作用,换句话说,就是发挥"词语的力量"。

以《百万美元宝贝》中的"朝下"与"趴着"为例(见表3)。拳手Shawrelle经常欺负新手Danger,这回又当面羞辱Maggie。这段话的语言有些低俗(titties指"乳房",hump指"性交"),但主题却不低俗:通过展示拳击馆的原生态(拳击馆里什么样的学徒都有)来塑造人物性格,尤其是Maggie沉着、机智的特征。从这层意义上来说,Shawrelle的话,译文1称得上准确,但是Maggie和Danger的话如"大多数时间""脸都朝下""地板上长了""跟拳台做"等表达有些过于"斯文",没有表达出挖苦的"味道"。译文2运用"夸张"的手法,体现了Maggie沉着、机智的"个性化"特征。

表3 《百万美元宝贝》对白

原文	译文1	译文2
Look at her little bitty titties. They're like mosquito bites. Man, that's barely even a mouthful. Let me see.	看看她的小奶子,就像蚊子咬的包。靠,一嘴都含不满。让我看看。	看看她的小平兄(小平胸),简直太谦虚了。伙计,我都不好意思张嘴。来,我瞧瞧。
Saw your last fight, Shawrelle. Spent so much time face down, I thought the canvas had titties	我看了你上一场比赛,谢瑞尔。大多数时间脸都朝下,我还以为地板长了奶子呢。	我看你比赛了。你老趴着,趴着吃你妈的大奶。
Canvas has titties. Hey, look at me. I'm Shawrelle. Just humping the canvas. Humping the floor.	地板长了奶子。嘿,看看我,我是谢瑞尔。跟拳台做啊,跟地板做啊!	吃妈妈大奶。嘿,哥们。我是谢瑞尔。我趴着吃妈妈大奶。我吃妈妈大奶。①

---

① 原文"face down"暗指"比赛不占优势",译成"脸都朝下"没有问题,不过,"朝下"是静态的,而"趴下"是动态的,暗指"被击倒",程度上更夸张,而且"朝下"只能"看",结果只好接"地上长了奶子",而"趴着"却可以接"吃",再把"地上的"换成"你妈的"(此话在汉语里本身就是骂人的,把它嵌在句内做定语,一举两得),整个句子像一记勾拳,动作不大,却极具"杀伤力"。再者,Danger趁机报复的动作也正好是趴在地上,当然继续用"吃"就顺理成章,这样正好避免把"Humping"直译出来。

四、结语

电影翻译是修辞重构,是电影文学的一种特殊形态。电影翻译的根本目的是把话说好,传达原语影片的故事情节、思想情感和审美体验。本文讨论了电影文学文本的修辞艺术特征,即作品主题、人物性格、话语节奏和表现风格,针对性地提出了电影翻译中的不同修辞艺术手段,即找主题、贴标签、数节奏和上手段。翻译追求的境界不是字词对应,也不是意义对应,而是效果对应(对等),即修辞重构。用邱岳峰[①]的话说,就是让观众不仅听出(看出)人物讲的那个"字儿",而且明白"字儿"所指的那个"事儿",还要品出(看出)这话语表达的那个"味儿"。[②]

[①] 邱岳峰,中国杰出配音表演艺术家,参与配音《简爱》《红菱艳》《警察与小偷》《凡尔杜先生》。
[②] 苏秀.峰华毕叙:上译厂的四个老头儿[M].上海:文汇出版社,2008:266.

译制艺术论

译制片的屏幕魅力[*]

——对译制艺术的再认识

谈到译制片,许多人会想到配音表演,而且还会说译制片就是声音表演艺术。这种观点有一定的道理,因为看译制片的确在欣赏配音表演。然而,从严格意义上讲,拿配音替代译制是片面的,因为,配音并不是译制的全部,而是其中的一个环节,充其量只是"现象"的代名词。那么,译制的本质是什么?或者说,译制艺术到底是什么?

一、译制的本质是语言转换

简单设想一下,如果没有翻译,国外的影视作品如何被引进和传播?国产的作品又如何对外传播?由此可以理解翻译的使命:解决语言问题;进而可以理解译制的根本使命:克服语言障碍,实现跨文化交流。然而,许多人对译制并不这么看,主要有两种倾向。

第一种是强调配音,忽略字幕,把配音片跟译制片等同起来,把字幕片跟原版片等同起来。译制的任务是对影视剧中的语言进行转换,转换的任务当然主要由翻译来完成。翻译好的文字采取什么方式跟受众见面,那要依技术、环境等客观条件来定。采取配音方式是其中的一种选择,字幕也是很重要的方式。可是,大家平常讲的译制片指的却只有一种(配音),肯定不包括

---

[*] 本文原载于《中国广播电视学刊》2012 年第 3 期,收入本书时略有删改。

网络上的外国影视节目（字幕片）。这种情况跟我国译制片的历史发展有关。新中国诞生后，为了让广大老百姓看懂外国电影，国家大力扶持配音译制，"译制片"成了外国电影的代名词，不少配音作品成了脍炙人口的经典，不少译制台词成了社会流行语，不少优秀的配音演员成了人们的偶像。于是，大家就自然地把译制跟配音联系起来，而且成为一种思维定式。即便进入网络时代，出现了新的变化，可是当谈到选择配音版还是字幕版的时候，很多人会说成喜欢看译制片还是原版片。正是这种人们在认识上的模糊性遮蔽了译制的本来面目。

要正确认识译制，首先必须有个清晰的概念。从本体上看，只要有语言转换，那就属于译制研究的范畴。这样一来，不仅加字幕的外国电影、电视剧要被包括进来，而且国产电影、电视剧，因为加了英文字幕，因为进行了语言转换，也被包括进来。不仅如此，译制的概念还会打破译制片属于国际传播的说法，因为我国的译制工作不能不包括汉语（也有外语）与少数民族语之间的转换，也就是民族语译制。可见，我国的社会实践为译制概念的扩大化提供了丰富的经验和案例。这也说明，译制是社会现象，要认识译制不能脱离中国的国情。

第二种是突出配音，忽略翻译，把译制视为声音表演学。这种状况也是由社会发展所致。译制的概念随社会的发展而不断丰富，其特征也会不断变化。在媒介贫乏的时代，看译制片是难得的艺术享受，人们自然会把注意力集中到那些"美妙的声音"上，至于其中的语言转换、文化互动，不是百姓们思考的课题。大家可以模仿配音，学唱歌曲，传诵台词，甚至模仿片中人物的言行乃至生活方式，但不会静下心来分析翻译做了什么、为什么这么做。所以，"用声音塑造形象"就成了译制艺术的基本话语。以往国内关于译制的学术思考主要集中在配音艺术上。这也难免，因为大家感受到的是声音，而翻译是隐蔽的。

然而，当人们开始反思译制的质量的时候，才越来越清楚地认识到，决定译制质量的关键不是配音，而是译本。译制的本质不是声音的替换，而是语言的转换，声音只是语言转换中的一种方式、一个环节。当然，凡属本质的东西往往是隐性的，需要借助某种外在的形式显示出来。译制的本质就是通过配音（或者字幕）表现出来的。正是因为翻译需要通过配音才能发挥自己的作用，又由于配音活动本身具有艺术性，可以增加艺术感染力，所以，语言表演的表象遮蔽语言转换的本质也是历史的必然。只有当事物进一步发展，当人们接触的不只是一种而是多种表象时，本质的不同侧面才会逐渐呈现出来。

人们对译制的认识也是如此。当字幕成为一种表达方式凸显出来，甚至对配音的存在构成一定的威胁的时候，人们才开始发现，原来译制的主要工作是语言转换而不是声音表演。配音的确具有艺术性，但译制的根本目的却不是增加或者减少艺术性，因为创造屏幕魅力是手段，实现跨文化沟通才是目的。

其实，由于影视剧本身是艺术，译制是对艺术作品进行再加工，所以整个过程必然具有艺术性，其中，除了配音外，翻译、导演、录音等各个环节都服从艺术再创作的原则，因而译制的艺术可以统称为"语言转换艺术"，或者更具体一点，叫作"媒介跨文化语言转换艺术"。

由此可见，媒介跨文化传播的思想为认识译制提供了理论依据，同时为译制的学科发展找到了属于自己的话语和路径。从此，译制研究者再也不用寄人篱下（一会儿投靠戏剧影视文学，一会儿投奔国际传播学，一会儿被赶到语言表演艺术学，一会又被挤到广播影视艺术学），大家可以理直气壮地说，译制是跨文化传播，译制是通过媒介进行的语言转换艺术。

二、翻译是语言转换的核心

再设想一下，如果翻译得不好，甚至翻译错了，配音通过"声音表演"将塑造怎样的艺术形象？由此可以理解翻译的职能：语言转换；进而可以理解语言转换的根本：不在形式（配音或字幕），而在内容（翻译）。我们完全可以说，好的译本，而不是好的配音，才是译制成功的决定性因素（字幕片更是如此）。然而，人们对翻译的认识是模糊的。大家都承认翻译在译制中的重要性，但是到底如何重要，或者其重要性表现在什么地方，却不会成为被人们关注的对象。要解决认识问题还得从翻译的对象——语言本身说起，因为语言的特征决定翻译的品质。那么，影视剧的语言具有什么样的特征？我们不妨从影视剧语言的功能来说明翻译所扮演的角色。

概括地说，影视剧语言的特征表现为大众性、社会性、语境性和戏剧性这四个方面。所谓大众性是指影视剧的取材来源于生活，其传播对象是大众，所以剧作的语言首先必须为大众所认同和接受。所谓社会性是指影视剧反映社会生活的各个方面，所以影视剧的话语也必然具有生活的多样性。所谓语境性是指影视剧语言具有不完整性，其意义受文体规范和多重语境的制约。所谓戏剧性是指影视剧语言是经过艺术加工和有声表演的，具有视听审美的特征。这些特征决定了影视剧翻译必须具有同样的特征，也就是大众性（可以理解为"百姓话语"）、社会性（可以理解为"多样人生"）、语境性（可以理解为"语境制约"）、戏剧性（可以理解为"艺术审美"）。由于这些特征必须通过视听（作品被观赏时）才能体现出来，所以，影视剧翻译具有"视听艺术"的基本属性。

影视剧翻译的基本功能就是信息传播。影视剧对话翻译的目的是传情达意，其目标是使观众在理解的基础上获得艺术审美的享受。为达到此目的，译文既要规范，又要具有艺术表现力。

影视剧的人物话语里包含着丰富的知识信息，翻译通过各种手段向观众传递各种知识，发挥大众传媒传播知识的作用。影片《律政俏佳人》涉及很多西方的法律知识和概念，准确地翻译人物话语里的法律概念对于普及法律知识会起到很好的传播效果。可惜的是，这部作品的字幕翻译对有些概念的理解并不到位，出现了不少错误。例如，原话（教授讲课）："The law is reason free from passion." 原译（字幕版）："法是从激情中解放出来的。"（应该译为"法是理智，而不是激情"。）类似这样的翻译错误对于不了解法律常识的观众，尤其是青少年来说是不利的，因为这不是一个像"语法错误"那样的小问题，而是涉及基本的法律思想问题——法律到底讲不讲情？在这样的基本观念上翻译是不能含糊其词的。

中外影视剧的交流具有跨语言、跨文化的基本属性，译者在处理文化信息方面应当以高度的跨文化意识和责任感，积极主动地调动各种语言转换艺术手段，充分发挥管道和桥梁的作用。相反，如果缺少这样的意识，就会出现"理解不到位"，甚至"文化误读"的问题。

影视剧的语言具有精练、感人的审美品质。翻译通过调动修辞手段，再现"文学语言"的美感，给观众带来审美享受。然而，不少"译作"文理不通、苍白无力，有的甚至污秽不堪，从而大大影响了译制作品的艺术感染力。优秀译制片中常有名言佳句成为社会流行语，就是翻译语言展示艺术美的很好例证。

总之，从语言传播的角度看，影视剧翻译通过知识传播、文化传播、艺术传播等各种功能的共同作用，实现自己的语言转换价值——创造屏幕魅力，赋予译制作品艺术审美的品格。由此可以看出，在整个译制过程中，翻译处在核心的地位。

三、转换是再现魅力的根本

再设想一下，如果把配音脚本上所有的文字都用一个字（如"啊"）来代替，那么，配音演员那"美妙的声音"将会创造出多少"美"的价值？由此可以理解翻译的功劳：为配音提供"意义"，进而可以理解配音之所以"美妙"是因为有"意义"。可见，"屏幕魅力"不是（或者不全是）配音创造的价值体现，而是通过配音所呈现的译本的价值反映。

翻译的核心在于转换价值，即通过译本表现原作之价值。配音则是借声音提升译作价值。好坏决定价值大小，技艺高低决定呈现效果的优劣。译制片魅力体现在作品的艺术上，通过"转换"及"发挥技艺"来展示。翻译与配音相互依存，可以概括为"翻译有味、配音传神"，合二为一创造了艺术价值。配音让外国人说中国话，好脚本则使听众愉悦且耐人寻味。

例如，在影片《居里夫人》中，老居里夫人谈到人的性格跟面部特征的关系时说："I'm not paying you a compliment. I'm only telling you what I see in your face. It's all there, in people's faces."这句话的直译是:"我不是在恭维你。我只是告诉你我从你脸上看到的。一切全在人们的脸上。"经过"加工"后是:"我不是恭维你,我是从你脸上看出来的。人的面相很能说明问题。"比较发现,这两句译文从意思表达上没有多大的差别,都算得上忠实、通顺。但是,直译句听起来不及加工句"有味",这是因为原话说的意思在汉语里是"人的面相问题",直译句没有点明这个主题,所以听起来离生活远,无法唤起人们的经验,而加工后由于引入面相的说法,话语具有了生活气息,所以听起来更有意思。这就是点化的作用。

概括地说,好的配音对白应该贴近生活、贴近作品、贴近剧情,也就是让人觉得像日常生活那样自然,让人觉得跟作品的风格一致,而且让人觉得有"戏"的味道。对脚本翻译来说,要实现这样的目标,就要采取一定的手段,如果用"化"来统一,那就是生活化、风格化和戏剧化。翻译通过采取"化"的创作手段使作品"有味",也就是赋予作品审美价值,翻译的价值就在于如何赋予。

总结以上分析,本文的结论是,译制的使命是通过语言转化,发挥知识传播、文化传播、艺术传播等各种功能。译制创造屏幕魅力的根本在于转换,转换的艺术性主要体现为翻译的手段。一句话,译制是语言转换的艺术。译制艺术的核心价值主要由翻译劳动创造。

加强理论研究，改变教学观念[*]
——关于影视译制教学改革的几点思考

一、引言

译制片曾经是外国影片的代名词，其艺术性毋庸置疑。但是，随着社会的进步，特别是媒介环境的变化，欣赏外国影片的渠道越来越大众化、多样化，于是，译制片作为一种艺术品种淡出了人们的视线。有的人从现象出发，只看到译制片辉煌后的失落，从而怀疑甚至直接否定译制片存在的必要性，这显然是由于认识上的片面性所致；有的人则从技术出发，把字幕看作帮助观众理解剧情的"口语对话的书面化"，这种观点似乎有道理，而且也有市场，可实际上是肤浅的，因为把字幕与其所表达的文本内容剥离开来，等于抹杀了其文学性，是用技术的方法遮盖艺术的本质，属于工具理性思维。

本文认为，认识译制[①]必须采取历史的、全面的观点，而不是片面的、脱离中国国情的做法。影剧院出现原版加翻译字幕的方式并非译制片的终结，而是译制方式多样化的开始；并非配音艺术的衰落，而是媒介技术的进步。正是由于技术的推动、经济文化的发展，译制片的内涵和外延才能越来越宽泛：它不仅指传统意义的引进作品，也包括国家文化走出去战略中的输出作

---

[*] 本文原载于《外语研究》2017年第2期，收入本书时略有删改。
[①] 所谓译制是指对影视作品进行的语言转换，或者说，译制就是把影视作品中的语言从一种符号体系转换成另一种符号体系。

品，还包括国内用少数民族语译制的作品，可以说，凡是经过译制加工的广播影视作品都属于译制片的范围。显然，正是这一重大变化引发人们对译制的属性和价值进行新的思考。

　　本文的观点是，译制艺术不仅没有消亡，而且以新的形态焕发出勃勃生机。改革开放三十年，尤其是过去的十年间，由引进译制、输出译制以及民族语译制构成的我国译制产业取得了令人瞩目的发展：译制技术现代化、引进译制商业化①、民族语译制大发展②、对外译制成规模③。译制作为具有中国特色的一个艺术门类，不仅不会消亡，而且以崭新的姿态，在繁荣中国影视文化的艺术殿堂里闪耀着越来越明亮的光彩。同时，译制产业的发展为理论研究和教育提供了日益增长的社会需求和学术课题，昭示着教学研究改革创新的必要性和迫切性④。

　　本文坚持译制是语言转换的艺术的主张，认为译制是对影视剧成品的艺术加工，译制生产是对影视剧原作的艺术再生产。如果说，经过译制再生产

---

① 译制片（传统意义的外国片）作为一种产品，越来越呈现"被商业化"的特征：从辉煌期大家追捧的"洋宠儿"，逐渐变为琳琅满目的橱窗里的一件"进口货"，票房收入成为检验其传播效果的主要指标。中国国家版权局副局长阎晓宏表示，中国电影产业发展迅速，引进海外电影版权需要通过商业方式，由国内放映商根据电影内容和预期观众数量判断。2014年中国共上映影片388部，其中进口片80部，票房达到134.84亿元。2014年美国市场最具竞争力的前30部影片中有18部在当年引进中国。

② 《中华人民共和国电影产业促进法》（2016年11月7日第十二届全国人民代表大会常务委员会第二十四次会议通过）第四十三条：国家采取措施，扶持农村地区、边疆地区、贫困地区和民族地区开展电影活动。国家鼓励、支持少数民族题材电影创作，加强电影的少数民族语言文字译制工作，统筹保障民族地区群众观看电影需求。

③ 2012年中国国际广播电台挂牌成立国家多语种影视译制基地，同年成立影视译制中心，2013年使用英语、法语、阿拉伯语、豪萨语、斯瓦希里语、西班牙语、葡萄牙语、缅甸语等8种语言，译制80余部中国影视剧。同年9月以来，已分别在尼日利亚、缅甸、坦桑尼亚、塞内加尔、埃及等国电视台播出由当地演员使用当地语言配音的《北京爱情故事》《金太狼的幸福生活》《妈妈的花样年华》《媳妇的美好时代》等中国电视剧，反响热烈。

④ 参见《中华人民共和国电影产业促进法》（2016年11月7日第十二届全国人民代表大会常务委员会第二十四次会议通过）第四十四条：国家对优秀电影的外语翻译制作予以支持，并综合利用外交、文化、教育等对外交流资源开展电影的境外推广活动。国家鼓励公民、法人和其他组织从事电影的境外推广。

的作品是具有相对独立的艺术价值的艺术品，那么，译制就是以语言转换为主要创作手段的文化产业。

以下从理论属性、学科本体和教学模式三个方面分析译制研究和教学改革中观念创新的意义和指导作用。

二、文化身份：语言操作（手段）还是艺术传播（目的）？

本文认为，译制的对象是影视剧的语言，所以，译制从媒介上属于影视文化的范畴，文本上具有"剧"的文学特征，艺术上则表现为语言转换的品质。

（一）文化身份

按照文化系统论的观点，一个国家的文化包含着多个不同的系统，每个系统又可分为不同的子系统。我国的影视文化就是一个多元统一的大系统，这个大系统至少包含本土系统、引进系统和输出系统三个子系统，而译制文化由于直接关系到引进和输出两大系统，所以在整个国家影视文化系统中占据着十分重要的地位。其实，在本土文化系统中，民族语译制对于国内不同民族之间的影视文化互动同样具有不可替代的重要作用。

我国的译制工作有着十分辉煌的历史，在新的时代也发挥着多重文化功能。在引进系统，译制必须把好语言关、文化关、艺术关，用汉语言文字和中华文化转化西方文化的有益成分，抵制西方有害文化的渗透；在民族交流系统，译制能够发挥巩固边疆、推动民族地区进步、维护民族团结的重要作用；在对外输出系统，译制有助于克服语言障碍、强化宣传效果，是国家实施"走出去"战略的必要手段。新的时期如何发展译制产业成为一个关系到国家文化安全的重大课题。由此可以看出译制研究和教育的必要性和重要性。

（二）文学本体

译制的对象是语言，译制研究的关键是抓住语言文本的本体特征。然而，

国内不少相关研究却没有揭示"文本"的本体。例如，具有相当影响的"影视翻译说"虽然抓住了"影视"的视听特征，但忽视了"剧"的文学属性，结果使认识无法深入；同样具有很大影响的"字幕翻译说"，虽然也认识到字幕本身的形式特征，但忽略了字幕背后所代表的文本的性质，结果把字幕翻译的功能简单地定义为"帮助观众理解剧情"。本文的主张是，影视剧的本体是"剧"，其语言的基本属性取决于"影视"和"剧"的双重性。换句话说，影视剧的翻译对象属于戏剧影视文学的范畴，而不是仅仅停留在宽泛的"影视文本"或者"视听文本"的视域里。

（三）语言艺术

译制要加工的对象是作品中的人物对白，而人物对白跟动作、音乐、音响等其他要素一样是原作中的重要艺术要素。对翻译来说，不管是用于字幕还是配音，其任务就是再现人物对白的艺术性，从而使译制的作品发挥与原作同样的艺术功能，而不只是为了帮助观众了解剧情。配音的方式是完全性的置换，就是把原语撤下来，植入一套新的系统。很显然，这里的难度就在于这套新的系统要跟其他没有被置换的要素有机地融合在一起（自然得不露任何马脚），这就是译制的魅力。

配音脚本是译制艺术创作的起点和基础，在引进译制过程中，配音活动其实就是给外国人的嘴"装"中国话。译制脚本的重要性体现在它决定配音的内容，即说什么。好的配音脚本的语言应该是生动的、有意思的、耐人寻味的，是与作品相吻合的。概括地说，好的配音对白应该贴近生活、贴近作品、贴近剧情，即"三贴近"，也就是让人觉得像日常生活那样自然，觉得与作品的风格一致，觉得有"戏"的味道。对脚本翻译来说，要实现这样的目标，就要采取一定的手段，那就是生活化、风格化和戏剧化。

电影译制专家陈叙一根据40年的创作经验，对译制片创作艺术作了高度概括："剧本翻译要'有味'，演员配音要'传神'。"这句名言是对译制片创作者们艺术创作经验的总结，它揭示了译制艺术创造屏幕魅力的关键所在。

总之，明确译制的文化身份、理解译制的文学本体、研究译制的语言艺术,这三个板块有机地贯通起来,就构成了译制研究的基本理论框架。只有坚持译制艺术的基本方针,才能克服认识上的偏差和理论研究的片面性。

三、文学本体:视听符号(媒介)还是戏剧文本(内容)?

译制研究的主要任务是通过科学方法,从学术角度构建有关译制的理论框架,解答有关译制属性、功能的基本问题,说明译制系统之间的各种关系,描述译制过程中的各个环节,并构建具有影视剧译制特征的翻译理论、配音理论、导演理论等。译制的目的在于通过语言系统的再生产来实现作品的跨文化传播,由于影视剧受"影视"和"剧"双重限制,因此,译制研究涉及影视媒介、戏剧文学、跨文化传播等多个学科。其中,剧是本体,影视是载体,跨文化转换是基本特征。脚本翻译作为语言转换的艺术手段是实现跨文化艺术传播的基本保证,也是整个学科体系中的关键。

然而,人们对于译制的理解,尤其是对于译制过程中翻译的理解仍存在认知上的模糊性。在影视剧翻译研究中,某些论述缺乏对核心概念的明确定义,常用广义的字幕翻译、影视翻译等概念替代相对具体的影视剧翻译,导致"影视剧"中"剧"的概念被忽略。例如,钱绍昌提到了影视语言的五个特点,但这些特点更适用于广义的影视媒介而非具体的"剧"的范畴。类似地,李运兴强调字幕翻译的特点,但将"缩减法"作为影视剧翻译的基本策略是不严谨的。事实上,"影视剧翻译"应侧重于对白翻译,不管最终译作是用于配音还是字幕。

影视剧中"影视"和"剧"的核心概念决定了影视剧翻译与其他类型的翻译活动有明显区别,构建了译者的身份认同,限定了其工作语境。只有紧扣"影视剧"概念,在讨论字幕翻译、配音翻译或其他相关领域时,才能揭示问题的本质,避免偏离研究主题。在翻译这两种形式时,是否需要不同要求往往是技术层面的操作性问题,应根据视听特点进行处理。绝大多数国产电视剧采用与对白完全同步一致的中文字幕,没有因时空限制而删减,也未简化内容。美剧同样使用英文字幕,保持同步,不需删减压缩。因此,翻译

不必刻意寻找理由破坏其完整性。

总之，影视剧翻译的核心指向对白翻译，要避免过分泛化或狭隘化，确保研究深入且准确。对于字幕翻译、配音翻译等概念的讨论，应该以"影视剧"概念为中心，始终把握研究焦点，避免走偏。

四、教学理念："码字"（机械复制）还是"说话"（修辞重构）？

在译制教育领域（如影视剧翻译研究和教学），认识的模糊性直接影响课程设置、教学理念、教学模式等实际问题。例如，有的大学开设的影视翻译课，重点指的就是译制片中的翻译，不仅研究影视的共性（视听），而且研究"剧"之所以为剧的语言艺术性；不仅包括影视剧，而且包括诸如新闻、广告、纪录片等"非影视剧"的其他文本，概念的扩大使翻译的文本对象宽泛化，教学中只能突出一般性，即具有"视听"特征的共性，而无法深入反映本质特征的个性，如"剧"的品性。

（一）"译字"与"言说"

本文认为，从戏剧文学的角度，影视剧的本体是"剧"，可以说"剧"的特征是其本体特征。要回答影视剧语言的问题，首先应该从本体，也就是戏剧文学，或者更具体一点，从影视剧文学的角度，来描述其语言的基本特征。顾名思义，影视剧的语言具有"影视"和"剧"的双重性：一方面体现为文学语言的共性，如艺术形象（性格化）、艺术品格（风格化）、艺术意蕴（哲理性），另一方面体现为影视语言的特性（视听美感）。

影视剧反映的是生活，其话语来源于生活，生活是多彩的，话语也必然是多样的，这就是社会性。影视剧的传播对象是大众，所以，剧作的语言首先必须被大众认同和接受，这就是大众性。剧中的对白是情景会话，是受多重语境制约的，这就是语境性。影视剧是演剧的艺术，对白不同于平常的话语，而是经过艺术加工的有声表演，具有视听审美的特征，这就是戏剧性。

认识这些基本特征是研究影视剧翻译的起点，因为这些特征决定了影视剧对话翻译必须具有同样的特征，也就是大众性（可以理解为"百姓话语"）、社会性（可以理解为"多样人生"）、语境性（可以理解为"语境制约"）、戏剧性（可以理解为"艺术审美"）。

这几个特征可以概括为译者所遵循的原则，即生活化（像生活那样真实）、性格化（符合人物性格特征）、口型化（口型节奏对应）。按照这些原则，译者最关心的问题是如何使译文流畅连贯、更符合主题、更接近人物，怎样翻译才能使观众听得明白、听得自然、听得带劲，哪个说法能让观众不仅听出"话里的那个事儿"，而且听出"说话的那个味儿"。

总之，如果从"剧"的本体出发，那么影视剧翻译不是"译字"，而是"言说"，是按照译语的思维把字面背后的本意说出来。研究的重点不是如何"码字"，而是如何"说话"。

（二）"文字对等"与"效果对等"

不同的理念不仅体现在课程的设置上，而且影响教学模式。例如，在译者如何建构文本的问题上，不同的态度会在"码字"或"说话"之间做出取舍，因为这两种态度大致反映了"字幕翻译说"与"影视剧翻译说"之间的差异。

研究表明，广受社会关注的"字幕组"的做法基本符合"字幕翻译"（audio-visual）的要求：意思准确（主要指字面意思），译文与原文字数、结构基本对应。说实话，能做到这两条的译文算是好的，因为至少可以完成"字幕翻译"定义的"帮助观众理解剧情"的任务。真正把"剧"当成剧进行翻译的情况令人担忧，而且真正把"剧"当成剧进行翻译研究的情况并非尽如人意，因为不少研究连"剧"字都不提，何谈剧的特征？

笔者所见，如何克服"码字"是教学中的一个关键。假如把"字对字"翻译（文字对等）视为简单照搬式的"文字搬运工作"，把"意义对意义"翻译（意义对等）视为积极互动式的"语言传播行为"，那么，以实现"效果对效果"为目的的翻译（效果对等）就可被称之为"艺术感染活动"。这样，实现从"码字"到"意义"的转变是第一次飞跃，因为传递意义是语言的基本功能，译者把握意义、传递意义的过程是超越字面的积极能动过程，是发挥主观能动性的结果，已经超越了"工具理性"的机械复制阶段，从而获得了一般形态的翻译再创作的品格。但这还不是"剧"的本体，因为"剧"的语言表达需要情感投入和性格再造，当然还有严格意义的节奏对应（这是"声画对位"的影视特征），而这些因素反映的是译者艺术创作的修养和能力。

事实上，影视剧的译者只有设身处地，与人物感同身受，才能说出其心里话，使译文做到"言其所欲言"，这样的情感是真实的、感人的；也只有充分认识人物，才能把握其性格特征，使译文"闻其声而知其人"，这样的语言是准确的、生动的、有艺术感染力的。

（三）机械复制与修辞重构①

其实，优秀的译者并没有"字幕翻译"还是"配音翻译"的区别，因为关键的问题在于是否采取有效措施，以追求译文的可接受性和艺术美感。从艺术感染的角度讲，配音翻译的创作方法对字幕翻译是适用的，因为创造屏幕魅力也应该是字幕翻译的艺术追求。

概括地说，好的配音对白应该贴近生活、贴近作品、贴近剧情，我们可以称之为"三贴近"，也就是让人觉得像日常生活那样自然，让人觉得跟作品的风格一致，而且让人觉得有"戏"的味道。对脚本翻译来说，要实现这样的目标，就要采取一定的手段，如果用"化"来统一，那就是进行生活化、性格化、情感化、风格化等方面的艺术加工，使翻译的语言具有艺术美感。一句话，翻译创造美感的手段就叫"点化出戏"。当然，这里只是简单的概括，因为艺术的手段不是机械的、僵化的，而是灵活的、变通的，需要从多个侧面加以认识和研究。

---

① 这里的修辞重构就是重构原作之"象"。根据魏建刚的观点，翻译追求的就是保证译文"象"原文。对于影视剧的翻译来说，译者的任务不仅是传递原作里的基本语义，而且要通过各种语言手段（修辞），重构原作里所具有的生活气息、人物性格特征等等一切使之"象"原作风采的审美信息。

事实上，由于中外语言的差异性，把原话直接翻译过来往往达不到这样的要求，所以译者必须进行转化，这就是"化"的意义。这里的"化"，说白了就是"点化"，使不顺、不美、不来劲儿的话"化为"听起来舒服、顺耳、来劲儿的话。由此可以看出，使配音对白具有美感的"化"的手段正是翻译创造审美价值的体现。所谓"化"的手段其实就是从照搬到重构的艺术过程。

我们通过一则译例来分析"译字"与"言说"的不同效果：

影片《百万美元宝贝》字幕翻译片段：

I only ever met one man I wouldn't wanna fight.

我只遇见过一个我不想和他争斗的人。

这句话的译文看上去没什么问题，而且意思也似乎是"忠实的"，这就属于标准的"码字"，也就是"译字"（字对字）翻译。如果从"艺术审美"的角度看，这样的译文却是有问题的：首先，"开宗明义"的第一句说"争斗"，语义模糊，因为画面里是"拳击"，这说明译者没有参透原语"fight"的本意[①]；其次，就算把"fight"换成"比赛""拳击""较量"之类，译文依然不符合汉语的表达习惯，可见，照搬原话的"结构"会造成译文生硬的结果；再次，如果从话语的真实性来看，说话的方式反映人物的个性，即便译者知道了话语的意思，也明白要用符合汉语表达习惯的"话"来说，但译者的态度依然会影响话语方式的选择，例如，一种态度是"只要意思对了，随便找个说法就行"，另一种则是要考虑人物的性格和心情，前者属于"做表面文章"，后者则是"设身处地"，替人物说话；最后，不同风格的选择还取决于译者对人物的理解和把握，例如，把说话者理解为"有文化教养的绅士"，则译文可能是"在拳击界，我唯一敬佩的人，就是弗兰基"，如果换成一位"哲人"，则译文可能是"要论拳击，唯弗兰基在我之上"，如果根据实际剧情，译者要还原这位"老拳王"的硬汉形象，那么，译文可能是"打拳击，我就

---

① 根据画面和叙述主题，这句话在汉语里的"心理图式"是"打拳击，弗兰基比我在行"或者"搞拳击，我佩服弗兰基"。

服他"。从以上分析可以看出，从文字到效果的转变，也就是从复制到重构的飞跃。

著名汉学家、电影翻译家琳达（Linda Jaivin）日前在中国传媒大学举办了"电影翻译中的京剧元素"的公开讲座，受到广大师生的高度评价。她用生动的例子说明中国电影英文字幕翻译中的三个基本原则："Simplicity""Clarity""Direct Expression"（简洁、清楚、明了）。这三个原则说到底就是译者克服语言语境差异、追求译文传播效果的手段，也是超越机械复制、实现修辞重构的创作要旨。例如，京剧《昭代萧韶》中的唱段：

今日馆驿似蓝桥	A Match is made
月老赤绳早拴牢	It's fate we marry
此番合巹世间少	Between warring clans-
牛郎织女会鹊桥	Bridge of romance

这段话如果照搬汉语的词语和句式，英文译文会特别冗长，与源语的节奏不和，而且汉语中一连串的文化词语（蓝桥、赤绳、合巹、牛郎、织女、鹊桥）直译出来，对于不熟悉中国文化的人来说，会造成理解上的困难。琳达的译文没有照搬中文的句式和结构，也没有完全翻译中文的文化意象词，而是从观众出发，从英语语境的"听"的效果出发，对原文"得意忘形"，并在译文中重构了诗歌的基本特征：音美、形美和意美，体现的是修辞重构的艺术追求。

总之，在影视剧翻译的教学改革中，只有从"剧"的本体特征出发，树立文学翻译需要艺术再创造的思想，才能克服机械照搬的习惯，从而超越"码字"，追求修辞重构，达到"效果对等"的境界。

五、结语：改革教学理念，培养创新思维

要坚持艺术传播、戏剧本体、修辞重构，那么课堂教学就不能仅仅停留在语言技巧的初级层面，而应该以艺术创作为核心。这种思想的飞跃对于语言基础教学乃至普通翻译教学来说也是一次飞跃，而且对于教学设计来说更

是一次挑战，因为基础阶段的关键点主要是"信达雅"、直译意译、归化异化等基本概念，而艺术创作阶段的关键点则是得体性、连贯性、性格化、语气、风格、情绪、节奏等。这些要素的变化必然引发教学理念、教学方法的创新。例如，教学思想从"技巧训练"（具体方法）转变为培养"分析问题、认识问题和解决问题的能力"，从而大大提升了学生学习的主动性和积极性。在教学中，要鼓励学生超越"能力+技巧"的工匠意识，把教学重心拓展到"能力+修养"的高度，提升教学的文化品质，鼓励并强化学生树立成为"跨文化使者"和"艺术工作者"的理想。

参考文献：

① 李彦.2014年全国少数民族语译制影片1024部［EB/OL］.（2015-02-04）［2016-09-01］.https://www.gov.cn/xinwen/2015-02/05/content_2814680.htm.

② 李运兴.字幕翻译的策略［J］.中国翻译，2001（4）：38-40.

③ 麻争旗.论影视翻译的基本原则［J］.现代传播（中国传媒大学学报），1997（5）：81-84.

④ 麻争旗，高长力.广播影视译制与国家文化安全：译制文化产业发展新思维［J］.现代传播（中国传媒大学学报），2010（6）：70-71.

⑤ 麻争旗.影视剧翻译方法谈［J］.现代传播（中国传媒大学学报），2012，34（3）：64-68.

⑥ 钱绍昌.影视翻译：翻译园地中愈来愈重要的领域［J］.中国翻译，2000（1）：61-65.

⑦ 魏建刚."象"视角下的翻译本体论再探［J］.外语研究，2016（1）：81-85.

⑧ 杨和平，麻争旗.当代中国译制［M］.北京：中国传媒大学出版社，2010.

⑨ 张素.国家版权局：电影产业发展快，商业方式引进海外影片［EB/OL］.（2015-04-16）［2016-09-01］.http://politics.people.com.cn/n/2015/0416/c70731-26856599.html.

⑩ 周红民.社会与翻译［J］.上海翻译，2005（1）：29-33.

⑪ GOTTLIEB H. Quality revisited: the renderings of English idioms in Danish television subtitles vs. printed translation [C]//TROSBORG A. Text typology and translations. Amserdam/Philadephia: John Benjamin Publishing Company, 1997: 309-338.

理念更迭与全球探望：新时期我国译制艺术发展论*

一、问题的提出

在中外影视文化交流中，译制扮演着管道和桥梁的角色。然而，在关于"译制是什么"的讨论中，人们的认识却是模糊的。比如说，译制片是艺术吗？回答应该是肯定的；配音翻译是艺术吗？回答也几乎是肯定的，但是，如果问字幕翻译是艺术吗？回答几乎是否定的，至少在学术查询中找不到把字幕翻译（甚至包括字幕本身）定义为艺术的说法。这里的问题是，电影电视剧的文本属于戏剧影视文学，不管是作为声音的配音，还是作为文字的字幕，都不能失去文学的本体，也就是说，配音是文学，字幕也是文学，因此，配音翻译和字幕翻译都属于文学翻译，因而都具有艺术创作的本体特征，可是，人们为什么会厚此薄彼呢？

依笔者所见，新时期发展至今，人们对译制片、译制艺术、影视翻译、字幕翻译等基本概念的认识依然是模糊的，结果就有了像"配音翻译需要艺术再创作"，而"字幕翻译的任务是帮助观众理解剧情"这样自相矛盾的观

---

* 本文原载于《现代传播（中国传媒大学学报）》2018 年第 10 期，与解峥合作，系国家新闻出版广电总局部级社科研究项目"中国影视作品非洲传播之市场调查与发展路径研究"（项目编号：GD1743）、北京市哲学社会科学规划项目"影视剧翻译机制研究——语言学的视角"（项目编号：17YYB013）的研究成果，收入本书时略有删改。

点。本文讨论的关键问题就在这里：如何理解新时期的译制活动？新时期译制的理念在我国经历了怎样的历史更迭？如何认识新时期我国译制艺术的发展？回答这样的问题有着重要的意义，因为它在译制政策、译制模式、译制理论、学科建设，乃至教学理念和人才培养等诸多方面发挥着引领方向的作用。

二、文化传播中转站：译制是加工制作

我们需要译制吗？答案是肯定的，因为译制是媒介跨文化传播的必然产物。我们生活的世界是一个通过翻译而不断进行着语言媒介互动的世界。[①] 电影从诞生之日起，就以其跨越国界的独特优势，成为国际共享的媒介文化形态。即使在政治动荡、经济衰微的年代，甚至"政治非常时期"，电影依然顽强而执着地活跃在中外文化的互动中。当然，电影的生产往往是一种语言、一种文化共同体的作品，而且往往以文化商品的形式被拿来交易。在国内，就算是国产的商品，遵照国内的市场规则，到了国际市场也必须进行国际包装，译制就处在这个环节。可以说，译制机构就是跨国媒介产品的中转站。我国译制的历史发展充分说明译制活动扮演的是加工制作的角色，而且类似于我国的国际新闻"产品"具有"世界新闻型""对外传播型""国际传播型"[②]，译制也以"进口译制""对外译制""民族语译制"等多种形态此消彼长地不断发展着，译制的理念也随之发生着历史的更迭。

（一）译制曾经是译制片的代名词：进口加工

理解译制艺术应该采取历史发展的态度。传统意义上的译制片指外国电影的引进译制。1896年外国电影被引进中国，现场解说、打印字幕和同期解说成为最早的译制形态。"而真正意义上的电影译制，也就是将外国原

[①] 麻争旗.翻译学与跨文化传播［M］.上海：上海交通大学出版社，2011：41.
[②] 麻争旗.论国际新闻编译的文化策略［J］.现代传播（中国传媒大学学报），2005（1）：59-63.

版影片加工成用中文配音的影片，是在新中国成立前后才出现的。"①1949年5月，长春电影制片厂完成了我国第一部译制片《一个普通的战士》（又译《普通一兵》）的译制工作。也就是从这个时候起，引进电影的配音译制，即"让外国人的嘴讲中国话"作为"译制片"这个概念的专属所指与"国产片"对应起来。②

此后的70年，尤其是新时期以来，译制艺术从形态到内容都发生了巨大的变化。从传播学的角度，译制艺术在传播活动的各个环节和要素上都发生了显著的变化。

传播者，即译制片制作和发行主体，从政府主导下的官方译制事业，发展成为既有官方译制，又有民间商业译制、官方与民间商业合作译制，还有以网络字幕组为代表的草根译制的多元化的译制产业；传播讯息，即译制作品的范围，从引进苏联和第三世界国家的反法西斯、社会主义革命题材电影，到20世纪70—80年代日本、美国、巴西影视剧播映时的万人空巷，再到日剧、韩剧、美剧受到热烈的追捧；译制系统从单一走向多元，形成了集引进、民族语交流、对外传播三位一体的格局；译制对象从电影到影视剧、纪录片、电视专题片和综艺节目、网络视听节目，甚至包括游戏。传播媒介，从电影院经由电视走向千家万户，随着电脑和网络的快速发展又走入个人电脑终端和手机移动终端；受传者，从为数不多的电影观众，发展为给国内院线带来每年数百亿人民币票房收入的电影消费群体，还有数以亿计的电视观众、网络和手机移动用户。

随着我国影视产业的蓬勃发展，译制片作为一种文化产品，越来越呈现出"被商业化"的特征：从辉煌时期大家追捧的"洋宠儿"，逐渐"走下神坛"，成为琳琅满目的橱窗里的一件"进口货"，票房收入成为检验其传播效果的主要指标。

从媒介生态讲，改革开放40年，中国的社会今非昔比，传播越来越网络

---

① 杨和平，麻争旗. 当代中国译制 [M]. 中国传媒大学出版社，2010：3.

② MA Z Q. Sub or dub: the cultural strategy of China film and television translation [J]. Yangtze review: a journal of contemporary China studies, 2015(3): 91–100.

化、全球化、个性化，译制片（狭义的）失去了曾经的垄断地位，成了人们多样选择中的一个选项。在新的历史背景下，译制片（广义的）只能是一个产品，是人们茶余饭后娱乐消费的一个可选择项目——不管它采取的是电影的方式、电视的样子，还是网络的姿态。用发展的眼光考察，译制艺术在新的历史时期正在变得越来越多样化，满足不同受众群体的不同需求，译制艺术正迸发出勃勃生机。

（二）译制是维护民族团结的手段：内销加工

理解译制艺术不能脱离中国国情。56个民族共同组成了中华民族这个"想象的共同体"。民族认同与国家认同紧密相关，民族国家需要社会成员提供忠诚。本尼迪克特·安德森认为，语言是民族共同体想象的最重要的媒介，"关于语言，最重要之处在于它能够产生想象的共同体，能够建造事实上的特殊的连带（Particular solidarities）"[①]。中国56个民族中，有53个民族仍然使用自己的语言，各民族使用的语言在80种以上。尊重少数民族语言和文化传统既是实行民族平等的重要保障，也是实现民族团结的必然要求。同时，少数民族聚居区多处在边疆、国防要冲，因而维护民族团结是维护国防安全的重要任务。

少数民族的电影制作、译制和放映是民族地区使用民族语言的重要领域。近年来，国家实施了"西新工程""村村通工程"和"2131工程"（"农村电影放映工程"），大大促进了民族地区广电影视事业的发展。国家鼓励、支持少数民族题材电影创作，加强电影的少数民族语言文字译制工作，统筹保障民族地区群众观看电影的需求。[②]

加强少数民族语译制工作是符合中国国情的一项重要举措，对于促进国

---

① 安德森.想象的共同体：民族主义的起源与散布［M］.吴叡人，译.上海：上海人民出版社，2005：125.
② 国家已经在少数民族地区建立了11个民族语译制中心，平均每年提供几十部影片和上千集电视剧的版权，免费进行少数民族语言的译制。民族语译制单位承担着全国的少数民族地方电影译制工作，年译制量约为45部。民族语译制的工艺和技术不断与时俱进，越来越达到现代化的水平。2014年全国少数民族语译制完成影片1024部。

家统一、维护民族团结、保障地方稳定、推动少数民族地区经济发展、繁荣民族文化等方面都具有十分重要的推动作用。西藏、新疆等少数民族地区的稳定，关系到国家利益和发展建设大局。

（三）译制助力影视文化走出去：出口加工

理解译制艺术要有国际视野。从传统上讲，国外影视剧的引进译制，特别是改革开放初期引进的影视剧，在丰富人民文化生活的同时，再次让国人"睁眼看世界"，以艺术的形式为我们认识世界打开了一片新天地。这些影视剧在中国产生了巨大的传播力和影响力，不仅在最初播映时形成了万人空巷的艺术传播效果，甚至影响了几代人对世界的看法。可以说，改革开放初期的译制片成为特殊年代国外影视剧国际传播的典范。在艺术创作上，这些作品深深地影响了中国电影人和电视人讲故事的方式，对国产影视剧的艺术创作和作品生产发挥了无可替代的作用。作为"作品"的译制艺术在影视艺术史上有着不容置疑的作用和历史地位。

新的历史时期，随着中国国家实力和国际影响力的增强，影视走出去已经成为必然。这也是建构国际话语权、增强软实力和树立良好国家形象的必然要求。自 2011 年起，我国相继组织实施了"中非影视合作工程""丝绸之路影视桥工程""当代作品翻译工程"等项目。2012 年，国家多语种影视译制基地在中国国际广播电台挂牌成立。至 2016 年，该基地已使用 20 多种语言译制完成 160 多部（共 5000 多集）中国影视剧，并陆续在世界各国播出。使用当地语言配音的《北京爱情故事》《金太狼的幸福生活》《妈妈的花样年华》《媳妇的美好时代》等中国电视剧在世界范围内反响热烈。

2016 年全国人大常委会通过的《中华人民共和国电影产业促进法》中规定："国家对优秀电影的外语翻译制作予以支持，并综合利用外交、文化、教育等对外交流资源开展电影的境外推广活动。国家鼓励公民、法人和其他组织从事电影的境外推广。"国产影视产品的国际传播才刚刚起步，其在国际话语建构中的重要地位还远未完全得到体现，影视对外译制大有可为。

总之，现代媒介技术赋予了译介工匠多种加工技艺，恰好符合新时代多样选择的社会现实。这不是译制艺术（加工工艺）的衰亡，而是新技术的繁荣。中国的译制已经从单一走向多元，形成了"引进+输出+民族语"三位一体的译制系统，或称中国译制业，而关于译制的认识，即译制的理念也必然与时俱进。①

三、知识流通转换器：译制是二度编码

只要有文化互动，就需要中转加工，国际影视文化交流是全球化的必然，译制是常态，因为文化多样性是人类社会存在的常态。那么，译制的基本属性是什么？或者说中转加工要解决的基本问题是什么？答案只有一个，那就是语言问题。

语言是交流的工具，也是文化的屏障。如果没有语言的隔膜，影视作品可以在世界各地畅通无阻、家喻户晓，影视文化也就大大失去了所谓民族性的意义。恰恰是语言的差异使得不同国家的影视文化凸显出各自民族的特征，也正是语言差异给世界各国的影视"消费者"造成了麻烦，给加工制作者带来了挑战，但同时给译制艺术家们提供了展示才华的创作空间。我国译制艺术的实践也充分证明了这一点。

（一）配音是声音表演

理解译制艺术应该透过现象看本质。人们对译制艺术本质的理解是一个逐渐发展和越来越清晰的过程。对许多人来说，传统意义上的译制艺术强调的是声音或者"听觉形象"。著名译制导演孙渝峰认为，"译制片是一门从事语言工作的艺术，它是通过语言、声音形象来进行再创作的艺术"，并指出"一部影片总是由视觉形象和听觉形象所组成的，译制片的特点就在于通过配音，在听觉形象上再现原片的艺术风格（因为视觉形象这一部分原片已拍摄

---

① 麻争旗，高长力.广播影视译制与国家文化安全：译制文化产业发展新思维［J］.现代传播（中国传媒大学学报），2010（6）：70-71.

成功，我们的主要功夫要下在为影片中所有的人物配对白上）"。① 从我国译制的发端到辉煌期（20世纪80年代到90年代初），译制活动一直以声音表演艺术的形态为人们津津乐道。

随着媒介技术的发展，译制艺术进入字幕时代，院线上映的进口影片开始分为配音版和字幕版，观众可以自由选择，网络字幕片大行其道，而我国国产电影在海外放映时，多采用字幕翻译而非配音翻译。显然，"声音"或"听觉形象"的描述已经无法全面概括译制艺术了。换一个角度看，"声音"或"听觉形象"的描述一开始就遮蔽了译制艺术的根本属性，因为它用现象代替了本质。

（二）翻译是语言转换

无论是配音还是字幕，译制的过程无非是用一种语言符号置换另一种语言符号，把原作故事用译语讲出来。译制效果的好坏取决于译制的话语是否符合译入语的语言和言语习惯，是否符合译入语的语境和观众的文化心理图式，从而达到跨文化传播的目的。以这个概念来理解，字幕译制包括网络字幕组的译制活动，其本质是语言转换的工作，因此需要将其纳入译制艺术的概念里来进行考察，而不应仅仅将其简单地理解为"帮助观众了解剧情"的工具。

随着字幕译制逐渐走进人们的视野，我们对译制艺术的认知变得越来越清晰。以"声音的艺术"作为影视译制代名词的认识论已经完成了它的历史使命。人们逐渐认识到，过去的认识夸大了声音表演，淡化了翻译作为语言转换这个译制的本体特征。换句话说，配音和字幕都是艺术表现形式，而语言转换才是译制艺术的本体。

（三）字幕是功能错位

理解译制艺术不能脱离社会语境。配音片在过去独领风骚，后来字幕片

---

① 孙渝峰. 剧本有"味"、演员有"神"：译制影片之"魂"[J]. 电影新作，2000（2）：45-47.

逐渐风行起来，这反映的是媒介环境的变化。随着网络时代的到来，网络在线成为人们收看影视作品的重要方式，网络字幕也就成为一种具有时代意义的"译制"手段。事实上，许多外国影视作品（其中以美国影视作品、日韩影视作品为主流）就是通过字幕的方式进入网络渠道的。

字幕组由具有一定外语水平的外国影视剧爱好者组成，以"帮助观众了解剧情"为标准，快速、及时、免费是字幕组的追求。至于翻译是否准确，语言能否传情达意，人物个性、思想感情是否通过人物语言得到有效传达，这些都不是字幕组最关心的问题；而大部分网剧观赏者并不把网络字幕版的影视作品作为真正意义上的译制艺术作品来欣赏，对于字幕翻译的质量也并不苛求。人们更关心的是剧集更新速度而不是字幕翻译的质量。因此翻译质量问题成为网络字幕组广受诟病的原因之一。不过诟病归诟病，字幕组的翻译活动毕竟属于语言符号之间的转换，因此是译制艺术在新时期的一种新的表现形态。

我们完全可以把从事网络影视作品字幕翻译的"字幕组"称为网络环境下的译制生成"单位"。当然，由于字幕组多数属于民间自发组织，所以，虽然不乏"敬业精神"，但是往往缺少必要的制度，包括专业培训和质量规范，而且目前国家没有相关的法律法规。有的观点认为，字幕组是"影视翻译的网络化存在"[1]；有的则认为，字幕组依靠互联网的传播模式，在为广大网络受众提供看剧便利的同时，本身却"处在侵犯知识产权的法律灰色地带"[2]；更有研究认为，"网络字幕组在境外影视资源的分享和传播过程中缺少把关步骤，影视剧作为特殊的文化产品，难免会影响受众对自我和社会的认知"[3]。

其实，从符号传播的视角来看，字幕的毛病在于本身的功能错位：以看代听，这是无奈的选择，并非理想的追求。但既然是存在，就必然有其合理性。如果用后现代的说法，字幕组可被视为一种大众狂欢的代言。正如翻译走下神坛，成为一种大众职业，过去被视为高雅的"译制"，时下成为一种大

---

[1] 包晓峰. 影视翻译的网络化存在：字幕组现象剖析 [J]. 电影文学，2009（4）：135-136.
[2] 卢林茜. 国内网络字幕组现象初探 [J]. 大众文艺科学教育研究，2014（5）：175-176.
[3] 奂森元. 我国网络字幕组发展困境及其管理机制研究 [D]. 长沙：湖南师范大学，2016.

众的"职业",也是自然而然的事情。

总之,译制的本质是语言加工,加工的本质是转换,是把一种符号系统置换成另一种符号系统。那么,置换的目的是什么?从行为上是为了看懂故事,其本质是理解思想,这恰恰是翻译的功能:获取知识、传递知识。影像信息,不论有多美妙,只能作用于视觉冲击的层面,发挥"感动"的效果,而真正的思想交流只能发生在翻译的层面,这就是知识流通。正是翻译通过二度编码,从一种语言系统获取知识,然后拿到另一种系统里去交流。①

四、艺术创作魔术师:译制是以假乱真

译制之所以是艺术,并不取决于配音是不是艺术(应该是声音表演的艺术),也不是因为字幕是不是艺术(应该是文字表达的艺术),而是因为译制的语言本身是艺术。有一种观点认为,影视翻译(尤其是字幕翻译)的主要任务是帮助观众理解剧情,这种思想是片面的、消极的,这是因为影视剧里的话语——以对白为主的人物语言,不仅具有传情达意的信息功能,而且具有塑造人物形象的艺术功能,是影视艺术创作的重要组成部分。观众通过人物的语言,不仅了解故事情节,而且了解人物的思想情感,体会作品的艺术风格。

在此意义上,译者的追求不仅在于"把意思说对",还要努力"把话说好",从而实现作为"剧"的本体特征。从艺术创作的层面,笔者赞同翻译修辞的思想,认为影视剧翻译的过程不是简单的机械复制(字对字翻译),而是积极的修辞重构(等效翻译)。译制的语言,让观众不仅能听出(看出)人物讲的那个"字儿",而且明白"字儿"所指的那个"事儿",还要品出(看出)这话语表达的那个"味儿"。②

译制艺术,用上海电影制片厂(以下简称上译厂)的经验来说,其实就

---

① 麻争旗.翻译二度编码论:对媒介跨文化传播的理论与实践之思考[J].现代传播(中国传媒大学学报),2003(1):12-16.
② 苏秀.峰华毕叙:上译厂的四个老头儿[M].上海:文汇出版社,2008:266.

是"用外国人的嘴讲中国话",所谓讲中国话就要像中国话。正如电影译制专家陈叙一对译制片创作艺术的高度概括:"剧本翻译要'有味',演员配音要'传神'。"① 好的翻译,应该是贴近人物性格、贴近作品风格、贴近观众语言习惯的,也就是自然流畅、生动感人的,让观众感觉外国人讲的就是中国话,从艺术上达到以假乱真的水平。

以上分析似乎是针对配音翻译的,其实,字幕翻译也应该有自己的艺术追求。首先,字幕的语言要符合影视剧对白的特征,所以,读字幕应当跟听配音产生同样的感受:好的字幕读起来有节奏、有个性,能够跟剧中人物"对号入座",从而给人以美的享受;其次,字幕跟配音一样,也要跟画面里的人物动作、情绪保持同步,做到"字画"统一,这相当于配音的口型化,人物演到哪里,字幕就跟到哪里,这样观众才能明白哪句话是哪个人物说的;② 再次,跟配音相比,字幕虽然不能"表演"声音,但是观众可以听原作人物的"真声",同时,可以根据自己的理解在心里默默地模拟出一种"节奏"③。

从以上分析可见,译制活动属于艺术创作,不管是配音,还是字幕,都必须服从艺术的本体要求。国内关于影视翻译的概念,关于字幕翻译的说法,各有各的道理;虽然国际上有字幕翻译(Subtitling)、视听翻译(Audio-visual translation),甚至更时髦的多模态翻译(Muti-modal translation)等流行的学术概念,但是,只要是从事以人物对话为主的影视剧语言为对象的译

---

① 麻争旗.加强理论研究改变教学观念:关于影视译制教学改革的几点思考[J].外语研究,2017(2):63-67,112.
② 字幕跟画面完全同步是很难做到的,因为人们说话的速度一般比阅读的速度快,加上画框的限制(还有字幕在银幕上停留时间的限制),所以,当剧中人物以平和甚至稍慢的速度说话时,字幕一般能够跟画面同步,这对于观众来说也没有多少困难,但是,到了人物话轮节奏紧张、话语速度加快而且言语连贯密集的时候,字幕就显得慌乱无措了。这时译者就会使用压缩、删减等手段,以保持基本节奏一致。
③ 这里所谓"节奏"只能是无声的心理节奏,而且不一定每个观众都有这样的体会。从理论上讲,如果真有这种感觉,那就相当于配音创作,也就是说,听原声、看字幕(如果字幕翻译比较准确)的过程就有可能是一个观众积极参与创作的过程:观众自己依照字幕来完成"配音"。这里只是假设,因为看字幕片的情况因人而异,很难进行科学判断。一般来说,观众往往忙着追字幕,没有余力获得这样一种特别的实在的创作体验。

者，如果脱离"剧"的本体，如果不以追求艺术效果为目标，那就不能算是艺术工作者，因而也就不能算是名副其实的影视剧翻译。只有充分理解译制的艺术性，特别是认识影视剧翻译的艺术性，才能克服认识上的偏差，树立艺术追求的理想和目标，成为合格的跨文化媒介使者。从更高的层面讲，正确理解译制的艺术性，对译制政策、理论研究，尤其是在译制人才培养等方面能够起到积极的促进作用。

五、思考与展望

影视剧的语言具有精练、感人的审美品质。翻译通过二度编码，充分发挥主观能动性，充分调动修辞手段，再现"文学语言"的美感，给观众带来审美享受。然而，不少"译作"文理不通、苍白无力，有的甚至污秽不堪，从而大大削弱了译制作品的艺术感染力。

从对外译制的质量上来看，韩静认为，《非诚勿扰》之所以能够在澳大利亚取得良好的传播效果，重要的原因是观众认可英文字幕翻译，"觉得毫无距离感，是非常地道的英语"[①]。但是，除了《媳妇的美好时代》等少数译制作品在译入语观众中引起轰动效应外，大量的译制产品难以形成有影响的传播效果。根据黄会林的调研，北美地区"受访者观看中国电影时的最大障碍反而是最表层的障碍——对于外语对白（或译制效果）和表演习惯的不适应"[②]。何健平、赵毅岗认为在纪录片的对外译制中，"由于中国纪录片常年自产自销形成的制作惯性和制作惰性，（对外译制）常常采用直译的方式，打上字幕，而且还由中国人自己来担当翻译，这必然带来'文化折扣'"[③]。可见，译制作品的传播效果直接取决于译制的艺术水平，然而，理论研究往往滞后于社会实践。

---

① 韩静，董海雅. 中国影视作品在澳洲的翻译与传播：澳大利亚国家电视台 SBS 总字幕师韩静博士访谈［J］. 东方翻译，2017（4）：56-61.
② 黄会林，郭子荀，王超，等. 中国电影与国家形象传播：2017 年度中国电影北美地区传播调研报告［J］. 现代传播（中国传媒大学学报），2018（1）：22-28.
③ 何健平，赵毅岗. 中西方纪录片的"文化折扣"现象研究［J］. 现代传播（中国传媒大学学报），2007（3）：100-104.

例如，研究表明翻译质量差会影响传播效果。那么，翻译是如何影响中国影视"走出去"的？是由于字幕翻译的问题，还是字幕的选择本身就有问题？① 人们呼吁加强译制教育、加强对译制人才的培养，可是，具体怎么加强却鲜有理论研究跟进。还有，如何指导和管理引进译制艺术的发展？如何建构对外译制的艺术标准和行业规范？如何加强对民族语译制人才的培养？可以说，目前国内大致处于摸着石头过河的状况。

依笔者所见，从整体上看，译制理论研究滞后于译制社会实践，尤其是有关对外译制的理论，可以说几乎是空白。所以，加强理论研究，对于新时期我国译制艺术的发展来说，是一项必需而紧迫的任务，因为没有理论指导的实践是盲目的实践。正如列宁所说，没有革命的理论，就没有革命的运动。②

---

① 在一次访谈中，一位长期在中国居住的美国人告诉笔者，他希望拿加了英文字幕的中国电影帮助其他来华生活的外国人学习中文。但是他的朋友发现，影片中的英文字幕看不懂（如《非诚勿扰》）。原因是什么呢？他认为，中国字适合中国思维，是整块理解；而英文是线性的，逻辑性强。这就造成了中文可以很简练，而用英文表达同一个意思字幕就很长，而且必须从头看到尾才能明白角色说了什么。所以看字幕往往超出了演员说话的时间，跟不上，所以看不懂。当然，这只是个案，关于中英文字幕形式上的差异还需要进行更深入的研究。

② 列宁.列宁选集（第一卷）[M].北京：人民出版社，1972：241.

论译制文化的主体特质*

经过半个多世纪的实践，译制片在中国已经成为一个独特的艺术品种。译制这门行当从引进外国片的加工译制，逐步拓展到电视剧和电视节目等影视作品的译配，国内影视作品的外译，以及汉语与少数民族语之间的影视译制。

如果把译制视为一种文化现象、一个系统（译制文化系统），那么，这个特殊的文化系统在整个影视文化系统中占有什么样的地位？在这个系统里所有参与其生产、传播、消费等过程的活动主体又是如何创造自己的文化价值的？本文从以下四个方面展开分析。

一、译制文化与译制主体

译制之所以是一个系统，是因为译制的生产和传播是有组织的活动，既要遵循专门的政策法规、组织管理和运行机制，又要受特定的语言转译、声音创作、社会期待等因素的制约；译制之所以是一种文化，是因为译制片的传播不仅会产生娱乐消遣的效果，而且能发挥精神文化方面的作用。遗憾的是，人们一般只注意译制片的娱乐性，却往往忽视其在思想观念等方面的文化价值功能，因而也就容易忽视其应有的严肃性。

---

* 本文原载于《现代传播（中国传媒大学学报）》2009年第1期，收入本书时略有删改。

（一）译制的概念

习惯上，人们把国内生产的电影叫国产片，而把经过译制加工的外国电影叫译制片。随着社会的发展，电视进入我们的家庭。同样，电视节目既有国产的，又有从国外引进的，其中不仅有电影，还有电视剧以及电视专题类节目。于是，译制的概念逐渐宽泛起来：从引进电影的加工扩展到引进电视剧、电视专题类节目的译配，甚至还包括国内影视作品涉及汉语语言与少数民族语言之间的译制加工。

这就是说，译制的概念远远大于一般意义的译制片的范畴。从定义上讲，所谓译制是指对影视作品进行的语言转换，或者说，译制就是把影视作品中的语言从一种符号体系转换成另一种符号体系。换句话说，狭义的译制片是指经过译制加工的外国影片，而广义的译制片则应包括电影译制片、电视剧译制片以及其他经过译制加工的电视专题类引进节目。

仅就译制的行为而言，它已经不单纯是一种语言转化手段，因为译制的过程是实实在在的艺术创作实践，其中的每一个环节都是艺术家的活动：翻译家视之为一种有特殊要求的文学翻译形态，导演视之为有特殊组织规律的艺术表演形式，演员则把配音看作一门用声音进行表演的永恒艺术。可以说，一个译制班底就是一个创作集体，一部译制作品是整个集体的创造性的劳动成果。译制艺术的理念也早已获得了广泛的社会认同[①]。

（二）译制文化

译制片之所以能够成为广大观众喜闻乐见的消遣方式，其主要原因在于它所带来的"异域风情"。然而，"异域风情"是译制作品的魅力，却不是"译制"本身的价值。译制工作不是原创，而是对已有的作品进行二度加工，所以是再创。作为译制的对象，引进的原材料需要经过适当的转译才能符合"国情"。这里既有技术的需要（如录音技术）、政策需要（有关引进的法律

[①] 译制的方式包括配音和字幕两种。就声音表演而论，译制艺术主要指配音译制，而字幕属于"阅读"的范畴。

法规），还有如何转译的艺术要求。可以说，译制的基本矛盾就是既要尊重异域文化的差异性，又要适应本民族的欣赏习惯，更要考虑到国家的文化安全。或者说译制的品质就在于既要还原原作所具有的"异域风情"，又要使之符合我国的"国情"，并满足技术的、艺术的和政策的要求。

仅就一部作品而言，译制的价值主要体现在译制的各个环节之中，体现在译制工作者的辛勤劳动中。我国的译制片有着优良的传统，在过去的60年里，我国的译制业沿着有中国特色的道路摸索前行，不断总结经验，不断打造自己的品质，不断完善自己的理念，执着地培育着一个越来越成熟的译制市场，形成了一个良性循环的有机译制传播生态系统，其中包括专业机构、专职人员梯队、专门的学术团体（包括专门的网站，如中国配音网、中国影视译制网）、大学教育专业课程设置（如中国传媒大学译制方向本科课程）、发行销售网络以及一大批支持、热爱译制片的观众群。这是一个有独立品位、独立思想、独立话语规则的知识结构和文化体系，或可称之为一个有共同兴趣爱好、共同群体身份、共同价值取向的译制文化圈。

正是这个文化群体创造性的实践和思想观念的传播、所有"译迷"们的支持以及批评家们的鞭笞，使译制成为一门专业技术、一种工作职业，成为美的追求、艺术的创作，成为影视文化的建设工程。也正是这种创造给译制片带来了独特的文化消费价值。

正如译制的概念具有宽泛性那样，译制文化也是宽泛的、多样的。因为译制片所涉及的对象不只是某一类作品，也不只是来自某一国家或地区的内容，而是来自世界各地的各种各样的影视作品。也就是说，译制的系统所包括的是相对于本土影视文化的所有外来的影视文化系统。[①]那么，这个外来的系统对于我国的影视文化建设来说具有什么样的意义呢？我们不妨先从电视的节目系统来分析。

按照胡智锋教授的观点，我国的电视节目文化系统可以大致分为三大体

---

① 其实，对外输出的影视作品也涉及译制的问题，但从主体价值的角度看，那是属于对外宣传的范畴。由于篇幅所限，本文这里着重讨论"引进"的问题。

系，即"本土化"体系、引进体系和对外输出体系。①如果把电视的概念扩展到影视的范畴，那么，我国的影视文化也可分为"本土化"体系、引进体系和对外输出体系。正如胡智锋教授所说，"中国本土电视节目系统、中国对外电视节目形态、中国引进电视节目系统三个部分鼎足而立，构成了中国电视文化的完整形象。这三个部分相互依托、相互推动、相互补充，各具特色"。②由此看出，译制文化代表的是引进的系统，是我国影视文化中不可缺少的组成部分。

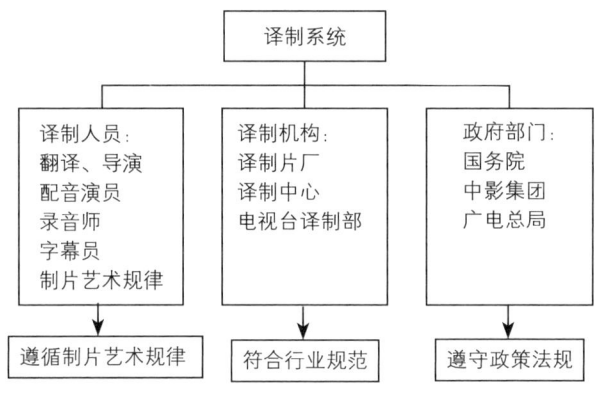

图1　我国的译制系统

（三）译制主体

正如译制系统是整个影视文化系统中的有机组成部分，译制系统中的每个成员也是整个系统中的有机组成部分，各个成员互相依托、相互协调、相互补充，共同体现译制的主体性，共同创造译制文化的传播价值。

译制的主体性不是绝对自由的，而是服从多方要求的结果。这就是说，译制主体性不完全是单打一的行为，而是在传播的线性流程上表现为两度协商，即译者与原文本一方的协商，以及译者通过译文与译文读者一方的协商；在作用于文本客体的不同主体间的互动上表现为三方会谈，即译者、原文本

---

① 胡智锋.电视传播艺术学［M］.北京：北京大学出版社，2004：196-209.
② 胡智锋.电视传播艺术学［M］.北京：北京大学出版社，2004：209.

作者与译文读者之间的三方对话,体现出传播过程通过协商来达成一致的主体间性。①

二、艺术加工与"屏幕魅力"

那么,译制艺术具有什么样的审美特质?译制的创作主体用什么样的方法来创造独特的译制艺术形象?如果从作品的生产过程来看,译制的审美特征见之于译制环节的专业特征,包括翻译、导演、配音、录音这几个主要工序。它是一个有机的整体、环环相扣的系统,以配音脚本翻译为基础,以"对口型"配音为特色,具有独特的艺术品质。

(一)配音的魅力

影视译制的艺术性归根到底就是让外国人的嘴讲中国话。这类似于同声传译:人们看的是讲话人的口型,听的则是翻译的声音,在此意义上,我们完全有理由把翻译活动中的同声传译看作集翻译、导演、配音于一身的译制艺术。如果同声传译的效果真的能达到"声画对位""声情并茂"的效果,那就是最完美的译制艺术了。译制工作又有点像演双簧,剧中人物在银幕上动嘴,配音演员在幕后出声。说到底,译制的特殊性除了影视剧人物语言的特殊性规定,还要满足配音的要求,而配音的本质是用声音创作,所以说译制的品质主要表现为用声音进行再创作;又由于再创作的声音内容是翻译"提供"的,所以译制的魅力主要取决于翻译和配音的共同创作。②

---

① 狭义的翻译主体指译者。广义的翻译主体包括原作者、译者以及译语读者,因为翻译活动是达成一致的过程,是三方会谈,借用哈贝马斯(Habermas)的术语,就是主体间性(inter-subjectivity),也就是说传播是以达成理解和一致为目的的行为。参见陈卫星.传播的理念[M].北京:人民出版社,2004:381-384.同样的道理,狭义的译制主体指译制人员(包括译制组织及译制管理部门),而广义的译制主体指引进作品的原创一方,以及消费译制作品的广大受众。
② 电影译制专家陈叙一总结四十年创作经验,对译制片创作艺术作了高度概括:"剧本翻译要'有味',演员配音要'有神'。"

（二）翻译的品格

译制作品的翻译（一般称为影视翻译）不同于普通意义的翻译，这是因为其工作性质的取向跟翻译者自身的兴趣没有直接的关系，而是主要取决于影视剧人物话语的特征、配音创作的需要以及受众的要求这几个方面的要素。从人物对话的特征看，影视翻译的语言必须具有口语化、生活化、性格化、情绪化等特征，因为影视剧本的语言是有声的话语，而不是无声的文字，这样的"译文"既要让人听得舒服，又力图产生互动感染力。这就是说，影视脚本的翻译离话剧近，而离小说远。如果从配音的要求来看，翻译的语言要考虑口型化、角色化等因素，因为脚本最终要拿去配音，要符合声画对位的要求，不能牛头不对马嘴，这就涉及字数（音节）、发音口型等方面的要素。由此可以想象，影视脚本的翻译更像作词（讲求平仄押韵），而不像写散文。再从观众的需要看，翻译还得顾及接受者的欣赏程度，突出大众化、通俗化的特征（包括在影剧院的听觉效果），或者更准确一点，以雅俗共赏为原则。总之，正如上译厂首任厂长陈叙一总结的那样，剧本翻译要"有味"，配音创作要"有神"。

（三）译制的格调

译制怎样做到一般观众既能理解，又能听得习惯、听得舒服呢？我国的译制工作者经过长期的摸索，终于找到了一个比较符合我国国情的、大家普遍接受的做法，那就是给外国人的声音定型，让人一听就能大致判断出张三李四（人物类别）和喜怒哀乐（情绪表现）这些基本信息。如果加上翻译和演员的发挥，那就可以让人听出"味道"、听出"感觉"来，这样的译制作品具有很高的艺术欣赏价值。

一般来讲，形象类型（声音类型）可以从不同的角度来划分，如从地域划分，体现为国家、民族和种族的差异性；从历史划分，体现为时代的差异性；从人物划分，体现为性格的差异性；从作品的特点划分，体现为原作风格的差异性等。

（四）译制策略

语言取向跟翻译中所谓归化还是异化的问题有点类似，那就是语言特征和声音定位的归化或异化问题。对于引进的作品来说，比较传统的取向是"带洋味儿"的中国话。这以上译厂的的译制作品最为典型。观看上译厂的作品，观众能够根据配音的语言结构、声音模式等方面的特点听出剧中人物不是中国人而是外国人，因为他们讲话有点洋味儿，但又是地道的中国话，听起来并不别扭。但是时代在进步，八一厂、中影集团译制中心译制的一些作品就表现出较新的风格，没有上译厂那样行当化，而是显得更加灵活、更具时代气息。当然，语言的策略还取决于译制人员的发挥，更离不开创作者的艺术感悟和灵气，不能一概而论。

总之，译制的语言具有独特的审美品质。看着中文字幕、听着原声是一种享受方式，而欣赏由译制人员演绎的"外国嘴讲中国话"，则会获得另一种愉悦。不管是字幕还是配音，经过译制加工后的语言是整个作品中的有机组成部分，成为观众的审美对象。可以说，"带洋味儿"的中国话正是译制语言的审美特质所在。

三、思想移植与观念更新

如果从组织行为的层面上讲，译制作为一个系统，其产品并不简单地表现为"译"和"制"的技巧，译制的价值也不单单是娱乐消遣。事实上，我国的译制机构跟大多数其他影视机构一样，具有国家事业的属性。译制的产品必然承担传播有利于社会进步的各种先进思想的责任。那么，我国的译制片在传播思想方面具有怎样的特征？译制机构是怎样发挥这种思想传播功能的呢？

（一）开放的窗口

译制片是国人了解世界的窗口。我们需要全面、具象、真实、完整地了解外面的世界。译制片为我们构筑了一幅幅生动的世界历史画卷。

译制片把我们带到世界的各个角落，让我们在自由的梦幻中体验那难以想象的异域风情。从消费市场方面来看,大众文化娱乐是多样的。显然,译制片是满足多样化消费的重要内容。译制片在我国有着广泛、深厚的观众基础,看译制片早已成为人民大众喜闻乐见的娱乐消遣方式。译制片以其独特的艺术魅力成为丰富人民群众文化生活的精神食粮。

(二)理念与机制

译制片是国际文化交流的结果,作为引进产品,其促进了国内传媒市场的繁荣。我国译制片从"长影模式"到"上译模式",形成了独特风格,陪伴了几代人的成长。自改革开放以来,由八一厂和中影集团译制中心译制的外国大片掀起了多次译制片热潮,助力国内影业市场活跃,助推国际化进程。"电视译制带来了形式、方法的变化,结合国情并借鉴外部先进经验,与引进节目一道,共同推进电视行业向前发展。"

(三)价值观的影响

随着中国社会的发展和现代化建设的深入,传统取向的价值观念逐渐被现代取向的价值观念所取代,而引进类电视节目在中国的出现和发展,不仅迎合了这种价值观念上的转变,而且在一定程度上成为中国人改变价值观念的推动力量。

比如,在电视发展初期(20世纪70年代末到80年代初),《世界各地》《外国文艺》《动物世界》等专题性节目不仅丰富了人们的文化生活,而且开阔了民众的视野;而像《阿信》一类的日本电视连续剧宣扬了艰苦创业、自强不息的精神,许多人受到"阿信"的鼓舞,开始为了幸福生活而艰苦奋斗,而整个中国也在高呼着"刻苦学习,振兴中华"的口号。

在电视发展的中期(20世纪80年代中期到90年代中期),《命运》《排球女将》《女奴》《卞卡》《诽谤》《坎坷》等大批的外国电视剧把不同的文化背景、社会制度、心理习惯和生活方式带入了中国,而在《世界影视城》《世界名著·名片欣赏》等栏目先后播出的《战争与和平》《魂断蓝桥》《傲慢与偏见》《悲惨世界》《威尼斯商人》《卡萨布兰卡》《简·爱》《居里夫人》等名著名片，让人们在娱乐的同时学到了知识、认识了世界①，而这时的流行语正是"实现自我，科教兴国"。

到了电视的繁荣期（20 世纪 90 年代后半期至今），社会转型向深入发展，思想观念多元共存，包括美剧、日剧、韩剧等在内的多样化的引进节目使人们对社会生活的各个方面进行全方位的思考，其中的一个主题是"以人为本，可持续发展"。

总之，越来越丰富的引进类电视节目，让人们对世界的感受越来越真实，越来越全面。译制片给人们带来的是新的思想、新的认识和新的生活方式，

由此看出，译制片在实现审美消费价值的同时，潜移默化地影响着人们的思想意识，译制工作通过有组织、有目的的选择、加工、播出等机构性手段实现着思想移植的价值。

四、系统管理与安全审查

既然译制片是跨语言、跨文化的影视交流方式，那么译制的行为必然涉及不同的价值观念和意识形态的互动，因而译制活动也必然被纳入国家文化管理的范畴。事实上，我国的译制工作从中华人民共和国成立以来便一直是国家影视文化事业的组成部分。国家通过政策法规、行业自律、从业者的自觉意识等各个层面实现对译制工作的有效管理，使译制成为有利于改革开放、有利于社会进步、有利于精神文明建设的手段。也就是说，译制的系统管理价值是通过国家、机构以及个体这三个层面得以实现的。

（一）许可政策

首先，译制不是完全商业化的活动，因为不管是引进电影还是引进电视节目，国家都通过许可政策加以指导和规范。例如，《电影管理条例》（中华

---

① 中央广播电视总台播出的美国故事片《居里夫人》在社会上，尤其是在高等院校引起了强烈反响。《居里夫人》的播出让人们感受到了科学的魅力，并被科学家忘我的工作精神深深打动。居里夫人一度成为中国青少年尤其是大学生学习的榜样。

人民共和国国务院第342号令)、《境外电视节目引进、播出管理规定》(广电总局第42号令)等法令法规对译制片的引进、播出以及内容进行了明确的规定，从政策导向上把影视译制业限定在服务社会主义建设的基本范畴之内。虽然加入WTO（世界贸易组织）之后国家对引进的电影电视配额有所放宽，但限制性、规范性的基本政策不会改变，这是由国家制度和社会发展的根本需要所决定的。比如，我国引进的电影完全是由国家指定的几家单位来完成译制工作的，它们分别是上海电影译制片厂、长春电影制片厂译制分厂、八一电影制片厂和中影集团译制中心。也就是说，由谁引进、引进什么要得到国家的许可，这是第一道关；接下来，由谁来译制、怎样译制也要得到国家的许可，这是第二道关。可以说，译制片的文化意识取向基本上由国家掌握，而不是交给市场、任其左右。可见，许可政策是国家对译制活动实行文化管理的基本保证。

（二）审查制度

经过译制单位加工的外国影片还要通过审查才能最终发行、上映，这算是最后一道政策关。审查一般包括两个部分，一是政治审查，二是技术审查。国家把引进的权力和译制的权力委托给指定的机构，如由中影集团决定电影的引进、由上译厂等单位负责译制，但是具体到每一部作品，其内容是否与政策吻合，还需要进行"质量把关"，这相当于产品"质检"。译制好的成品要送审，得到认可后，才能拿去播映。事实上，这一环节是非常重要和必要的。有了审查制度等于有了质量标准。如果外国的影片中有涉及不尊重中国国情的情节，由于政治审查的限制，译制工作者会在制作时经上级领导指示，将其删减，经过译制的影片代表着中国，所以片中不能有任何意识形态方面的问题。奖励机制也是系统管理的重要环节，这里不再赘述。①

---

① 奖励机制是影片把关中的重要环节。如果说审查找的是不合格的典型，那么，奖励则是树立好的样板。政府电影奖"华表奖"，每年都设置"优秀译制片奖"（2000年开始，该奖改名为"外国影片优秀译制奖"。显然，从名称的变化可以看出，奖励的对象更加明确：不是影片本身，而是对影片的"译制"）；同样，政府电视奖"飞天奖"，也设置了"优秀译制片奖"。这说明，国家对译制的管理是"两手硬"，双管齐下，有奖有惩，体现了政策的完整性、系统性。

电视引进节目的把关同样十分重要。按照张子扬（原中央电视台国际部主任）的观点，译制片的引进，既要尊重异域文化的差异性，又要适应本民族的欣赏习惯，更要考虑到国家的文化安全。对一些过分宣扬暴力、犯罪细节、色情以及极端的宗教信仰等方面的情节，要采取相关措施，包括对剧本的修改。CCTV引进节目的选择、译制和播出首先要考虑本民族的利益和国家立场，这是一条根本性的原则[①]。

（三）保护手段

如果撇开国家政策规范、机构审查制度的制约，仅从活动本身来看，译制的方法既是克服语言障碍的必要途径，又是保护民族语言的有效手段。这种双重功能主要通过翻译的基本职能表现出来，而这种双重性是由人类社会语言的多样性决定的。

从这个意义上说，采取译制的做法，是一项积极有效的民族语言保护措施。一方面，有了译制，广大老百姓不必通过学会一种外语来达到欣赏外国影视节目的目的。译制犹如设置了一道坚固的天然语言屏障，能有效地抵制外来语言文化的冲击、渗透。另一方面，译制可以通过规范的、优美的语言来消融、抗拒、防范外国影片中不美、不规范，甚至是低劣、粗俗、淫秽的语言对社会语言环境可能造成的破坏、腐蚀作用。

可以这样讲，正是因为有了译制，不同语言文化的影视作品得以跨越国界相互交流，也正是因为有了译制，不同的语言文化仍然能够保持自己的个性，使世界多姿多彩。可见，译制在维护语言文化多样性的过程中发挥着不可替代的作用。

---

① 译制片中的情节不能违反中国的法律、中国的民俗以及伦理道德观念，屏幕中不能出现敌视中国的道德标准的图像与文字。

五、结语

对译制的认识不能单从某个点或某个面出发,因为译制既是译制从业者个体的行为,又是译制机构的组织活动,还是国家意志的表现。我国的译制业就是这样一个从国家到机构再到个人的有机系统。所谓译制的主体性正是由这个系统的动力机制和协调机制决定的。国家政策界定了译制文化使者的身份,机构把关赋予了译制思想建设的职能,而每个译制工作者的自觉劳动打造了译制艺术的光环。译制主体所创造的价值就体现在艺术再造、思想移植和系统管理这三个层面。译制的存在,说到底就是采取艺术的方式再现"屏幕魅力"、依照"拿来主义"的原则传播外来先进思想、通过系统管理来保证译制文化服务于国家影视文化建设。或者说,对于引进系统而言,译制作为一种手段,其目的就是要从全人类的影视文化成果中吸收精华、为我所用。如果从对外输出系统来说,译制也将采取艺术的方式向世界展现我国影视文化产品的"屏幕魅力",宣扬我国的先进思想,从而为世界文化发展作出贡献。

广播影视译制与国家文化安全[*]
——译制文化产业发展新思维

全球化是一把双刃剑,外国作品可以大量涌进来,我国的作品也可以不断走出去。时代的变迁赋予了传统译制业多重功能。在引进系统,译制必须把好语言关、文化关、艺术关,吸收并转化西方文化中的有益成分,抵制西方文化的渗透;在民族交流系统,译制具有巩固边疆、推动民族地区进步、维护民族团结的重大意义;在对外输出系统,译制有助于克服语言障碍、提升宣传效果,是国家实施"走出去"战略的必要手段。新的时期如何发展译制产业成为一个关系到国家文化安全的重大课题。

一、译制片——语言交换的产品

译制片曾经是外国影片的代名词,但是随着社会的进步,译制片的内涵和外延越来越宽泛,它不仅指引进作品,也包括输出作品,可以说,凡是经过译制加工的广播影视作品都属于译制片的范畴。这一重大变化引发人们对译制的属性和价值进行新的思考。

---

[*] 本文原载于《现代传播(中国传媒大学学报)》2010年第6期,与高长力合作,收入本书时略有删改。

（一）译制概念的发展

从 1949 年到 1978 年，对外国电影进行配音一直是译制的主体，因为当时没有别的选择，进入 20 世纪 80 年代，一方面，电影译制走向辉煌，出现了一批译制经典，译制的语言引领着时尚，甚至影响着社会观念的变迁；另一方面，电视译制越来越活跃，并逐步成为译制的主流，社会话语也从单纯的"电影译制"扩展为既有电影又有广播电视的"广播影视译制"；进入网络时代，字幕翻译迅速普及，网络在线字幕、光盘字幕等形态赋予了译制新的内容。中国进入了文化多样的时代，译制概念的变迁反映了时代的多样性。

（二）译制范畴的扩大

如果从更广的维度看，译制的发展不只表现在引进系统。我国是一个多民族的国家，少数民族语译制对于维护民族团结、促进民族地区发展具有无可替代的作用。进一步讲，中国的强大必然以文化输出为标志，对外译制越来越显示出对外文化渗透、提高国家软实力的独特优势。译制片的概念从单一走向多元，形成了引进、民族语交流、对外传播三位一体的格局，成为国家广播影视文化体系中十分重要的组成部分。

（三）译制片的品性

译制片跟整个广播影视业的情况一样，在不同的历史时期扮演着不同的角色。按照品性论的观点，我国广播影视的发展大致可以分为"宣传品""作品"和"产品"三个阶段。[1] 译制片的发展恰好也符合这一历史演化的阶段性。比如，译制的早期（1949—1978）属于"宣传品"阶段，辉煌期（1978—20 世纪 90 年代中期）是"作品"阶段，到了多元化时期（20 世纪 90 年代中后期至今）则成了"产品"阶段。译制片的特点基本符合广播影视发展各个阶段的特点："宣传品"的主要属性是服从政治需要，"作品"讲究艺

---

[1] 参见胡智锋，周建新. 从"宣传品"、"作品"到"产品"：中国电视 50 年节目创新的三个发展阶段 [J]. 现代传播，2008（4）：1-6.

术审美和个性,而"产品"则是市场化、产业化的结果。

(四)译制的战略意义

如果从"走出去"的战略高度来看,译制片既是对外宣传品,又是广播影视产品,既可以为国家政治服务,也可以为企业经济创收。显然,译制的风格和语言必然受传播目的的制约。作为宣传品,要替党和国家说话,宣传党的政策,维护国家形象;作为产品,则需兼顾艺术性和娱乐性,不能只讲政治,而是政治、经济、文化一起抓。

二、把关人——引进译制的使命

随着改革开放和对外文化交流的不断扩大,西方广播影视作品通过广播电视、互联网等多种现代化媒体大量传入我国,其数量不断增加,影响日益加深,对我国汉语言文字和传统文化构成极大冲击,国家文化安全面临严峻挑战。[1] 开放意味着引进,引进是为了学习交流,但同时必然带来负面冲击和渗透。译制存在的价值就在这里:译制的方法既是克服语言障碍的必要途径,又是保护民族语言的有效手段。

我国的译制工作从中华人民共和国成立以来一直是国家影视文化事业的组成部分。国家通过政策法规、行业自律、从业者的自觉意识等各个层面实现对译制工作的有效管理,使译制成为有利于改革开放、有利于社会进步、有利于精神文明建设的手段。[2]

---

[1] 今年(2010年)3月,《人民日报海外版》资深记者傅振国向中央提交了《英语,正在深度入侵汉语》的报告,深刻剖析了在英语的冲击之下汉语出版物汉语、英语混杂的情况,疾呼"如不采取有力措施制止英语入侵汉语,300年后汉语会消亡"。中央领导作出批示,要求国务院法制办、国家语委等有关部门制定规范使用汉语言文字和配套的外文使用法规,同时要求媒体带头规范,此文已由光明网、中国经济网等多家媒体转载。

[2] 国家对译制片通过许可制度和审查制度实施三级把关;由谁引进、引进什么要得到国家的许可,这是第一道关;接下来,由谁来译制、怎样译制也要得到国家的许可,这是第二道关;经过译制单位加工的外国影片还要通过审查才能最后发行、上映,这算是最后一道政策关。

在引进播放西方广播影视作品、丰富广大人民群众精神文化生活的过程中，译制的手段具有双重功能。一方面，正确的译制政策和恰当的译制技巧，可以发挥我国汉语言文字和中华传统文化的优势，在创造"屏幕魅力"的同时，有效地转化西方文化，为我所用；另一方面，译制可以过滤有害信息，从而最大限度地抵御西方语言文化渗透，从根本上挫败西方"和平演变"的图谋。

在过去60年的译制实践中，广大译制工作者坚决贯彻党的政策，充分发挥汉语言的魅力，积极探索"让外国人的嘴讲中国话"的艺术规律，赋予了译制片独特的审美品质，许多作品脍炙人口，译制片成为社会主义精神文明建设的组成部分。老一辈译制工作者的经验为新时期做好译制工作提供了宝贵的精神财富。那种认为配音译制已经过时的观点显然是缺乏文化自觉、缺乏国家文化安全意识的狭隘思想。

三、宣传员——民族语译制的功能

我国有56个民族，约30种文字，共有80多种彼此不能相通的语言和地区方言。由于语言的隔阂，许多少数民族同胞无法欣赏汉语的电影以及外国电影。加强民族语译制可以促进民族地区观念的革新，激发广大人民学习的积极性，增强民族文化认同，从而促进经济的发展和社会的进步。

我国幅员辽阔，与14个国家接壤，加大向这些国家宣传中国的力度，加强广播影视文化输出将是长期的和必要的。在这方面，民族语译制工作显然具有十分重大的现实意义。

民族语译制是国家民族政策的重要组成内容。党和国家十分重视少数民族语译制工作，先后颁布了多个文件指导规范民族语译制工作。国务院办公厅《关于促进电影产业繁荣发展的指导意见》明确指出："继续加大对少数民族语言电影译制工作的扶持力度，保障少数民族群众看懂看好电影。"目前，国家已经在少数民族地区建立了10个民族语译制中心，平均每年提供几十部影片和上千集电视剧的版权，免费进行少数民族语言的译制，民族语译制单位承担着全国的少数民族地方电影译制工作，年译制量约为45部。民族语译制的技术也不断与时俱进，逐渐达到现代化的水平。

发展少数民族语译制是符合中国国情的一项重要举措，在促进国家统一、维护民族团结、保证地方稳定、推动少数民族地区经济发展、繁荣民族文化等方面具有十分重要的作用。西藏、新疆等少数民族地区的稳定，关系到国家利益和发展建设大局。中央先后召开西藏工作会议、新疆工作会议，作出了大力发展双语教育、大力加强民族语言广播影视译制等重大战略决策。做好少数民族语言译制工作，是今后一个时期广播影视系统的重要任务。

四、助推器——对外译制的策略

广播影视作品的对外输出具有十分重要的意义，因为影视作品不仅具有商业价值，而且包含着重要的文化价值观念，因而在思想输出和文化影响方面具有无可替代的功能。在过去的几年里，我国广播影视作品出口成绩斐然，但是，在国际文化产品贸易和国际传播大格局中，西强我弱的局面依然没有改变。[1] 全国政协委员周骏羽指出，"我国大量优秀的影视作品因语言障碍而不能及时走出国门，不能得到应有的市场开发和价值实现，也不能产生有效的国际影响力。因此，我们要重视影视译制工作，推动中华文化更好地'走出去'"。[2]

对外译制是国家实施"走出去"战略的必要手段，加强对外译制可以有效地促进我国广播影视作品的输出，这对于提高我国的对外传播效果、增强我国广播影视文化的国际影响力、提升国家形象都具有十分重大的现实意义。

我国广播影视"走出去"工程面临克服语言文化障碍和提高国际营销能

---

[1] 据国家广电总局网站发布的相关数据，2009年我国影视节目出口总时长达10,617.2小时，影视文化产品和服务出口总金额达8604.2万美元，中央电视台海外用户数达13,248万，实现了历史性突破。
[2] 周骏羽.重视影视作品译制 推动中华文化走出去［EB/OL］.（2010-03-10）［2024-04-22］. https://www.chinanews.com.cn/cul/news/2010/03-10/2162480.shtml.

力两个瓶颈，亟须总结经验，探索规律，提出相应的策略。① 比如，应当加强从文化传播的角度探讨输出作品题材的广泛性、价值观的普适性、表达方式的适应性、文化观念的可转换性等基本要素，加强对译制技巧和营销策略的研究，以更好地为"走出去"工程寻找出路、提供助力。这是译制研究、国际传播研究和外宣研究所共同面临的重大课题。②

---

① 关于外宣工作，人们往往认识到新闻传播的重要性，却忽视包括电影、电视剧在内的非新闻类的影视作品的对外译介工作，忽视这些作品在思想文化方面的渗透作用。
② 遗憾的是，目前，国内关于译制片的研究只有一些零零散散的分析和论述，其中大多数是针对某部作品、某些演员的，很少从政治经济学、社会学、文学、语言学等学术层面予以深刻系统的剖析，更不用说从国家文化安全、民族地区发展、国家形象等高度进行理论和决策分析。

民族语译制研究的问题与思考*

影视剧通过人物形象的塑造和故事情节的叙述可以生动形象地展现社会风貌和民族文化。作为一种大众文化娱乐形式，影视剧成为我国少数民族地区受众了解世界的重要窗口。汉语是我国影视剧生产的主要语言，然而在我国一些边疆地区，少数民族语言成员多依靠民族语言来实现日常生活中的信息交流，他们对汉语的理解和应用能力较弱，因此，少数民族受众在观看和理解汉语影视剧时，语言不通成了一道关卡，而少数民族地区的影视剧生产能力和效率无法满足当地受众的观看诉求。民族语译制通过有效沟通不同的语言体系，为少数民族受众观看汉语影视剧提供便道①。

我国是多民族社会主义国家，民族关系的和谐稳定与国家的长治久安密切相关。随着全国人民生活水平的普遍提高，区域间的经济合作使民族之间的人口流动愈发频繁，民族语译制便于少数民族受众理解影视剧中的人物形象和故事情节，也能在轻松的情境下促使少数民族受众形成情感共鸣和国家认同。同时，民族语译制承担着维护边疆地区安全的重大使命。基于此，本节归纳总结出三十余年来我国民族语译制研究中的一般特征和特殊规律，深

---

* 本文原载于《现代传播（中国传媒大学学报）》2015年第4期，与信莉丽合作，系国家新闻出版广电总局部级社科研究项目"民族语译制与国家安全战略研究——以新疆、西藏地区为例"（项目编号：GD131425）的研究成果，收入本书时略有删改。

① 民族语译制指的是"将汉语电影分镜头剧本翻译成蒙古语、维吾尔语、藏语、苗族语等少数民族语，配音演员在译制导演的指导下根据剧中人物的性格特点和感情色彩进行语言的再塑造，把民族语对白与影片的音响效果重新录制合成到影片的磁性声带上"。杨和平，麻争旗.当代中国译制[M].北京：中国传媒大学出版社，2010：160–200.

入地了解我国民族语译制研究中的优点与不足,帮助构建具有中国特色的民族语译制研究的理论框架。

一、问题的提出

我国 55 个少数民族大多数都居住在边疆要塞地区,一些少数民族在历史流变过程中形成了独立的语言文化体系,且拥有自己的宗教信仰。在经济欠发达的少数民族地区,民族语言的鸿沟成为制约少数民族地区经济发展、文化交流的主要屏障。党和政府自中华人民共和国成立以来就十分重视少数民族地区的语言和文化发展问题,注重保护少数民族语言和文化的独立性,并通过法律法规的手段来保障少数民族人民的平等权利。《中华人民共和国民族区域自治法》第十条明确规定:"民族自治地方的自治机关保障本地方各民族都有使用和发展自己的语言文字的自由,都有保持或者改革自己的风俗习惯的自由。"建国之后,电影在少数民族地区的传播先后经历了"同期翻译的放映员""涂磁录音""国际乐效加民族语台词"和"数字工艺"这四个发展时期。影视剧、电视节目和广播节目等媒介产品的译制则起步于 20 世纪 80 年代中后期。目前,我国少数民族较多的省份均设有民族语译制的相关机构,如西藏译制中心、新疆译制中心、甘肃译制中心、青海译制中心、云南译制中心和四川凉山译制中心等,为少数民族地区受众提供电视连续剧、电影和科教片等译制作品。

经济发展加剧了少数民族地区的人口复杂性。我国的媒体语言多以汉语为主,国内少数民族地区能够消费的媒介产品数量远远低于国内其他城市和地区,习惯使用本民族语言的少数民族受众无法理解汉语媒介产品中的内容。民族间的语言障碍影响了少数民族地区信息传播的效率和生产力的发展,信息流通不平等成为汉语使用能力较弱的地区亟待解决的问题。"十二五"村村通在我国的广西、云南、新疆和西藏等少数民族地区进展顺利。与此同时,卫星电视的覆盖面逐渐扩大,影视剧译制的问题显得尤为紧迫。

回顾和梳理我国民族语译制的历史发展进程,有助于学界和业界更深入地认识民族语译制在未来发展中面临的问题和挑战。笔者通过梳理相关研究文献发现，我国民族语译制研究在各个时期内呈现出不同的时代特征。我国最早有关于译制的文献出现在1954年，这些文献多属于语言学的研究领域，研究者在论述民族语言问题时稍有涉及民族语电影的翻译问题。进入21世纪以来，我国民族语译制研究逐渐开始受到重视，文献数量也逐年增加。基于民族语译制的现实意义，笔者在分析已获得的文献的基础之上，归纳总结这一研究领域的时代特点，试图勾勒出我国民族语译制研究的发展轨迹，以探索我国民族语译制理论研究的路径和方法。

二、我国民族语译制研究的历史溯源

自20世纪80年代起，我国民族语译制经历了从感性到理性的转向。早期民族语译制的研究文献多以报刊文章、会议纪要和个人体会的类型出现，这些源于实践过程中的所思所想对我们认识民族语译制活动的内容和性质有很大的帮助。进入20世纪90年代之后，开始出现民族语译制的学术研究，这些研究分别从翻译学、传播学和电影学等视角展开，尝试进行案例分析，但是民族语译制尚未成为一个学术概念，这一时期的研究仍以经验性的概述为主。进入21世纪以来，民族语译制受到了越来越多的关注，一些学者开始从国家安全、文化产业、受众分析和传播营销等视角出发，对少数民族地区的民族语译制文化现象进行了更深层次的分析和解构。

（一）从感性到理性的转向

我国的民族语影视剧译制活动发端于20世纪50年代。1949年至1979年，全国共拍摄了1109部电影故事片[1]，其中译制成少数民族语的影片有504部[2]。民族语译制的相关研究最早可追溯到1954年，但1980年前的民族

---

[1] 中国电影资料馆，中国艺术研究院电影研究所. 中国艺术影片编目（1949—1979）[M]. 北京：文化艺术出版社，1981.
[2] 佚名. 少数民族语言译制的电影片 [J]. 中国民族，1981（4）：45.

语译制的研究成果多集中在对我国各民族语言的特征分析上,作为一个学术领域,民族语译制的研究尚未起步。

改革开放初期,大量的海外影视剧开始涌入我国的影视剧市场,这时的影视剧译制研究多集中在海外剧英译的特点上,民族语译制作为影视剧译制的一个分支鲜少受到关注。笔者在对文献的搜集整理过程中发现,在1980年到1990年的十年中,与民族语译制相关的文献共计36篇,涉及民族语译制片的研究仅11篇,其中4篇为会议纪要,1篇为工作通知。"民族语译制"的学术研究成果不多,但已经呈现出萌芽的发展态势(见表1)。

表1 1981—1990年我国民族语译制研究情况概览

年份	1981年	1982年	1983年	1984年	1985年	1986年	1987年	1988年	1989年	1990年
篇数	1篇	1篇	6篇	4篇	5篇	1篇	5篇	3篇	5篇	5篇

20世纪80年代,民族语译制作为社会实践开始被学术界关注。这一时期的研究可以概括为以下几个方面:一是从国家和地方民族语政策的宏观层面展开,在解读民族语政策中涉及民族语电影译制。例如,德林在《努力开创民族语言研究工作新局面》中指出:"民族语言研究是一个重要问题。"[1] 胡增益认为:"尊重和帮助少数民族使用与发展本民族语言文字是增强民族团结的一项重要内容,蒙、藏、哈、朝、维语已是成熟语,应增加民族语译制片。"[2] 任英在《开创少数民族语影片译制工作新局面》中指出:"党和国家在'六·五'计划中明确提出要搞好影片的民族语言翻译和涂磁工作。"[3] 从此类研究可以看出,国家宏观层面的政策指向进一步凸显了民族语译制活动的重要性。但在这些研究中,民族语译制并没有成为单独的研究对象,而是作为民族语研究中的一个类别存在。二是涉及民族语译制、发行、放映以及各电影制片厂之间的交流合作等技术层面的研究。例如,在《让民族语译

---

[1] 包尔汉,德林,傅懋勣,等.学习、贯彻党的十二大文件精神[J].民族语文,1982(5):1-6.
[2] 包尔汉,德林,傅懋勣,等.学习、贯彻党的十二大文件精神[J].民族语文,1982(5):1-6.
[3] 任英.开创少数民族语影片译制工作新局面[J].中国民族,1985(1):25.

制片之花开得更鲜艳——参加民族语影片译制工艺改革会议有感》中，邸世杰提到 1983 年由新疆天山电影制片厂译制的影片《姑娘坟》首次为观众提供了三种民族语别的对白。① 李忠民的《真挚的帮助　高尚的风格——赞上海电影译制厂》一文则高度评价了上译厂对云南地区民族语译制工作所给予的帮助。② 胡健的《增进了解　同舟共济——和电影制片厂的同志谈谈发行工作》③ 和李谆的《新疆自治区电影发行放映经济状况调查》④ 分别提到了民族语译制片发行和放映中的问题。从此类研究中可以看出，党和政府自改革开放以来一直都十分关注少数民族地区的译制活动，发达地区的电影制片厂对少数民族地区的译制工作给予了较大的帮助。同时可以看出，研究者从实际工作经验中总结出了这一时期民族语译制在发行、翻译和制作中存在的问题和已取得的突破。三是对民族语译制片传播重要性的解读。这类文献明确提出了民族语译制在传播文化和普及知识过程中的重要作用。此外，还有一类研究属于民族语译制工作的会议纪要和工作通知，比如《民族语影片译制工作先进集体及优秀译制片评选结果》和《全国少数民族语译制片表彰大会在京举行》。这些文献记录了 20 世纪 80 年代一些获奖的民族语译制作品和在民族语译制工作中作出较大贡献的工作者。

进入 20 世纪 90 年代后，我国的影视剧行业进入快速发展期。在《亡命天涯》热映之后，越来越多的好莱坞大片进入中国市场，中国的电影市场竞争日趋白热化，影视剧行业的快速发展也为影视剧翻译行业带来了契机（见表 2）。

表 2　1991 年—2000 年我国民族语译制研究情况概览

年份	1991年	1992年	1993年	1994年	1995年	1996年	1997年	1998年	1999年	2000年
篇数	7篇	3篇	2篇	5篇	2篇	4篇	6篇	7篇	15篇	4篇

---

① 邸世杰.让民族语译制片之花开得更鲜艳：参加民族语影片译制工艺改革会议有感[J].电影通讯，1983（11）：24.
② 李忠民.真挚的帮助　高尚的风格：赞上海电影译制厂[J].电影通讯，1984（1）：16.
③ 胡健.增进了解　同舟共济：和电影制片厂的同志谈谈发行工作[J].电影，1989（4）：5-7.
④ 李谆.新疆自治区电影发行放映经济状况调查[J].电影，2011（11）：37-40.

这一时期的民族语译制研究不仅在数量上较20世纪80年代增长了19篇，且在内容上有所深入，不少研究对民族语译制的制作技术、语言政策和社会影响做了更深层次的解读。有关民族语译制的技术研究多从业界的视角展开论述，如《电视译制制作技术的未来》探讨了电视采编技术的变革问题，并提出建立全新的数字多媒体译制系统。① 《中国政府有关少数民族语言文字的基本法律、政策及使用状况》一文从国家民族语宏观政策出发，论述了有关使用和发展少数民族语言文字的主要政策规定，对少数民族语言的国家政策做了解读。喻世长在《走民族语和汉语兼懂兼通的路，促进少数民族语言的稳步发展》中认为民族语翻译有利于促进民族地区的社会发展，应当重视民族语翻译。这一时期的研究也开始重视民族语译制在少数民族区域经济发展中的作用，并对少数民族地区广播电视的内涵与外延进行了描述，如周国茂在《要重视现代大众传播媒介在民族经济发展中的作用》一文中认为大众传播媒介在少数民族地区经济发展中具有重要的作用。民族语译制是大众传播媒介中的特殊成员，丰富了少数民族地区人民的精神文化生活，译制产品中的影像和语言也便于少数民族受众了解发达地区的生活方式和消费模式，对刺激当地经济发展具有明显作用。魏洪庚和董森在《中国少数民族广播电视跨世纪发展的宏观思考》一文中对少数民族广播电视这一概念作出了界定。② 张小平在《关于中国少数民族广播电视的几个问题》中剖析了民族地区广播电视事业发展的重要性，③ 王旭东在《民族地区社会文化事业发展问题刍议》中对民族地区文化事业发展的可行路径提出了建议，"通用少数民族语种的地区，地（州盟）一级，建立一个民族语广播电台和影视译制部"。④

---

① 赵春涛，杜中，切德力夫.电视译制制作技术的未来[J].内蒙古广播与电视技术，1999（1）：7-10.
② "中国少数民族广播电视，是指中央和地方广播电视机构通过无线电波或导线播送的少数民族语言符号的音响、图像节目。"魏洪庚，董森.中国少数民族广播电视跨世纪发展的宏观思考[J].当代传播，1999（3）：36-39.
③ 张小平.关于中国少数民族广播电视的几个问题[J].中国广播电视学刊，1997（6）：5-12.
④ 王旭东.民族地区社会文化事业发展问题刍议[J].中央民族大学学报（哲学社会科学版），1992（2）：56-59.

还有一类研究通过个案分析，归纳总结民族语译制的传播特点，如李宗放在《社会变迁中的民族地区电影事业———甘孜州电影事业现状调查研究》①一文中论述了甘孜州电影事业的发展，其中涉及译制成藏语的电影的放映情况。此外，也有以具体的民族语译制片为研究对象的案例分析，如吕茂的《民族语电影"西代勐"》②介绍了云南临沧地区的民族语译制和放映情况。

总之，这一时期我国的民族语译制研究从感性认识逐渐转向理性认识，开始思考民族语译制与民族地区的信息发展之间的关系，为我国的民族语译制研究从实践到理论的转向奠定了研究基础。

（二）从实践到理论的转向

进入21世纪以后，我国民族语译制研究的数量有所增加，其中会议纪要类的文章数量相较于20世纪八九十年代大幅度减少，显现出对民族语译制问题的认识从实践到理论的转向。近五年来，民族语译制的学术研讨会、培训班以及优秀译制影片的评选工作进行得如火如荼，民族语译制的研究成果开始产生社会影响。2009年"全国少数民族语电影数字化译制培训班"在内蒙古海拉尔举办，培训对象覆盖全国10省区民族语译制中心的译制人员。2011年少数民族语言（维、哈、藏）资源译制工作研讨会在京召开，明确了译制流程和发展目标。2012年国家广播电视总局电影管理局主办的"全国少数民族语电影译制工作会暨数字化译制技术培训班"，对各单位民族语译制情况和民族语译制的未来发展趋势做了总结。2013年"全国少数民族语电影数字化译制技术培训班"在兰州举办，内蒙古、四川、贵州、云南、西藏、青海、甘肃、新疆等多个省区参加。同年，新疆"少数民族语优秀影视剧译制片评选暨经验交流会"在新疆维吾尔自治区阿勒泰市举行，参评的72部（2000多集）译制片由全疆14家民族语影视译制机构译制，电视连续剧《陕北汉子》（维）、《三国》（维）、《汶川故事》（哈）等40部译制剧获奖。2014年中国

---

① 李宗放.社会变迁中的民族地区电影事业：甘孜州电影事业现状调查研究［J］.民族学研究，1998（0）：411–424.
② 吕茂.民族语电影"西代勐"［J］.民族工作，1999（11）：35.

电影发行放映协会举办了"首届少数民族语电影生产译制、发行放映评优活动",分设综合艺术奖、综合技术奖、优秀科教片奖、发行放映奖四个奖项,以推动少数民族地区影视剧译制工作的开展。这些活动体现出业界开始重视民族语译制的理论价值。

从 2000 年至 2014 年的十五年内,与民族语译制相关的研究文献共有 346 篇(见表 3)。"民族语译制"开始成为硕士学位论文选题,但仍未有博士论文和其他研究专著。这个时期的一个显著特征是研究范围进一步扩大,研究对象不仅涉及民族语影视剧译制问题,而且涉及民族语电视节目的译制问题。研究者也开始关注民族语地区的卫星频道节目制作以及传播过程中的译制问题。2011 年之后的部分文献开始探索民族语译制的产业化发展路径。这时期的研究可以从以下几个主要方面进行分析。

表 3 2000 年—2014 年我国民族语译制研究情况概览

年份	2000年	2001年	2002年	2003年	2004年	2005年	2006年	2007年	2008年	2009年	2010年	2011年	2012年	2013年	2014年
篇数	4篇	16篇	10篇	7篇	6篇	7篇	8篇	28篇	20篇	32篇	33篇	41篇	50篇	56篇	28篇

一是研究意义。一些介绍民族语政策及法律法规的论述从宏观层面为民族语译制研究构建了研究意义。例如,《西藏语言政策的变迁》梳理了国内外与民族语使用和发展有关的政策,其中着重论述了西藏地区的民族语政策的形成和演变,并提出应保障民族地区观众有更多的民族语译制电影可看。《保障民族地区观众"看好"电影——少数民族语公益电影数字化译制》提到与民族语译制有关的国家政策,也提到"'千人一声'的配音现象期待改变,少数民族语电影译制工作虽然看上去比较边缘,但是其发挥的作用和影响力不可小觑"。[①] 二是历史关照。一些对新疆、西藏和云南等少数民族地区民族语译制情况的报道、研究和会议纪要,如《浅谈哈语译制在新疆的发展》等,分析了不同时代语境下民族语译制活动的具体问题,从历史的视角探讨了少

---

① 张晋锋,胡戈.保障民族地区观众"看好"电影[N].中国电影报,2010-08-26(018).

数民族地区的民族语译制。三是实践经验。一些对翻译、配音、导演等具体译制环节的心得体会，如《关于少数民族语言电视译制的几点体会》《如何做好哈语译制导演之我见》《浅谈藏语译制片中如何把握影片人物性格，做好配音工作》等文献，从微观的层面探讨民族语译制的工作方式和艺术特征。四是技术发展。一些研究涉及民族语译制的技术范畴，如《16mm民族语电影光盘还音系统通过鉴定》等。从此类研究中可以看出，随着技术的发展，我国的民族语译制开始从胶片走向光盘，影视剧播放也从露天放映走进了电影院或家庭场域。技术是民族语译制生产的物质保障，在民族语译制研究的三个时期中，技术范式的研究都被置于重要位置。

总之，这个时期的研究呈现出从实践总结到理论思考的态势。一方面，这些文献中既有少数民族地区民族语译制区域发展的宏观研究，又有对民族语译制技术革新的解读，还有民族语译制工作人员对译制的个人思考。这些文献有助于我们梳理民族语译制的历史发展脉络，从而能够更加深刻地认识民族语译制研究思维转变的过程。另一方面，业界开始注重民族语译制人员综合素质的提升，同时注重总结不同少数民族地区民族语译制的现实问题和工作情况。这些研究成果对于认识我国少数民族地区的民族语译制具有积极作用。

（三）从经验到功能的转向

进入21世纪之后，随着我国影视剧行业的迅猛发展，少数民族地区的民族语译制活动也取得了长足的进步。在学术研究方面，民族语译制的研究视角开始从经验性的描述转向社会功能研究。其中不少研究特别强调了民族语译制在少数民族地区经济和文化发展过程中的作用。杨媚在《壮语译制剧的现状与艺术特色探讨》[①]中从题材内容、受众喜好、译制成本以及翻译技巧四个向度对广西壮族自治区的电视剧译制情况作了论述，并提出在广西地区民族语译制也是面向东盟的重要传播战略。

近年来，开始出现对民族语译制受众市场的分析研究，如张允在《新疆

---

① 杨媚.壮语译制剧的现状与艺术特色探讨[J].视听，2009（12）：16-17.

柯尔克孜语电影译制产品受众及市场研究》①中通过问卷调查的研究方法对新疆地区柯尔克孜语译制电影的受众市场和受众需求做了分析。从数据上看，受众偏向于国产电影，特别是内容积极向上的影片，要求增加译制国产电影的观众占70%以上。张允和蒋雪娇在《维吾尔语电影译制产品受众及市场调查》中对新疆地区的维吾尔语电影译制产品的受众观影诉求和市场消费情况做了详尽的分析。文章指出，在新疆的广播、电影和电视剧的译制产品中，电影所占的比例较小，受众的选择面窄。同时，民族语受众接触电影较为困难。"民语译制电影中一年内看过5部以内的受众比例也相对较高，占56.2%。"②这两篇文献立足于新疆地区，以不同语种的民族语译制电影为基点，分析了少数民族地区受众的观影诉求，首次结合实证研究的方法将研究重点转向受众的微观层次。

从宏观的层面看，有的研究已经将民族语译制提升到国家文化安全的高度。麻争旗和高长力在《广播影视译制与国家文化安全——译制文化产业新思维》中认为，影视系统是一个多元的文化系统，在民族交流的文化系统中，译制发挥着巩固边疆、推动民族地区进步、维护民族团结的重要作用；在对外输出的文化系统中，译制有助于克服语言障碍、提升宣传效果，是国家实施"走出去"战略的必要手段。新的时期如何发展译制产业成为一个关系到国家文化安全的重大课题。③

在改革开放后的三十余年中，我国民族语译制研究经历了从感性认识到理性认识的转变过程，这种转变越来越显示出民族语译制的理论研究价值。同时，从实践到理论的转变一方面反映了人们认识的升华，另一方面也折射出我国民族语译制业在摸索中日益成熟的发展轨迹。

---

① 张允.新疆柯尔克孜语电影译制产品受众及市场研究［J］.电影文学，2011（13）：23-24.
② 张允，蒋雪娇.维吾尔语电影译制产品受众及市场调查［J］.当代传播，2011（3）：71-73.
③ 麻争旗，高长力.广播影视译制与国家文化安全：译制文化产业发展新思维［J］.现代传播（中国传媒大学学报），2010（6）：70-71.

三、民族语译制研究的焦点与盲点

20世纪80年代前的中国电影，多通过将个人命运与国家史实结合在一起的叙事手法来宣传主流意识形态。电影在少数民族地区的传播，增进了少数民族受众对汉族文化的了解，为少数民族地区政治活动的开展奠定了良好的群众基础。值得注意的是，在这一时期的少数民族地区的电影传播实践过程中，少数民族观众看不懂"汉语电影"的问题已是不可回避的现实问题。为了使少数民族观众能够看懂电影，早期的民族语译制采用"同期放映翻译员"的方式来辅助观众观看和理解影片，即我国"民族语译制"的前身。尽管电影的民族语译制实践在建国之后已初见成效，但民族语译制的社会功能和传播功能未能引起学界和业界的重视。

在改革开放初期，电视尚未成为我国少数民族地区受众的日常生活媒介，民族语译制的研究问题主要集中在电影的民族语译制方面，一些会议纪要和报章文献记录了20世纪80年代的民族语译制活动，但其中很少涉及民族语译制的内涵和外延等问题。

自20世纪90年代起，《渴望》《便衣警察》《编辑部的故事》《过把瘾》《北京人在纽约》等不同题材的电视剧受到观众们的追捧。我国影视剧的学术成果逐年递增，民族语译制作为影视传播过程中的特殊现象，开始为一些研究者所关注，研究成果的数量开始小幅增长，从研究主旨和研究趋势来看，民族语译制的研究向度更加多元化，开始出现个案研究，一些学者开始重视大众传播媒介在民族地区经济发展和区域安全方面产生的作用，并逐渐重视少数民族地区的文化事业发展。这一时期对于"民族语译制"这一问题的思考停留在经验性的观察层面，对于民族语译制概念的内涵与外延、研究方法以及社会功能和社会意义等问题均未涉及，研究成果也未能凸显民族语译制这一问题的重要性。

进入21世纪之后，我国的民族语译制研究开始从经验转向功能，出现了新的研究视角，如民族语译制的受众研究、民族语译制与国家文化安全之间的关系、民族语译制的产业化发展研究。同时延续了民族语译制萌芽期和发展期的研究路径,如重视民族语译制技术特点的研究、重视国家民族语言政策研究等。但是,有关传播效果的研究严重不足,尤其关于少数民族受众收视心理的研究十分匮乏。笔者认为,受众是民族语译制传播过程中的重要环节,少数民族受众对影视剧的选择性接触行为影响到影视剧在民族语地区的传播效果。研究民族语地区受众的观影诉求有助于民族语译制产品的精准投放,使传播效果最大化。

整体看来,相较于影视剧研究,民族语译制的研究成果仍然较少,且缺乏研究深度,仍有很多领域有待突破。首先是"语言的沟通与社会进步"之间的关系问题。随着经济的发展,我国不同地区之间的经济往来越发频繁,语言在文化融合、情感交流和社会发展过程中发挥着重要作用。我国作为一个多民族的多元文化大国,语言沟通的有效性既关系到不同民族之间的信息平等问题,又关系到我国的社会进步与发展。其次是文化认同与和谐社会问题。文化认同是民族认同的核心,而民族语译制作为一种文化产品,其内容的有效传播与文化认同的形成密切相关。基于此,为少数民族受众提供优质的民族语译制产品有利于其了解中华文化并认同国家文化,从而有利于中国社会的和谐发展。再次是关于少数民族观众影像消费研究。这方面的研究方兴未艾,需要在深度和广度上不断拓展。最后是我国民族语译制国际传播力的构建问题。由于地处边疆的一些少数民族地区与亚洲其他国家陆路接壤,因此我国边疆的安全成为近年来颇为棘手的现实问题。近来发生的暴力恐怖事件使地区安全、边疆安全和国家安全成为热议的话题。边疆地区特殊的语言环境和地理位置使少数民族受众对汉族文化缺乏了解,面对境外势力的蛊惑,容易动摇对国家和民族文化的认同,从而导致危害当地社会和其他地区安全的社会行为的发生。在语言文化层面,民族语译制研究应当充分认识边疆地区与一些周边国家的相似性,研究译制片作品的跨国传播问题,如蒙古国、哈萨克斯坦、塔吉克斯坦和吉尔吉斯斯坦等国,与我国新疆地区的少数民族群众的语言相同,而且文化相似。所以,新疆地区的译制作品也备受这些接壤国家观众的喜爱。目前我国的民族语译制产品多以国家转播、私人天线、互联网或者是购买光碟等形式流入这些国家。民族语译制也应成为我国文化"走出去"战略的一个重要向度。

四、结语

影视剧作为人们日常生活中的重要娱乐方式，对构建社会文化具有重要意义。民族语译制作为国内跨文化传播的物质载体，能够使少数民族地区了解汉语文化，有助于形成汉语文化共同体。加强民族语译制工作有利于我国少数民族社会的和谐稳定，也有利于国内各民族之间的团结发展。同时，做好民族语译制有利于我国的影视剧产品向亚洲其他国家输出，树立我国在周边国家和地区的良好的国家形象，从而提升我国在亚洲地区乃至国际社会的国际影响力。

新疆巴音郭楞蒙古自治州蒙语影视译制研究*

我国是一个统一的多民族国家,各个少数民族在历史发展过程中逐渐形成了自己的文化体系和宗教信仰。文化、语言和意识形态方面的差异影响着民族之间的团结,以及少数民族人民对国家政治、经济和文化等方面的认同程度。影视剧作为一种媒介化力量,在民族、语言与文化的疏导过程中发挥着十分重要的作用。然而,语言不通影响了汉语影视剧在少数民族地区的传播效果,民族语译制则是解决这一问题的理想途径,发挥着巩固边疆、推动民族地区进步、维护民族团结和国家安全的重要作用。

在本文中,新疆巴音郭楞蒙古自治州蒙语影视译制业是指新疆影视事业中将汉语或其他语种的影视作品翻译成蒙语的部门及与译制格局、传播格局共同组成的行业系统。新疆巴音郭楞蒙古自治州蒙语影视译制中心(以下简称巴州蒙语影视译制中心),是全国唯一的一家卫拉特蒙古语影视译制机构,承担着新疆乃至全国卫拉特蒙古语影视译制工作的重任。

一、问题意识

民族语译制系统是整个影视文化系统中的有机组成部分,通过译制三方

---

* 本文原载于《中国广播电视学刊》2016年第12期,与秦莹、曲卫合作,系国家新闻出版广电总局部级社科研究项目"民族语译制与国家安全战略研究——以新疆西藏地区为例"(项目编号:GD131425)的研究成果,收入本书时略有删改。文中官方数据资料由巴州蒙语影视译制中心提供。

主体互动成为一种媒介化力量，为广大受众所喜闻乐见。译制片曾经是外国影片的代名词，但随着社会的进步，译制片的内涵和外延越来越宽泛，它不仅指引进作品和输出作品，也包括"本土化"民族作品。在"本土化"民族语译制系统中，译制主体在传播的线性流程上表现为两度协商；在作用于文本客体的不同主体间的互动上表现为三方会谈，体现出传播过程通过协商来达成一致的主体间性。按照"品性论"的观点，我国广播影视的发展大致可以分为宣传品、作品和产品三个阶段。现阶段的译制产品是市场化和产业化的结果。但译制片既是文化宣传品，又是广播影视产品，需兼顾艺术性和娱乐性。同时，我国的译制机构具有国家事业的属性，译制产品承担着传播有利于社会进步的各种先进思想的义务。因此，民族语译制是译制系统各方成员相互协调、相互补充的结果，是满足多方要求的表达，是政府部门、译制人员和受众群体共同建构的文化系统，是政策性、技术性和艺术性的集中体现。

本文将译制作为一种文化系统，从政府部门、译制人员、受众群体三方面对巴州蒙语影视译制中心的译制格局和传播格局进行审视和思考。其中译制格局主要指语种、产量和生产流程，政府部门和译制人员在其中发挥了重要作用，这一部分资料主要来自官方数据收集；传播格局主要指流通格局和消费格局，这一部分资料来自笔者对少数民族受众的访谈资料。笔者将研究问题集中于五方面：

（1）界定民族语译制系统的媒介化形态。

（2）政府部门和译制人员在民族语译制过程中的角色和作用。

（3）民族语影视译制的生产—流通—消费的译制生态。

（4）民族语影视译制产品的传播效果（少数民族受众的接受分析）。

（5）探究影视译制实现从工具理性到价值理性的途径。

笔者对官方资料的整理，意在解读政府部门和译制人员在蒙语影视译制的译制格局中起到的政策性和技术性方面的作用。笔者对访谈资料的解读，意在反映流通和传播过程中巴州蒙语影视译制的传播效果问题，也就是蒙语影视译制产品对满足少数民族受众的需求及艺术享受的合理性和必要性的接受程度。结合以上两种资料，笔者借用马克斯·韦伯的观点，将影视译制研究的途径探索归于从工具理性到价值理性的过渡。将以上五大问题作用于巴州蒙语影视译制研究，方便归纳总结现有资料呈现出的巴州蒙语影视译制现状，以探索巴州民族语译制研究的路径和方法。

二、官方资料发现：译制的政策性与技术性

通过官方资料的搜集，笔者梳理了政府部门和译制人员在新疆译制现状的大背景下，在巴州蒙语译制过程中扮演的政策性和技术性的角色以及创造出的译制文化传播价值，也发现了译制格局中存在的一些问题。

（一）研究现状

当前新疆维吾尔自治区从事少数民族语言影视译制工作的主要有天山电影制片厂和十四家民族语影视译制机构，主要为新疆电视台和各地级电视台提供维吾尔语、哈萨克语、蒙古语、柯尔克孜语四种语言的影视剧译制节目。党和政府高度重视民族语译制业的发展，从体制、机制、资金、技术设备上予以大力扶持。2005年，国家广电总局正式启动向新疆每年无偿捐赠1000集少数民族语译制电视剧的项目，并将其列入"西新工程"。

全疆共有2家维、哈双语译制机构，10家维语影视节目译制机构，1家蒙语译制机构——巴州蒙语影视译制中心，1家柯语译制机构——柯尔克孜语译制中心。

1990年12月8日，巴州广播电视局蒙语电视译制部正式成立。2003年通过合并巴州电视台蒙编部、巴音郭楞蒙语电视频道驻和静转播站，巴州广播电视局蒙语电视译制部扩建成立巴音郭楞蒙古自治州蒙语影视译制中心（新疆卫拉特蒙古语影视译制中心）。巴州蒙语影视译制业的发展主要经历了三个阶段：1990年到1999年为起步阶段，共完成电影、电视剧译制45部（集）；2000年到2006年为探索阶段，共完成210部（集）；2007年以来进入繁荣发展时期，共完成2470部（集）。

目前有关巴州蒙语译制选题的研究尚少，未形成理论体系，无专著。研

究成果散见于新疆广电局相关调研材料、工作总结、工作部署及译制从业人员写的业务论文，涉及译制业发展现状和策略的学术性研究少，对译制业整体情况的综合性、系统性研究较少，且没有相关数据的统计和系统的梳理。

（二）研究成果

从官方资料来看，以全疆民族语影视译制大环境为参照背景，我们将巴州蒙语影视译制的主要成果总结为三方面。

1. 现阶段，巴州的影视译制业进入了高速发展时期

巴州蒙语影视译制中心于 2008 年全面实现数字化、网络化；2015 年实现采、编设备高清化；1990 到 2015 年，巴州蒙语影视译制中心共完成电影、电视剧译制 2725 部（集）。巴州蒙语影视译制事业经过 25 年的发展，已经小有规模。国家政策的扶持，为新疆民族语译制产业的健康发展营造了良好的政策环境，使得大环境下的巴州蒙语译制格局逐步完善，生产流程逐渐规范，译制队伍不断壮大，产品质量逐步提升。

2. 国家重视民族语影视译制并给予强力支持，为译制业发展创造有利条件

国家从体制、机制、资金、片源素材、技术设备等几个方面为译制业提供了政策扶持，新疆的民族语影视译制工作也在国家的大力支持下蓬勃发展。2006 年 10 月，新疆广播影视译制中心挂牌成立，国家投资建设了以数字音频工作站为基础的全数字化、网络化影视剧译制系统。2010 年起，国家向新疆、西藏捐赠电视剧的集数增至 2000 集。2010 年 12 月 6 日，国家广播电影电视总局印发《少数民族语公益电影数字化译制、发行、放映工作管理办法（试行）》，明确规定了译制加工流程、译制工艺、质量把控、任务分工、单位协作等具体的细则。

3. 译制格局逐步完善，生产流程逐步规范，生产能力大大提高，译制队伍不断壮大，从业人员素质整体提高

巴州译制业从业人员共 50 人，具备大专以上学历，其中在职人员 28 人、聘用人员 32 人、正高职称 3 人、副高职称 8 人、中级职称 10 人、工程技术人员 5 人，形成了较为规范的译制梯队。巴州蒙语影视译制中心遵循"上

载—剧本抄写—翻译—译审—打印成册—录音及配音导演—主角配音及角色配音—审片—合成制作—终审—上载播出—入库"的完整译制流程，在洗印汉语拷贝的同时，提供译制片需要的全套素材，民族语译制片和汉语原片基本能做到同时发行。

（三）不足之处

1. 发展迅速却有失均衡

译制产品类型发展不均衡。新疆的影视译制产品主要分为电影和电视剧两种，但从对译制机构的译制产量统计中不难发现，巴州影视译制中心现在大力开发自办节目，影视译制量自2013年后持续走低，且现有的影视译制更侧重于电视剧的译制，部分译制人员开始负责创办自办节目，译制格局发展失衡的同时造成专业技术人员的分散。

2. 政策支持显著，但基础条件依然薄弱

虽然国家较为重视民族语译制业的发展，但新疆受自然因素与社会因素制约，民族语译制业的发展受到限制。巴州民族语译制在新疆译制系统中起步晚、发展难，资本运营形式单一、资金不足、日益增长的观影需求与现存设备的落后状况形成落差，再加上片源素材不足，地方影视译制业往往侧重于考虑本地需要，如民族历史文化的传播与传承，却相对忽视了受众对其他影视题材的需求。

3. 译制队伍不断壮大，但人才依旧短缺，队伍素质整体提高却仍不均衡

随着民族语影视译制节目的不断发展，近年来译制节目制作从业人员数量不断增加。2015年巴州民族语译制人员数量从30人升至50人，人员质量上也有所突破，高级技术人员占技术人员的比例从2010年的17%攀升至2015年的42%，且高、中、初级人员比例依次呈倒三角排列，改变了初级及以下专业技术人员为主力军的局面。

结合以上官方数据，我们基本得出新疆巴州蒙语影视译制中心现存的三大问题，译制的政策性和技术性失衡，政府部门和译制人员双方有待进一步发挥其主体性。

三、访谈发现：受众接受情况与译制的艺术性

笔者以蒙语影视译制产品的传播效果（少数民族受众对蒙语影视译制产品的接受情况）为问题指向，试图通过对新疆巴州地区少数民族受众的深度访谈，探究民族语影视剧译制出现后人们收视行为的改变，以及民族语译制影视剧从哪几个向度改变人们的日常生活等问题，并对其中反映出的受众对蒙语影视译制作品的艺术性需求，以及官方数据反映的政策性和技术性问题进行探讨。

笔者以经济阶层为划分依据，对新疆巴州地区的高、中、低三个不同的影视剧消费者阶层进行随机抽样。本研究的访谈地点选取在巴音郭楞蒙古自治州，为了确保样本的有效性和典型性，本研究设计的访谈时间跨度为三个月，即 2014 年 11 月、2014 年 12 月以及 2015 年 1 月。笔者对访谈资料进行收集、归类和整理，采用差异性抽样的方法将访谈对象范围缩小至观看民族语译制影视时间较长的受众（已养成固定收看民族语译制影视剧习惯的受众），受访对象共 11 人，年龄范围在 20 岁至 60 岁之间，其中男性受访者 6 人、女性受访者 5 人，受访者能够熟练运用蒙语，但不完全具备汉语的基本交流能力。受访者中年龄最大的 58 岁，最小的 21 岁，观看电视年限超过 20 年的共有 9 人。11 位受访者中有 7 位受访者表示每天观看电视的时间超过 3 小时，其中 4 位受访者的年龄超过 50 岁，而年轻用户每日观看电视的时间明显较少，相反使用互联网或社交媒体的时间增多。在研究中，每个人的访谈时间在 1 小时左右。

（一）访谈设计

根据新疆巴州地区少数民族受众的观影需求以及蒙语译制发展的现实情况，本研究决定采用半结构型深度访谈的研究方法。访谈问题主要涵盖以下五方面：

（1）在民族语影视剧译制出现之前，您的业余生活是怎样度过的？

（2）您在日常生活中选择观看影视剧的动机是什么？

（3）在日常生活中，您的民族语译制影视剧的观看体验是怎样的？

（4）平时比较喜欢看什么题材和类型的民族语译制影视剧？原因是什么？

（5）您觉得您的生活中的哪些层面受到了民族语译制影视剧的影响？哪些没有受到民族语影视剧的影响？

笔者试图从这些问题出发，通过考察受访对象对蒙语影视剧译制产品的媒介接触、观看动机、观看体验和态度变化四个向度，探究巴州蒙语译制影视剧在少数民族受众中的传播效能。

（二）质化分析

通过对访谈资料进行分析、比较和提炼，笔者发现，蒙语影视译制产品满足少数民族受众的需求及艺术享受的合理性和必要性在访谈内容中有不同程度的体现，访谈对影视译制产品的政策性和技术性也有回应，笔者将在下文中展开具体分析。

1. 巴州蒙语译制合理性和必要性双管齐下，深得民心

首先是访谈对象对媒介和影视译制生态存在的认可。在被问及媒介接触的问题时，大部分受访对象的反应与下面这位很相似：

> 可以听到蒙古语广播，可以听到中央广播、新疆广播、巴音郭楞广播等，电视方面可以收看内蒙古的蒙古语频道，巴音郭楞蒙古语频道和静县蒙古语频道等。没有蒙古语电视节目的时候，我们看报刊杂志，现在有了巴音郭楞蒙古语电视频道，电视上所说的都是我们很熟悉的卫拉特蒙古语，以前我们看内蒙古蒙语卫视的节目时，有些语言不能完全理解，现在看我们卫拉特蒙古语电视感到很满足。
>
> ——（男性，53岁，巴州退休教师）

一方面，受访对象意识到媒介在他们的日常生活中不可或缺，接触频率较高的媒介是广播和电视。另一方面，他们也体会到"民族语译制"这种媒

介生态形式十分具有存在价值。

其次是访谈对象对译制传播意义的认可。大部分受访者认为蒙语译制可以传播民族文化，帮助少数民族受众了解民族文化艺术和民俗礼节。

> 蒙语电视出现后，看了本民族的电视节目心情特别舒畅，特别是用母语收看、收听电视节目对我来说是非常幸福的事，丰富了我的精神文化生活。
>
> ——（男性，42岁，巴州司机）
>
> 我经常观看巴州蒙语频道播出的有关我们民族传统文化的各种节目，这也是党和政府在为发展民族文化遗产方面做出的努力，我们要为我们的子孙后代树立好的榜样，向他们传承民俗礼节。
>
> ——（女性，39岁，巴州医生）
>
> 可以了解发达国家的文化艺术，学到他们的文化精髓。通过收看蒙语电视可以了解我们民族的民间艺术、民俗、语言等。
>
> ——（女性，27岁，公务员）

从这三个例子来看，受访对象对译制的认知和价值判断很大程度上体现为对民族自豪感的满足。第一位受访者从生理浅层表达了来自感官的满足之感；第二位受访者更进一层，考虑到了民族文化的传承；第三位则从更宏观的角度介入文化对外传播的视野。

2. 译制格局和传播格局有待进一步规范化、系统化

首先，译制产品类型有限，难以满足少数民族受众的多样化观影需求。当涉及观影动机问题时，首先要谈的是译制影视剧题材，80%的受访对象喜好历史战争题材，原因多与民族自豪感的满足相关，如有访谈对象这样描述：

> 我主要看历史题材的、传承民族习俗的、有关民族历史的，还有与蒙古族相关的影视剧，如《成吉思汗》《东归英雄传》等。
>
> ——（男性，46岁，工厂技术员）

具有民族特色的影视剧为民族语言、文化的传承和发展提供了方便，向巴州少数民族受众灌输了正确的价值观，得到了少数民族受众的认可。除了影视剧题材外，受访者的生活及职业背景也直接影响了观看动机，以下两位受访者具有明显不同的观赏喜好：

> 我喜欢看农村题材的片子，特别是反映20世纪六七十年代的农村及牧区生活题材的作品，如鄂尔多斯婚礼体现了我们民族生活习俗。因为我是20世纪60年代出生的人，所以特别喜欢看演绎我们那个年代的农村生活的作品。还有历史方面的作品，如《成吉思汗》《东归英雄传》之类的作品。
>
> ——（男性，55岁，农民）

> 我比较喜欢看一些医疗剧，家里人也都是医生，但同类型的影视剧译制得不多，我会一集不落地看完。
>
> ——（女性，39岁，医生）

两位受访者的观影喜好都没有跳出生长环境和职业背景的框架。第一位受访者的农村生活背景和工作需要使其喜欢看农村题材的影视剧。第二位则对医疗题材的影视剧很感兴趣。当下受众的观影口味逐渐多元，除了80%的受访者优先喜好历史题材、30%喜好生活题材外，还有部分受访者表示引进的影视题材受限，需求难以得到满足：

> 很喜欢谍战类的影视剧，但是很多都没有译制。还喜欢看《爱情公寓》，韩剧也译得少，能看的不多。
>
> ——（女性，32岁，图书管理员）

其次，译制质量较之前有大幅提升，艺术加工程度与少数民族受众的需求基本一致。但对于期望较高的少数群体而言，译制影视剧的"荧屏魅力"仍有所欠缺。大部分受访者表示，对现有译制水平比较满意，相比之前有很大提升：

> 以前看巴州蒙语影视译制的译制片时，翻译得不是那么到位，听起来不顺耳，现在翻译译制的电视剧的水平越来越高了。特别是译制的韩剧，我基本上一集不落全部看完。片尾歌曲也是用蒙古语演唱，我们特别喜欢看。
>
> ——（女性，21 岁，学生）
>
> 如果配音、录音技巧再纯熟一些就更好了，有些翻译出来没有意境。
>
> ——（男性，39 岁，编剧）

当被问及观看体验时，受访者主要从译制的基本标准来衡量对质的要求。这一情况受媒介接触和观看动机所限，第一位受访者年龄较小，接触互联网频率较高，观看动机多是娱乐、打发时间，对译制质量的要求较低。第二位受访者则由于职业原因，媒介接触广泛，观看行为受行业标准和职业理性影响较大。

再次，译制产品流通过程中常存在时滞问题。民族语译制产品的播出并未考虑到新疆地区的时差问题，对受众观看影视剧的黄金时间没有足够的重视，影响了民族受众接触民族语译制的频率。播出时间也与内地其他地区不同步，时滞的问题成为影响受众观看民族语译制作品的一大原因。巴州影视译制中心在制播过程中由于未能高度重视民族语译制的文化传播功能，大大降低了民族语译制产品的传播效能，未能满足少数民族地区民族受众的观影诉求，从而让受众做出"译制影视剧进度落后"的评价：

> 译制片节目播出时间和新疆地区时间相差两小时，等得人着急。
>
> ——（女性，32 岁，图书管理员）

民族语译制的播放时间缺乏调研和合理性调适，也未考虑到新疆地区节目播放时差的现实问题，缺乏对受众的需求观照。

3. 影视译制的传播效果仅停留在认知层面，而未深入行为层面

首先，媒介传播模式单一，基本以电视为主。在媒介接触方面，11位受访者中仅有一位21岁的女学生表示会使用互联网获取影视剧信息：

> 在看电视节目时，汉语节目主要看《新闻联播》，其他节目基本上以本民族语言节目为主。此外，我会上网追剧、看小说及刷微博，还通过网络了解社会信息，基本上是在蒙古国网站里了解。
>
> ——（21岁，女学生）

还有一位47岁的受访者表示有空闲时间会去电影院看电影。其余9位受访者基本都很少接触除电视之外的媒介资源。

> 我们农牧民文化水平低，所以我们不了解网络，我们主要看电视，再说其他方式我也不会用。
>
> ——（男性，55岁，农民）

其次，传播效果有限，仅停留在受众的认知层面。这一情况从观剧动机和态度改变两项指标中可见。

> 看了影视剧后，从影视剧里可以了解到民族习俗及生活习惯等知识，学到了不少的好东西，在生活学习当中可以把这些学到的知识利用好。
>
> ——（女性，39岁，巴州医生）

至于把学到的东西运用到现实生活中，大部分受访者表示没什么兴趣，60%的受访对象是以了解民族历史文化为观剧动机，30%的受访对象是为了打发时间，10%的受访对象表示是为了学习母语。

现在许多孩子看汉语电视节目,所以我在想我们蒙古族看蒙语电视对了解我们民族的习俗、语言会更好。

——(女性,27岁,公务员)

在有关"民族语影视剧译制在服饰、语言和生活方式方面的影响"这一问题的访谈中,有受访者表示:"偶尔找服饰同款,想学学韩剧里面做的菜。"也有受访者表示:"有时会跟同事聊聊剧情。"

四、途径探究

针对民族语译制在巴州地区传播面临的现实问题,重视其译制格局和传播格局是解决该问题的关键,我们试图从以下三方面进行途径探究:

第一,加大政府对民族语影视译制业的扶持力度。国家需要针对新疆巴州特殊的情况给予更多政策保障,制定切合巴州民族语译制业发展的相关规章制度和管理办法,规范巴州民族语影视译制业的发展。首先,加大资金投入,保证译制经费。少数民族地区经济欠发达,影视译制业建设成本大,自治区各级财政困难,影视译制业创收能力较弱,自身造血功能不足,在这种情况下,对影视译制业的有限投入将导致影视译制业的基础设施条件薄弱。其次,丰富边疆民族地区民族语译制的片源。民族语影视译制片数量、种类和片源的匮乏导致了巴州影视译制传播效果不佳。最后,招揽人才,开展人才培养和梯队建设。加强对影视译制从业人员的基础教育和专业培训,特别是对少数民族专业人才的培养。

第二,重新审视互联网媒介时代的译制生态系统。译制系统在媒介融合时代呈现出新的发展趋势,从生产到流通,再到消费,译制格局的升级提醒我们要用数字化、网络化和新媒体的思维模式重新审视和理解少数民族影视译制系统。同时,要应用全新的互联网思维审视全新的媒介生态系统。人们接触并使用媒介的行为及反馈对媒介及社会形态的影响比媒介信息本身更重要。以电视为主导媒介的时代已经有了被取代而渐行渐远的趋势,互联网的广泛运用已经被提上日程,但从新疆巴州少数民族受众接触媒介的情况来看,绝大部分受众没有使用互联网观影的行为。时代在变,媒介在更新,以电视为主的单一媒介模式迟早要被淘汰,这一方面需要政府加大对广大少数民族受众媒介知识的普及力度,另一方面也要求影视译制中心对译制产品增加多样化输出途径——从电视到新媒体移动终端。

第三,重视民族语译制的文化传播功能。民族语译制的传播思维并未实现从工具理性向价值理性的转向,仅停留在满足受众观影需求的层面,而没有对文化传播、民族认同以及国家安全层面予以足够的重视。边疆社会的稳定关系到国家稳定和民族团结,民族语影视译制片作为一种文化产品在传播过程中能够产生潜移默化的文化影响,提升新疆地区受众对国家主流文化的认同,增进不同民族间的了解。一方面,积极开发影视译制节目的衍生产品,加大传播力度,提升传播效果。巴州的民族语译制节目内容涉及新疆独特的自然景观、各民族的生活习俗、发展历史、宗教信仰和文学艺术等方面,这些优秀的题材为全疆民族语影视音像制品的开发提供了很好的素材。既可以满足少数民族受众学习和传承传统民族文化的需求,也可以将译制产品推向市场,实现自主创收,缓解资金紧张;另一方面,开展合作,扩大对外宣传。积极开展民族间合作,与周边民族、省市、国家的相关机构合作,开展交流、访问、考察等活动。利用影像传播的手段打破民族间的文化壁垒,形成对边疆民族地区受众的心理观照,拉近各民族间的文化情感,推动民族文化真正"走出去"。

"一带一路"背景下译制艺术与影视对外传播*

民心相通是"一带一路"建设的重要内容，也是"一带一路"建设的人文基础。译制艺术打破了语言和文化的隔阂，通过语言符号的转换使影视作品的国际传播成为可能，在与不同国家和民族的跨文化交流中讲述中国故事，实现话语建构和国家形象建构。语言转换水准的高低直接影响着影视作品国际传播的效果。遗憾的是，影视译制在国际传播中的地位和作用尚未得到足够的认识，对外译制研究成果严重不足。本文拟从影视对外传播的角度，分析新时代译制艺术对影视国际传播的重要意义，探讨对外译制艺术的研究方向和实践路径。

一、译制是跨文化语言转换的艺术

笔者曾经论述，译制的主要工作是语言转换，译制艺术可以被称为"媒介跨文化语言转换艺术"。在整个译制过程中，翻译处在核心的地位。[1] 如果

---

* 本文原载于《中国广播电视学刊》2018年第10期，与谢峥合作，系国家新闻出版广电总局社科研究项目"中国影视作品非洲传播之市场调查与发展路径研究"（项目编号：GD1743）、北京市社会科学基金项目"影视剧翻译机制研究——语言学的视角"（项目编号：17YYB013）、中国广播电影电视社会组织联合会2016年度学术理论研究项目"中国影视剧非洲传播——市场调查与发展路径研究"（项目编号：2016ZGLH011）的研究成果，收入本书时略有删改。

[1] 麻争旗.译制片的屏幕魅力：对译制艺术的再认识[J].中国广播电视学刊，2012（3）：64-66.

说引进译制是"让外国人的嘴说中国话",那么对外译制则是"让中国人的嘴讲外国话"。译制前辈陈叙一用"翻译要有味,配音要传神"概括译制片的创作特征。原作的"味"根植于原语文化,并受到社会语境的制约。缺乏跨文化自觉的译制往往不适应新的语境,造成其意仍在、其味无存。用"文化折扣"的概念来解释就是"扎根于一种文化的特定的电视节目、电影或录像,在国内市场很具吸引力,因为国内市场的观众拥有相同的常识和生活方式;但在其他地方吸引力就会减退,因为那儿的观众很难认同这种风格、价值观、信仰、历史、神话、社会制度、自然环境和行为模式"。① 跨文化传播自觉是消解"文化折扣"、实现语言转换价值、创造屏幕魅力、赋予译制作品审美品格的重要前提。

我国著名翻译家许渊冲先生把文学翻译的目的论总结为三部曲:使读者知之(理解)、好之(喜欢)、乐之(愉快)。使人知之需要达意,使人好之需要传情,使人乐之需要感动。② 按照美国翻译家耐达的"功能对等原则",(译语)接收者与信息的关系应大体上和原语接收者与信息的关系相同。③ 对外译制艺术的目的是减少乃至消解"文化折扣",使外国观众不仅了解影视剧台词的字面意义和深层意义(知之),更能够理解和欣赏作品对人物性格的刻画、情感的描摹、主题的展现、艺术审美的享受。换句话说,对外译制的目的是实现译入语观众视域与原作视域的融合。④

---

① 霍斯金斯,迈克法蒂耶.全球电视和电影:产业经济学导论[M].刘丰海,张慧宇,译.北京:新华出版社,2004:45.
② 许渊冲.翻译的艺术[M].北京:五洲传播出版社,2006:97.
③ 马会娟,田菊.当代西方翻译理论选读[M].北京:外语教学与研究出版社,2009:12.
④ "视域融合"是德国哲学家伽达默尔提出的概念。视域就是看视的区域,包括从某个立足点出发所能看到的一切。理解者和解释者的任务就是扩大自己的视域,使它与其他视域相交融,这就是"视域融合"。参见伽达默尔.真理与方法:哲学诠释学的基本特征[M].洪汉鼎,译.上海:上海译文出版社,1999:388-394.

二、译制艺术与影视国际传播

在我国国际传播体系的建构中,影视译制虽然渐成规模,但总体上仍然处于起步阶段,其投入和产出都有很大的提升空间。处于对外传播前沿地带的影视作品对外译制,其传播效果却是一个不容忽视的问题。黄会林教授研究发现,"在众多传播媒介中,电影是受访者了解中国时选择频率最高的媒介——高于网站、社交媒体等新兴媒介,大大高于报纸、书籍等传统媒介,证明电影作为一种视听艺术,在跨文化传播方面具有明显的优越性"。[①] 在"一带一路"建设的背景下,发挥好影视产品译制的国际传播优越性,对讲好中国故事、建构话语权和良好的国家形象无疑具有重要的意义。

(一)译制与话语建构

"一带一路"建设要以文明交流超越文明隔阂、文明互鉴超越文明冲突、文明共存超越文明优越。[②] "一带一路"框架下建构的是跨越民族、国家和意识形态边界的包容互鉴的话语体系,是以文明对话替代文明冲突的全球治理理念。

哈贝马斯认为,"交往理性是语言的理性,说话的理性,人的行为首先是同语言相关,这些交流不是通过强制性来实现的,和谐一致也不是被迫的,而是人和人通过语言的反复交流、互动、沟通达成的"。[③] 影视对外译制正是具有了这种平等对话气质的跨文化传播。译制以译入语观众的欣赏习惯和文化适应作为艺术追求,在讲故事的时候努力创造条件让观众听懂、听好中国故事。让国外观众听出中国故事,听出中国"味"。译制艺术至少有三个方面的特性能

[①] 黄会林,孙子荀,王超,等.中国电影与国家形象传播:2017年度中国电影北美地区传播调研报告[J].现代传播(中国传媒大学学报),2018(1):22-28.

[②] 中央宣传部,中央党史和文献研究院,中国外文局.习近平谈治国理政:第2卷[M].北京:外文出版社,2017:513.

[③] 汪民安.福柯的界限[M].南京:南京大学出版社,2008:237.

够满足这种话语建构需求，即艺术审美性、形式多样性、戏剧文化接近性。

艺术审美性指影视作品带给观众的审美感受。澳大利亚国家电视台总字幕师韩静博士在谈及她翻译的电视真人秀节目《非诚勿扰》在澳大利亚热播的原因时说道："它首先是个电视节目，必须好看，所以娱乐性是非常重要的一点……如果没有娱乐性，那么就没人看，就没有传播机会。"① 娱乐是人类普遍的审美经验，施拉姆就曾经用弗洛伊德的快乐原则和现实原则之对比的理论解释过这样的问题：个体为什么将大众媒体用于娱乐而不是新闻？②

译制的节目形态是多种多样的，可以满足不同层次的观众需求，这就使影视跨文化传播的受众范围扩大到整个目标人群。有院线上映的电影，有各种纪录片和影视节目，小朋友可以观赏动画片，旅游爱好者可以看到介绍中国风土人情的专题片，观看渠道可以是电影院、电视、互联网或者手机等移动平台。只要有人的艺术欣赏需求，就有中国影视节目国际传播的广阔市场。

译制艺术的戏剧文学本体正好契合了西方文化的戏剧传统。影视作品在西方或受西方文化传统影响的国家和地区的传播有着良好的文化基础。用消费社会学的话说，"需求瞄准的不是物，而是价值。需求的满足首先具有附着这些价值的意义。消费者基本的、无意识的、自动的选择就是接受了一个特殊社会的生活风尚"。③ 在国际传播中，消费者对传播价值的选择无疑也会促成对多元文化的接受。潜移默化中形成的话语习惯显然好于灌输宣传造成的逆反效果。

从人类学观点来看，"历史上所有媒体的一个重要功能，就是描绘让人心悦诚服的形象；这些形象传播得越广泛，其重要性就越大，为建立认同和想象的现实的表达也就越加升级"。④ 近年来，对中国电影国际传播中国家形象

---

① 韩静，董海雅.中国影视作品在澳洲的翻译与传播：澳大利亚国家电视台SBS总字幕师韩静博士访谈［J］.东方翻译，2017（4）：56—61.
② 罗杰斯.传播学史：一种传记式的方法［M］.殷晓蓉，译.上海：上海译文出版社，2012：79.
③ 波德里亚.消费社会［M］.刘成富，全志钢，译.南京：南京大学出版社，2000：58.
④ 萨拉迪基.人类学及其对大众传媒研究的贡献［M］//陈卫星.传播的观念.北京：人民出版社，2004：297.

的研究逐渐受到学界的关注,但是关注点多集中在电影的传播渠道、传播效果等方面,如黄会林教授主持的中国电影国际传播系列调研[①];海外对中国电影的研究,如石嵩的专著《中国电影在西方的想象性接受与变异性研究》[②];题材选取,电影元素的运用、发行等,如柳邦坤、沈村蔚的论文《"一带一路"背景下中国电影传播国家形象研究》[③]等。对外译制在国家形象建构中的作用受到的关注较少。

(二)对外译制工程

中国影视对外译制可以追溯到中国电影产业的婴儿时期。20世纪二三十年代,中国电影产业发展伊始,中国就开始了有组织、有计划、具有相当规模的外译活动。[④]自2011年起,国家相继组织实施了"中非影视合作工程""丝绸之路影视桥工程""当代作品翻译工程"等项目。2012年,国家多语种影视译制基地在中国国际广播电台挂牌成立。截至2018年6月,该基地已译制完成300多部中国影视作品,并在50多个国家主流媒体播出或签署播出协议,受到各国观众的喜爱。[⑤]不过,从体量上讲,中国影视对外译制还有大幅提升的空间。数量上,官方数据显示,仅2016年一年,中国生产电视节目时长达352万小时,电影故事片772部,国产电视剧334部14,912集,电

---

① "中国电影国际传播"调研,是以外国观众为调研对象、以中国电影国际传播为核心指向的数据调研项目,自2011年启动以来,已连续开展六届,形成了十余万字的调研报告和六本论著(《银皮书:中国电影国际传播年度报告》)。参见黄会林,孙子荀,王超,等.中国电影与国家形象传播:2017年度中国电影北美地区传播调研报告[J].现代传播(中国传媒大学学报),2018(1):22-28.
② 石嵩.中国电影在西方的想象性接受与变异性研究[M].南昌:江西人民出版社,2013.
③ 柳邦坤,沈村蔚."一带一路"背景下中国电影传播国家形象研究[G]//中国高等院校影视学会第十六届年会暨第九届中国影视高层论坛论文集.太原:中国高等院校影视学会,2016:179-183.
④ 金海娜.中国影视作品对外译制模式探析:以坦桑尼亚为例[J].中国翻译,2017(4):33-37,44.
⑤ 林永传."中国剧场"将亮相印尼国家电视台[EB/OL].(2018-06-08)[2024-04-23]. http://www.chinanews.com/gj/2018/06-08/8533593.shtml.

视动画片时长近 12 万分钟，电视纪录片时长超过 1 万小时。①对外译制的数量远远低于影视产品生产量。

从对外译制的质量上来看，只有《媳妇的美好时代》等少数译制作品在译入语观众中引起轰动效应，大量的译制产品难以达到良好的传播效果。根据黄会林的调研，北美地区"受访者观看中国电影时的最大障碍反而是最表层的障碍——对于外语对白（或译制效果）和表演习惯的不适应"。②谭慧指出："走出国门的中国电影的翻译情况，已经成为外国观众接受中国电影的极大障碍，深深影响了外国观众对中国电影的理解与认知。"③何健平、赵毅岗认为，在纪录片的对外译制中，"由于中国纪录片常年自产自销形成的制作惯性和制作惰性，我们常常采用直译的方式，打上字幕，而且由中国人自己来担当翻译，这必然带来'文化折扣'"。④韩静认为，《非诚勿扰》之所以能够在澳大利亚取得良好的传播效果，是因为观众认可英文字幕翻译，"觉得毫无距离感，是非常地道的英语"。⑤译制作品的传播效果直接取决于译制的艺术水平，加强对外译制研究刻不容缓。

（三）对外译制研究

截至 2018 年 1 月 20 日，笔者在中国知网以"影视译制"为关键词搜索，获得 169 篇相关文献，但是涉及国产影视产品对外译制的只有 5 篇。其中，麻争旗、高长力撰写的《广播影视译制与国家文化安全——译制文化产业发展新思维》第一次将对外译制与引进译制和民族语译制并置在中国影视译制

---

① 北京周报网.中国电影取得的发展成就是文化自信的生动体现和鲜明印证［EB/OL］.（2017-10-20）［2020-02-20］.http://www.beijingreview.com.cn/shishi/201710/t20171020_800107729.html.

② 汪民安.福柯的界限［M］.南京：南京大学出版社，2008：237.

③ 谭慧.关于中国电影对外翻译理论研究：以电影《狼图腾》的翻译为例［J］.北京电影学院学报，2016（1）：148-153.

④ 何建平，赵毅岗.中西方纪录片的"文化折扣"现象研究［J］.现代传播（中国传媒大学学报），2007（3）：100-104.

⑤ 波德里亚.消费社会［M］.刘成富，全志钢，译.南京：南京大学出版社，2000：58.

三位一体的格局中，为影视译制勾勒出明确的内涵框架，并打开了对外译制话语的建构视域。

笔者试图从"对外翻译"的视角来进行文献梳理，发现以"影视对外翻译"为关键词搜索，没有获得相关文献；以"电影对外翻译"为关键词搜索，仅获得1篇文献，即谭慧的《关于中国电影对外翻译理论研究——以电影〈狼图腾〉的翻译为例》。谭慧认为："中国的电影学界与翻译学界都没有充分认识到电影翻译对电影走出国门的重要性，科学系统地研究电影翻译已经成为中国电影'走出去'的一个紧迫课题。"

以"影视翻译"为关键词进行搜索，找到1817条结果。在对这1817篇文献进行逐篇阅读后，笔者筛选出179篇主题为"影视对外翻译"的文献，并进行归类整理，如图1、图2所示。

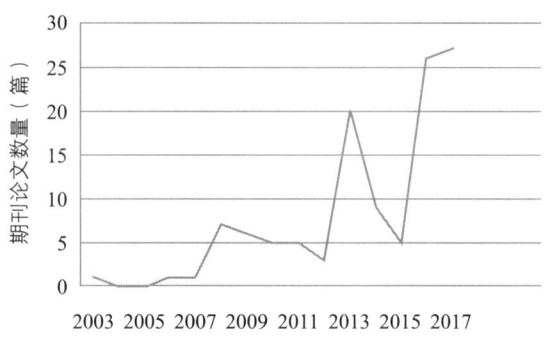

图1　2003—2017年中国影视对外翻译研究期刊论文

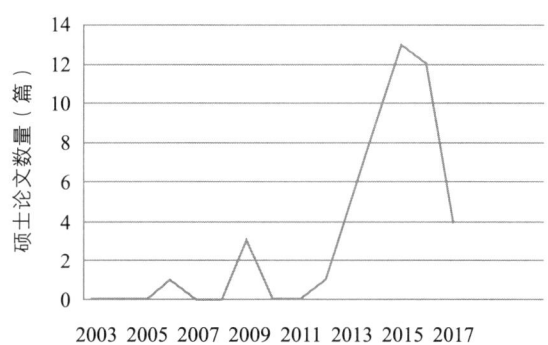

图2　2003—2017年中国影视对外翻译研究硕士论文

文献梳理发现，研究成果主要出自最近 5 年，可见我国影视对外译制研究尚处于萌芽阶段；研究成果总量少；个案研究多，理论研究少；翻译策略研究多，将对外译制置入跨文化传播的广泛视野的研究少；博士阶段的研究，特别是译制如何助力影视"走出去"的研究少。

值得注意的是，尽管黄会林教授通过实证研究证实了配音在对外译制中的重要作用，并提出应重视对外配音译制的结论，但国内关于配音译制的研究凤毛麟角。几十年来在引进译制配音方面积累的成功经验仅存在于《魅力人声》这样的回忆性著作中，[①] 配音表演艺术方面的著作如施玲的《影视配音艺术》几乎不涉及对翻译这个译制艺术之根本的研究。[②] 现有文献对配音译制的历史经验借鉴不足，对外配音译制研究存在空白。

现有文献对译制的艺术性挖掘不足。大量论文将钱绍昌先生对影视语言的五个特点——聆听性、综合性、瞬时性、通俗性、无注性[③] 作为立论基础，而且把李运兴提出的"缩减法"，即"字幕翻译是一种特殊的语言转换类型：原生口语的浓缩的书面译文"[④]，作为对外翻译的基本手段，如刘芳认为，电影《英雄》的译者"有意识地选择了缩减、省略、释义等翻译策略"，[⑤] 王劼、伍玲认为"可根据影视字幕时间性、空间性及平易性等特点采用相应的归化、异化及省略等翻译技巧对字幕进行处理"。[⑥]

笔者认为，影视语言的特征只是影视剧翻译的必要条件而非充分条件，影视译制研究不应满足于影视语言的共性，而应该深入影视剧语言的生活化、人物性格化、节奏对应等个性方面，从而揭示译者采取的艺术手段。译制是修辞重构，就是把话说好。配音翻译如此，字幕翻译并无二致。

---

① 上海电影译制厂.魅力人声[M].上海：上海辞书出版社，2007.
② 施玲.影视配音艺术[M].杭州：浙江大学出版社，2008.
③ 钱绍昌.影视翻译：翻译园地中愈来愈重要的领域[J].中国翻译，2000（1）：61–65.
④ 李运兴.字幕翻译的策略[J].中国翻译，2001（4）：38–40.
⑤ 刘芳.生态翻译学视角下的字幕翻译：以《英雄》为例[J].吕梁学院学报，2016（6）：21–24.
⑥ 王劼，伍铃.功能对等理论下影视字幕翻译策略：以《泰坦尼克号》和《山楂树之恋》为例[J].广西民族师范学院学报，2017（1）：49–51.

有不少研究提到了译制跨文化传播的特性，但多数分析仅停留在文化专有项的翻译策略研究上，如邹李炜对电影《智取威虎山》中"黑话"的研究[①]，杨亚兰对电影《卧虎藏龙》中的文化专有项研究[②]，肖桂菊对电视剧《甄嬛传》中"含有中国传统文化词语的字幕翻译进行研究，分析其翻译方法的得失"。[③] 本文认为，文化词语的转化和变通是中国文化外译的共性，并非影视跨文化传播的个性，研究对外译制的文化策略主要应该从文化心理、文化语境等更深、更广的角度去研究翻译如何顺应受众心理，以期取得更好的传播效果。

最为深刻的问题是，在对外译制研究中，从宏观上看，译制到底属于什么样的艺术？译制要解决的根本问题是什么？翻译的任务只是帮助观众理解剧情吗？对于这些基本问题，已有的研究鲜有提及。从译制的视角看，不少所谓的研究其实只不过是成绩报告，而有关批评的论述，虽然提出了问题，但是缺乏深入思考，未能提出解决问题的方案。从微观上看，如从翻译的视角看，有关国产影视剧外译的论述，有一大部分是关于字幕如何通过删减、压缩等手段使得译文更好理解，至于如何通过语言转换的艺术手段来展现生活气息、塑造人物形象、反映人物思想感情及价值观念等，这些研究却避而不谈。总之，对外译制理论研究整体上仍处于"摸着石头过河"的阶段。理论是实践的指导，理论上模糊不清，对外译制实际工作效果不彰也就是自然的事了。

三、对外译制艺术与影视如何"走出去"

爱德华·萨义德在《东方学》的扉页上引用了马克思在《路易·波拿

---

① 邹李炜. 论影视字幕中隐语的英译：以《智取威虎山》中的"黑话"为例 [J]. 中国翻译，2016（1）：104–106.
② 杨亚兰. 影视字幕汉译英翻译策略研究 [J]. 才智，2014（31）：275，278.
③ 肖桂菊. 刘宓庆文化翻译理论视角下《甄嬛传》美版字幕翻译策略研究 [D]. 荆州：长江大学，2017.

巴的雾月十八日》里的传神之语："他们无法表述自己，他们必须被别人表述。"① 作为西方文化的"他者"，中国在东西方文化的交流中一直处于劣势。在试图改变这种跨文化传播劣势和西方刻板成见的过程中，影视对外译制艺术减少了跨文化传播误读，建构了中国影视文化话语体系，是"一带一路"建设民心相通的题中应有之义。

（一）加强翻译研究，适应跨文化语境

影视作品作为大众传播产品，其译制方式、传播形态和传播范围受到不同社会语境的制约。李宇明教授指出："'一带一路'需要语言铺路……应尊重各种文化的语言使用习惯，特别要注意能让更多的人看得明白、看着顺眼。"② 根据文化图式理论，人们在相互交流时，只有当接收的信息与大脑中储存的图式相吻合，才能理解其内容。③ 由于中外语言的差异，把原话按字面意思翻译出来，往往难以达到"信达雅"的境界。笔者认为，影视剧的语言是影视艺术的组成部分，译者应该追求语言表达的艺术美感，努力把"不顺、不美、不来劲儿的话'化为'听起来舒服、顺耳、来劲儿的话"。④ 只有这样的语言才能符合译入语观众的欣赏习惯，符合他们的文化心理图式，从而达到"入耳、入心"的境界，实现真正意义上的传通的目的。

"把话说好"的前提是抓住两头，一是对本文化的深入认知，二是对接受语境的认知。译者首先必须把原作放置在原语文化的语境中进行理解，再根据译入语语境进行文化调试，即"语境转化"，这样，最终呈现给观众的是既有原语文化特点又能被译入语文化接受的艺术作品。石嵩指出，"当我们指责抱怨中国电影走出去的过程中受到了太多的来自西方的不公正待遇，受到了太多的误读和误解的时候"，我们需要从文化差异的角度考虑译入语对象的可能的理解方式，在影视国际传播的不经意间，我们可能给译入语对象文化

---

① 萨义德.东方学[M].王宇根，译.北京：生活·读书·新知三联书店，1999：1.
② 李宇明."一带一路"需要语言铺路[J].中国科技术语，2015，17（6）：62.
③ 孙英春.跨文化传播学[M].北京：北京大学出版社，2015：77.
④ 麻争旗.英语影视剧汉译教程[M].北京：中国传媒大学出版社，2013：88.

的观众提供了传播意图以外的想象维度与阐释可能,而这种不经意往往源于译者已经太过熟悉本文化而未能从译入语的角度去重新审视和观照解读[①]。杨慧林认为:"从根本上说,文化传播的有效性首先取决于我们对自身的文化理解。"[②]影视作品深深嵌入本民族的文化品性,对外译制首先是理解原语文化话语,译者自身要先杜绝对本文化的误读,才能减少观众的误读。

(二)加强配音译制,增强传播的艺术性

目前,我国国产电影在海外放映时,多采用字幕而非配音译制。其实字幕和配音是影视译制的两种表现形式,不同国家和地区的观众对外国影视产品有着不同的接受偏好,因此无论是配音还是字幕在影视对外传播中都不应该被偏废。笔者之所以提出加强对外配音译制,一方面是基于配音在对外译制中长期被忽略的事实,另一方面,配音在影视译制中具有字幕无法比拟的优势。影视对白本意是靠听觉得以理解的,然而字幕以"看"的形式取代了"听",实际上是一种不得已的视听功能错位。看字幕分散视觉注意力,而且说话速度一般比阅读文字的速度快,结果造成字幕的效果远不如配音那样"吻合"。

无论是配音还是字幕,对外译制都应从其艺术本体出发。影视作品作为一种文化商品,到了国际市场就要进行针对目标观众的包装,这就是对外译制的目的。采取什么样的包装形式取决于如何让商品更具有吸引力,从而便于流通和传播,而不是把包装的内核丢掉。对外译制的形式应该服务于影视文学这个艺术本体,具体是采用字幕的形式还是配音的形式要看哪种形式能够取得最佳的传播效果。我们之所以提出影视作品"走出去",是因为我们的影视作品还走不出去。走不出去就需要译制,好的译制让译入语观众看得轻松、听得省力、容易明白。

---

① 石嵩.中国电影走出去的文化困境:谈《滚蛋吧!肿瘤君》冲击奥斯卡[J].艺术评论,2016(3):53-57.
② 杨慧林."经文辩读"与"诠释的循环"[J].中国人民大学学报,2012,26(5):8-15.

(三)加强国际交流合作,培养跨文化译制人才

完全由中国译者主动译出绝不应该是唯一的对外译制模式。真正做到民心相通,还需要多语种国际人才的广泛参与。笔者曾受坦桑尼亚 Azam 电视台的邀请,为当地的译制人员进行为期两个星期的译制理论和业务培训,受到学员和主办方的赞许。作为培训结业作品,学员们完成的《唐山大地震》斯语配音片段(20分钟)达到了相当高的艺术水平。用主办方的话说,"在这样短的时间,取得这样的成绩,这是大大出乎意料的"。学术交流和对外培训,尤其是对"一带一路"沿线国家和地区译制人员的培训,一方面加强了中外文化交流,让更多的本土译者接触到、喜欢上中国译制影视作品,扩大中国影视作品对外传播的受众面;另一方面可以加强本土译制力量,为更多的中国影视作品"走出去"创造条件。

(四)加强国别研究,增强译制针对性

不同的国家和地区的文化千差万别。试图用一个通用语版本达到"放之四海而皆准"的传播效果显然是不现实的。"通用语只能达意、难以表情,只能通事,难以通心。欲表情、通心,需用本区域各国各族人民最乐意使用的语言。"① 无论是"一带一路"民心相通的目标,还是影视作品表情达意的本质属性,都呼唤针对译入语国家和民族进行个性化传播。这就要求对外译制加强国别研究,针对不同国家和地区的文化心理和文化习惯,打造有针对性的译制版本。

四、结论

本文认为,在"一带一路"背景下,影视对外传播肩负着建构国家话语权和国家形象的重要使命,大力发展影视对外传播事业,努力开展影视对外译制研究,是时代赋予影视对外译制从业者和研究者的重大使命,是搭建民

---

① 李宇明."一带一路"需要语言铺路[J].海外华文教育动态,2016(10):17.

心相通的桥梁、构建人类命运共同体的重要手段。影视对外译制渐成规模，译制艺术在新的历史时期必将焕发出新的生机和活力，创造新的辉煌。译制研究需要针对这一新生事物开拓新的研究领域，完善国际传播学科话语体系。

视听译制艺术的国际传播力研究*

译制是"译"和"制"的艺术结合,在中外影视文化交流中,扮演着管道和桥梁的角色。然而,人们对译制的认识十分模糊。尤其在当下,如何改善视听领域译制理论滞后、译制人才匮乏的局面,是提高国际传播效能所面临的重要课题。

一、观念变迁:从说明书翻译到视听节目译制

所谓视听译制,是指对视听文本的语言进行翻译加工。影视作品的语言伴随视听元素来表达意义,属于非自足性文本;从受众的角度来看,其接受同样具有视听同步性。因此,此类作品的译文是依附性的,不能离开作品而单独表达完整的意义,也就是说,视听翻译必然伴随着某种"制"的工序。在此意义上,视听译制与视听翻译属于同一个范畴,译制考虑整个作品的加工问题,而翻译关注的是文本内容的转换。由此推断,人们常说的影视翻译、字幕翻译、多模态翻译等,因为都具有视听文本的特征,所以都属于视听译制的研究对象。那么,在新媒体时代,视听译制包含哪些形态,其本质特征是什么呢?

研究视听译制可以采取不同的方法,所关注的焦点也各不相同,如多模态的方法主要针对影视作品中各种视听要素与意义表达的关系,认知语言学

---

* 本文原载于《中国电视》2022年第10期,与李燕合作,收入本书时略有删改。

关注的是获取意义的心理机制，而影视艺术学则强调文本的文学艺术性等。本文从翻译与传播的基本关系出发，考察译制观念及译制形态的历史变迁，以揭示译制的本质属性及其特征。

传统上，译制片指引进译制的外国电影。早在1896年，外国电影即被引进中国，电影说明书翻译、现场解说、打印字幕、同期解说等成为最早的译制形态。将外国原版影片加工成中文配音的电影译制，是以1949年长春电影制片厂完成我国第一部译制片《普通一兵》的译制生产为标志的。此后，译制片专指配音译制的引进电影，从类别上与国产片相对应。从1949年到1978年，给外国电影进行汉语配音是译制活动的主要形态。20世纪80年代是中国电影译制的辉煌时期，出现了一批译制经典，译制的语言引领时尚，甚至影响着社会观念的变迁；与此同时，中国的电视译制越来越活跃，逐步成为译制的主流，社会话语也从单纯的电影译制扩展为既有电影又有电视的影视译制；进入网络时代，字幕组翻译迅速成长，引起社会各界的广泛关注；在新媒体时代的话语里，各种视听内容的译制活动自然成为人们关注的焦点。从说明书翻译到视听译制，译制方式的演进正是时代发展的见证和反映。

译制艺术在传播活动的各个环节和要素上都发生了显著变化。第一，译制主体从政府主导下的官方译制，发展为既有官方译制、民间商业译制，又有官方与民间商业合作译制，还有以网络字幕组为代表的"草根译制"，由此形成了一个多元化的译制产业；第二，译制形态从电影演变到影视剧、纪录片、电视专题片和综艺节目、网络视听节目，甚至还包括游戏；第三，译制系统从单一走向多元，形成了引进、民族语交流、对外传播三位一体的格局；第四，传播媒介从电影院经由电视走向千家万户，随着计算机和网络的快速发展又步入个人电脑终端和手机移动终端时代；第五，译制受众从为数不多的电影观众发展到电影消费群体，还有数以亿计的电视观众、网络和手机移动用户。总之，在媒介生态方面，改革开放以来，中国社会已今非昔比，视听译制传播越来越呈现网络化、全球化、个性化的特征。

人们对译制的认识也经历了从现象到本质的升华。早期的译制，如电影说明书翻译、字幕翻译、口头解说等，其主要目的是帮助观众理解剧情，其行为以"译介""解说"为主，而影片中的对白，作为一种艺术表演的方式，并不是译者进行艺术加工的对象。进入"译制片"时代，也就是配音译制时代，译制所采取的是艺术再创作的方式，所以被称为"声音表演的艺术"。从20世纪80年代到90年代初，我国的译制活动一直以声音表演艺术的形态被人们津津乐道。随着媒介技术的发展，译制艺术进入字幕时代，网络字幕片大行其道，国产电影在海外放映时，也多采用字幕翻译而非配音。显然，"声音"或"听觉形象"的描述已经无法全面概括译制艺术。人们逐渐认识到，过去对译制片的认识夸大了声音表演，淡化了"翻译作为语言转换"这个译制的本体特征。换句话说，配音和字幕都是艺术表现形式，而语言转换才是译制艺术的共性，也就是译制的本质属性。

总之，译制的本质是语言加工，加工的本质是转换，是把一种符号系统置换成另一种符号系统。那么，置换的目的是什么呢？从行为上说是为了看懂故事，其本质是理解思想，这恰恰是翻译的功能：获取知识、传递知识。影像信息不论有多美妙，只能作用于视觉冲击的层面，发挥"煽情"的效果，而真正的思想交流发生在"翻译"的层面，这就是知识流通。

二、功能转场：从译制世界到译制中国

毫无疑问，视听译制的特征在于视听文本的视听同步性，但是译制的功能不是体现在视听媒介的特征上，而是通过视听包装的思想文化内容来呈现，因为传递思想才是翻译的根本使命。中国的译制实践充分验证了这个基本命题。按照文化系统的观点，中国的影视文化由本土系统、引进系统和输出系统组成，中国的译制系统与这三个系统完全对应，其中引进译制是国人了解世界的窗口，对外译制是走出去的桥梁，而民族语译制是中国多民族文化互动的渠道。可见，中国视听译制的存在和发展是中国视听文化建设的需要。

在改革开放初期，中国需要了解世界，中国译制在打造独特魅力的过程中十分出色地完成了这个使命。电影译制创造了译制片经典的辉煌时代；电视译制则后来居上，在屏幕上展示了一个更加丰富多彩的外部世界。电影译制与电

视译制两者携手，共同建构了中国的影视译制文化，开阔了国人的视野。

20世纪80年代，译制片作为改革开放的前沿，通过译制大批外国的优秀电影，成了人们了解世界的窗口，不仅引领社会时尚，而且带来了新思想、新观念，为观众带来了美的享受。这个时期的电影译制作品有许多都成为经典，具有很高的艺术水准，如《追捕》《大篷车》《虎口脱险》等。中国译制成为具有中国特色的中国经验的组成部分。

进入20世纪90年代，电视译制节目在我国已经有了长足的发展。当时，中央电视台国际部有工作人员近百名，拥有较强的译制和采编能力，主要负责外国电视节目的引进、译制以及部分境内外节目的采编工作，负责一大批译制栏目。这些栏目向广大电视观众介绍世界各地的民俗风情、经济、科技、文化艺术和优秀影视作品，是中国电视观众了解世界的重要窗口。国际部的栏目兼具知识性、趣味性和娱乐性，一直受到电视观众的关注和好评。此外，各地方台电视译制节目工作也得到了长足的发展，推出了许多精品。

改革开放40余年来，我国的本土影视文化日益成熟，成为世界影视文化的重要组成部分，对外译制成为译制系统的主场。中国译制踏上了以艺术的方式向世界讲述中国故事、介绍中国经验的征程。在"一带一路"倡议的推动下，"译制中国"成为时代话语，视听译制艺术在提高国际传播效能方面发挥出无可替代的重要作用。随着广播影视"走出去"工程的不断推进，国家实施了系列政策，①为我国视听产品提供译配支持，使其在译制主体、节目类型、语种、文化策略等方面呈现出一派欣欣向荣的大好局面。

从译制主体来看，对外译制沿着以国家为主导的多元化模式发展。首先是国家主导。从2003年到2018年，官方译制机构如国家多语种译制基地，②

---

① 我国相继实施的推动影视国际传播的相关政策有中国当代作品翻译工程、丝绸之路视听工程、中非影视合作创新提升工程、视听中国播映工程等。
② 2012年年底，中国国际广播电台成立了影视译制中心，专门从事影视剧的译制和推广工作。2014年，经国家新闻出版广电总局批准，"国家多语种影视译制基地"在国际台挂牌成立。参见曹玲娟. 影视出海，要善用"洋腔洋调"[EB/OL].（2016-06-14）[2020-03-12］. http://zgbx.people.com.cn/n1/2016/0614/c347569-28443843.html.

作为译制主体已使用 23 个语种,译制了 300 多部、7000 多集的中国电影、电视剧、纪录片和动画片,先后与亚洲、非洲、欧洲、北美洲、南美洲以及大洋洲等六大洲 30 多个国家的主流媒体签署了"中国剧场"播出协议,通过《中国剧场》这一固定时段定期播出的专设栏目,相关国家的电视台定期播出中国优秀影视译制作品。①在坦桑尼亚热播的国产剧《媳妇的美好时代》《金太狼的幸福生活》等,由中央国际广播电视总台负责译制,与当地电视台合作进行宣传和传播。

官方译制也会采用商业化合作模式。"未来电视"作为中央广播电视总台央视网旗下的互联网电视新媒体平台,是官方译制主体的商业化形态,曾将《大秦赋》《山海情》等多部作品译制为英语、越南语、印尼语、西语、俄语等多个语种,同时大力推进本土化运营,实现了国产剧集精准落地。②大型历史专题片《中国通史》英文版由央视委托澳大利亚 SBS 电视台总字幕师带领的专业团队完成;电视剧《山海情》《在一起》等的英文版采用部分外包的形式,与民营翻译公司甲骨易合作译制。③可见,官方译制主体坚持多元化发展,通过扩展译制主体的类型不断提升视听译制产品的数量和质量。

各地方台作为译制主体的重要单元,也纷纷挑选自制优秀节目进行译制并推广到国际市场。例如,湖南广电集团积极开展了不同类型节目的对外译制工作,将《向往的生活 4》《歌手·当打之年》《下一站是幸福》等热门剧集和综艺节目译制成多语种字幕,通过 Mango TV、Facebook、YouTube 等渠道播放;④浙江卫视自制纪录片《爱上中国》国际版完成了德文、英文、法文文字版及德文电视播出版、院线版的制作,并与奥地利 OKTO 电视台合作,在

---

① 中央广播电视总台·国际在线."国家多语种影视译制基地"促进中外影视合作[EB/OL].(2018-04-21)[2020-02-04]. https://ent.cnr.cn/zx/20180421/t20180421_524206763.shtml.
② 未来电视·多语种译制 助推《山海情》海外传播完美收官[EB/OL].(2021-01-29)[2022-02-10]. https://lmtw.com/mzw/content/detail/id/197531.
③ 甲骨易助推国产剧译制出海 服务中国影视节目国际传播[EB/OL].(2022-04-28)[2022-10-24]. https://www.chinaz.com/2022/0428/1390227.shtml.
④ 龚政文.努力塑造可信、可爱、可敬的中国形象,做好新时代国际传播的芒果实践[EB/OL].(2022-01-02)[2024-03-24]. https://chinapavilion.com.cn/art_det/id/850.html.

欧洲电视台和网络同步播出。① 各地方台作为译制主体，为讲好中国故事贡献了地方力量。

此外，一些影视公司通过商业化译制活动，进一步拓宽了中国视听产品的译制渠道。民营企业"四达时代"与坦桑尼亚广播电视公司合资成立"Star Times"，在坦桑尼亚境内译制和传播中国影视剧。② 一些海外影视公司和视频网站，如迪士尼、HBO 电视网、Netflix 等，通过购买版权的方式，对国产剧集进行多语种译制加工和传播，③ 成为重要的海外译制力量，助力中国视听节目"走出去"。

随着越来越多的中国视听产品在海外视频网站热播，不同国家的影视爱好者自发组成译制团体。例如，在美国影视字幕网站 ViKi 上，《芈月传》《琅琊榜》等热播国产剧有英语、法语、德语、意大利语等十余种粉丝字幕组提供的译制版本。④ 综艺节目《这！就是街舞4》没有波斯语版本，因此一名来自伊朗的网友自发组织字幕团队为该节目译制了波斯语，以服务当地网友。⑤

中国视听产品国际传播的规模化和商业化发展，推动了对外译制主体的多元化发展，形成了以国家为主导，地方、企业协同发展的格局；通过与海外国家电视台、海外发行公司等进行商业化合作、开展本土化译制，中国视

---

① 张杨纪录片《爱上中国》国际版在维也纳首映［N/OL］.大理时报，2018-11-09［2024-05-06］.https://www.dalidaily.com/dianzi/site1/dlrb/page/1/2018-11/09/7/201811097_pdf.PDF.
② 金海娜.中国影视作品对外译制模式探析：以坦桑尼亚为例［J］.中国翻译，2017（4）：33-37，44.
③《白夜追凶》《长安十二时辰》《人世间》《山海情》《风味原产地》《这！就是灌篮》等多部国产电视剧、纪录片、综艺节目被 Netflix、迪士尼、福克斯等海外公司购买海外播放权、译制成不同的语言后，通过网络、电视频道等各种渠道进行广泛传播，成为中国视听对外译制的新兴力量。
④ 老外痴迷国剧堪比韩剧粉　日日盼更新自发译字幕［EB/OL］.（2016-01-19）［2021-11-21］.https://korea.haiwainet.cn/n/2016/0119/c3541817-29563310.html
⑤ 据了解，这位网友名叫 Rayan Sparda。她说当地有很多人喜欢这个节目，"节目没有波斯语字幕，所以我就和一些喜欢节目的朋友组成了一个翻译字幕的团队"。她说波斯语字幕上线后，当地网友都十分激动，纷纷到社交平台上留言感谢。参见海外网友自发翻译街舞波斯语字幕，粉丝：已被中国文化深深吸引［EB/OL］.（2021-10-12）［2022-11-12］.https://finance.sina.com.cn/jjxw/2021-10-12/doc-iktzqtyu0940197.shtml.

听团队整合各方力量、打造译制精品。

从译制作品来看,视听对外译制的节目类型不断丰富,包括电影、电视剧、纪录片、专题片、动画片、综艺节目等在内的各类视听节目被译制成不同语言,这等于是通过跨语言、跨文化包装而获得了国际通行证,由此可以有效利用新媒体平台参与"云展览"、走入"云市场"。①例如,电影《我和我的祖国》在发行前期便针对海外市场尝试制作"国际版字幕";②电视剧《西游记》《琅琊榜》《三十而已》《山海情》等不同题材类型的国产电视剧译制后通过电视、网络等各种渠道进行广泛传播,在海外不断掀起收视热潮;③《舌尖上的中国》《风味原产地·潮汕》等纪录片的多语种译制版本通过Netflix实现了在190多个国家和地区播出,受到海外观众的喜爱;④《非诚勿扰》《这!

---

① 中国电影海外推广公司将近几年国内热映的《我和我的祖国》《你好,李焕英》《我和我的家乡》《旋风女队》等百余部国产影片通过新媒体平台推广到不同国家和地区电影云市场,并组织《直立象传说》《最可爱的人》《内心引力》等国产动画片、纪录片参与海峡两岸优秀动画片纪录片云展览。由国新办对外推广局和国家广播电视总局国际合作司共同支持的中国联合展台,以及"视听中国"播映全球活动等,是中国视听产品云推广的重要渠道。在电视剧方面,国产电视剧是中国内容出海最重要的节目类型,其出口份额占视听产品总出口份额的70%。中国国际电视总公司作为国内影视产品出口海外的最大发行机构之一,每年向海外销售2万多小时各类影视节目,有效播出覆盖200多个国家和地区。参见国产影视作品受海外市场欢迎[EB/OL].(2018-05-22)[2020-04-05]. https://epaper.gmw.cn/gmrb/html/2018-05/22/nw.D110000gmrb_20180522_1-09.htm.

② 该片在发行前,组织制片方、专业外籍人士、电影资深从业者打造翻译团队,分别制作了英语、日语、西班牙语、葡萄牙语、德语、阿拉伯语、俄语等将近10种语言版本。经过精良的译制加工后,该片借助融媒体传播优势,参加了不同国家和地区的电影云市场,实现了全球同步上映,海外反响远超预期。在外籍人士审译之前,制片方人员为其详细解释片中7个历史瞬间的由来,讲解每个故事人物的特点;译后再由电影行业的资深人士对翻译文稿进行润色。参见国产电影首次全球同步发行 华夏电影公司海外"盖房子"[EB/OL].(2020-01-31)[2020-03-10]. https://baijiahao.baidu.com/s?id=1657199936078420332.

③ 出口海外的电视剧题材越来越丰富,除备受欢迎的历史剧、武侠剧外,都市剧、悬疑剧、古装剧、现实题材剧等各种题材的作品均在海外市场获得好评;特别是主旋律电视剧《在一起》《山海情》《觉醒年代》《功勋》《人世间》等作为中国电视剧走出去的新品牌,获得突破性成功,成为海外受众了解当代中国的重要窗口。

④ 牛梦笛.国产纪录片有数量也有质量[EB/OL].(2020-08-21)[2021-10-22]. http://cul.china.com.cn/2020-08/21/content_41264408.htm.

就是街舞》《一键倾心》等一大批国产综艺经过本土化译制，打通了综艺出海的"最后一公里"。可见，不同类型的视听产品通过对外译制被推向国际市场，在海外"全面开花"。

从译制语种来看，与 20 世纪 90 年代相比，当前中国视听对外译制的语种愈加丰富，服务全球 200 多个国家和地区。[①] 以 2021 年在海外备受追捧的电视剧《山海情》为例，该剧被译制成英语、印尼语、俄语、西语、葡语等多个不同语种的版本，在海外平台同步上线，在不同国家和地区均引发了收视热潮。推行多语种译制不仅仅是为了服务观众，更是为了体现中国译制服务全人类的大国担当。《电视中国农场》栏目被云南广播电视台国际频道译制成越、老、缅、柬、泰五国语言，用当地老百姓听得懂的语言介绍中国的农业技术、传播致富经验。多语种译制服务不仅造福了当地百姓，更重要的是为中国与澜湄区域国家的农业合作提供了重要平台，架起国家文明互鉴的桥梁，更好地服务于澜湄合作机制和"一带一路"倡议。

文化差异带来的传播障碍是视听对外传播过程中不得不面对的首要难题。对外译制可以采用语言贴近、情感贴近、风格贴近的文化策略，跨越语言和文化障碍，将中国故事以当地观众能够理解和接受的方式进行语言的艺术加工。

2011 年在坦桑尼亚、肯尼亚等非洲国家热播的国产电视剧《媳妇的美好时代》，之所以能够成为中国电视剧"出海"的典型案例，离不开成功的斯瓦希里语译制。为了让译文能够贴近坦桑尼亚观众的生活与文化，剧中许多颇具中国文化特色的语言表达被创造性地翻译为坦桑尼亚人常用的俚语。例如，"咱们俩不是你死就是我活"这句台词被意译为"猫和老鼠"。这是因为坦桑尼亚人常用俚语"猫和老虎"来比喻"你死我活"的关系。[②] 这样的翻译让

[①] 20 世纪 90 年代初，中央电视台国际部对外译制服务的对象国以周边国家和地区，以及美国、拉美和法国等为主，以英、法、西、葡等使用人群范围较广的语言进行视听产品的对外译制。参见杨锐.试论外语频道在电视大外宣中的战略地位[J].中国广播电视学刊，1994（5）：25-29.

[②]《金太狼的幸福生活》将配斯语版　已赴非洲选配音[EB/OL].（2013-03-29）[2021-02-16].https://ent.ifeng.com/tv/news/toutiao/detail_2013_03/29/23664088_0.shtml.

坦桑尼亚观众更能体会到剧中话语的韵味。正是由于对外译制能够从受众的语言文化和表达习惯出发，创新性地以国外观众的视角进行二次创作，所以《媳妇的美好时代》才能在非洲国家掀起"中国热"。

澳大利亚最受欢迎的汉语节目是江苏卫视自制综艺《非诚勿扰》，其字幕翻译采用直白、新鲜、有趣的语言，将各式各样的普通中国人的日常生活、婚恋观等内容活灵活现地展现出来，完整再现了节目的娱乐性、故事性和文化的丰富性，成功塑造了一个平凡真实的中国形象。

历史专题片《中国通史》中有大量关于中国历史的专业词汇与表达，特别是其中的中文人名发音十分考验配音演员的功底。为保证真实、准确、完整地呈现中国历史文化，该片的译制团队经过前期大量调研中国历史文化知识，精确把握片中有关中国历史文化的语言表达；配音艺术家反复练习、录制片中的中文发音，确保了配音的准确。从翻译、编辑、录音、混音，再到字幕，该团队用准确专业、通俗易懂的语言将中国的历史文化内涵表达出来，造就了《中国通史》英文版的译制精品。

总体来看，视听译制艺术在减少跨文化传播误读、建构中国视听文化话语体系、提升国际传播力方面具有无可替代的作用。从传统的电影、电视译制，再到手机等多屏、跨屏终端的全媒介视听产品译制，中国视听译制不断扩展其场域、丰富其内容。从"译制世界"让国人看世界，到"译制中国"让世界看中国，在积极转换场域的过程中，译制发挥着传递知识、沟通思想的作用。

三、理论提升：从作品生产到知识建构

译制理论是译制实践的知识结晶。中国的译制艺术具有适合中国国情、服务中国社会发展的品质，反映的是中国经验，译制研究成为新时期影视国际传播研究的重要理论资源。

几十年汇聚的译制传统化作的宝贵的精神财富是认识译制研究的起点。由引进译制、民族语译制和对外译制形成的"三位一体"的中国译制系统，

展示了多姿多彩的具有中国特色的译制文化。随之展开的译制研究也从粗浅的解读逐步上升为系统的理论建构。可以说，中国的译制实践和理论研究体现了中国的文化品质，形成了中国译制学的理论基础和认知方式。在过去相当长的一段时间里，中国译制通过艺术的方式、丰富多彩的译制节目，向中国观众展示了一个五彩缤纷的外部世界。在新的历史时期，中国译制的主要任务是向世界介绍中国，通过形式多样的译制节目描绘出一个蓬勃发展的中国形象。

译制的目的不仅在于介绍世界，更重要的是介绍中国经验，通过译制艺术向世界阐释中国改革开放的发展经验；同时，如何译制本身就是中国经验的一部分。译制研究为我国影视国际传播研究提供了重要的学术资源，同时为影视国际传播人才的培养提供理论基础。进入视听时代的中外影视交流出现了前所未有的繁荣景象，中国影视文化走出去成为时代的话语，为译制人才的培养提供了广阔的需求市场。

译制教学是文化建设的需要，是新时期国家发展战略前提下实现国际传播人才培养目标的根本出路和长远大计，是新文科理念下外语人才、翻译人才、区域与国别研究人才建设的重要学科资源。译制理论的意义不仅仅体现为一种知识、一种决策参考，更具体一点，译制理论是指导实践的帮手。

从可持续发展的角度来说，译制研究的根本目标还在于通过教育的制度手段将文化转化为现实生产力，也就是劳动力再生产，为社会源源不断地输出高素质的专业译制人才。译制教育，尤其是在此概念下的影视翻译、字幕翻译、视听翻译等专业教学问题，成为相关院校学科建设的重点。据了解，北京、上海、武汉、广州等地的外语院校纷纷开设与影视翻译、字幕翻译、视听翻译等相关的本科和硕士课程，通过举办研究论坛和专题学术讲座引起广泛的关注。这是译制教学对社会人才需求的积极回应，逐渐形成规模化态势。只是，有关影视翻译的教学安排还局限于翻译学或语言学层面。如何改变影视翻译被视作语言翻译这种单一的局面、拓展教学资源，是译制教学改革的重要课题。在译制艺术观念下，如何进一步开展译制教学，开展影视翻译、视听翻译、字幕翻译教学，对于新时期国际人才的培养是一项具有战略意义的改革任务，需要大胆创新，任重而道远。

从更深的意义上看，译制教学的目标不仅仅在于打造一门课程、研究译制作品的生产，还在于译制学科建设，形成系统、完整的学科知识。这就是译制理论建设，是从作品生产向知识生产的跨越。总而言之，译制是视听作品的语言再生产，译制实践具有文化属性，是人文艺术教育通过文化生产实现知识生产的重要文化资源。

四、结语

译制的根本在于转换，通过语言转换跨越文化障碍，达到传播思想的目的。中国译制从狭义的译制片发展为广义的视听节目译制，应时代之需、需求之变，通过语言艺术的加工，不仅向中国介绍世界的故事，而且向世界讲述中国故事、介绍中国经验，使之成为具有中国特色的视听译制文化，成为中国经验的组成部分。在今天，中国视听译制肩负着提升国际传播力的重要使命。中国的译制理论不仅为新时期影视国际传播研究提供了重要的学术资源，也为影视译制人才的培养提供了理论基础。

媒介与传播论

中国电影在英国院线传播的市场考察*

中国实施电影"走出去工程"已有 20 余年，这一时间恰巧与中国电影产业化发展同步。① 二十年来，中国电影无论在产量、票房收入还是产业规模上都远非当年可比；而"走出去"的中国电影在口碑、票房和影响力等方面并不理想，大部分作品仍无法超越 20 年前《卧虎藏龙》《英雄》所取得的成就。以英国为例，2010—2019 年，每年在英国院线上映的中国电影总量最多二十部，国外票房在电影总票房收入中的占比则几乎可以忽略不计。

针对上述问题，学者从不同维度进行了研究。黄会林连续十多年对全球不同地区的观众以及网络受众进行量化调研，探索中国电影海外传播中存在

---

* 本文原载于《当代电影》2023 年第 1 期，与解峥合作，系国家社科基金艺术学项目"'一带一路'背景下中国影视译制艺术与国际传播力研究"（项目编号：19BC038）、国家社科基金重大招标项目"中国电影翻译通史"（项目编号：20&ZD313）的阶段性研究成果，收入本书时略有删改。

① 2001 年 12 月 24 日，国家广电总局发布了《国家广播电影电视总局关于广播影视"走出去"工程"的实施细则》，标志着政府层面推动电影"走出去"的开始；中国电影的产业化开始于 2002 年，学界普遍认为，从这一年开始，中国电影开始由"文化事业"向"文化产业"转型。参见饶曙光，李国聪.文化体制改革与中国电影的产业化之路［J］.电影理论研究（中英文），2019（1）：62-70；刘汉文.中国走向世界电影制作中心［J］.浙江传媒学院学报，2018（1）：23-25.

的问题并提出加强"走出去"传播效果的建议①;麻争旗②、刘俊③梳理了中国电影对外传播的历史发展脉络,并对各时期的传播策略和效果进行解读;李小丽④、陈晓伟⑤、颜纯钧⑥等则分析了电影跨文化传播的困境与出路;李燕、麻争旗⑦、金海娜⑧从翻译的角度研究电影在不同语言符号间转换的方法。学界尚未回答的问题是:从微观层面考察,具体到某一个市场上,中国电影的传播现状如何?哪些电影获得了传播?传播效果怎样?再深入一个层次,有哪些因素制约了中国电影的域外传播?中国电影跨文化传播如何成为可能?笔者首先试图描述2010—2019年这十年间中国电影在英国院线传播的现状和趋势,再通过受众访谈,考察现象背后的成因和问题,探讨中国电影在英国文化中传播的可能性。

一、中国电影在英国院线的传播现状

从票房收入看,根据英国电影学会(British Film Institute,简称BFI)的统计,2010—2019年,英国院线每年上映影片为500到800余部,票房总收入为10亿至13亿英镑(其中2017年超过13.7亿英镑),平均每部新片产生

---

① 黄会林,黄昕亚,祁雪晶.中国电影海外网络受众接受度的实证研究:2021年度中国电影国际传播调研报告[J].现代传播(中国传媒大学学报),2022(1):74-81.
② 麻争旗.译制艺术导论[M].北京:光明日报出版社,2020:206-227.
③ 刘俊.省察与前瞻:中国电影的国际化传播研究(1978—2018)[J].当代电影,2018(10):135-139.
④ 李小丽.全球化的影像旅行:中国电影跨文化传播研究[M].北京:中国传媒大学出版社,2013:64-119.
⑤ 陈晓伟.中国电影影像表达与跨文化传播[M].北京:社会科学文献出版社,2018:190-254.
⑥ 颜纯钧.从文化折扣到文化对冲:新全球化与中国电影的国际传播[J].现代传播(中国传媒大学学报),2019(10):85-90,97.
⑦ 李燕,麻争旗.中国电影海外传播的字幕困境及其外译理念的革新[J].电影评介,2021(7):20-25.
⑧ 金海娜.粉丝翻译与中国影视的跨境传播:以Viki视频网站为例[J].电视研究,2017(10):85-88.

1.5 百万至 2 百万英镑的票房收入。① 英美电影具有明显的票房号召力，2019 年英国共上映电影 764 部，其中美、英两国制作的电影占总发行片数的一半，却垄断了 97.6% 的票房；中国电影仅 17 部，占总发行量的 2%，单片票房在几千到几万英镑，总票房不足 60 万英镑，只占英国当年电影票房总收入的 0.05%。② 以传播数量、单片票房和总票房收入等指标衡量，中国电影与美英电影不在同一个数量级上。

中国电影在 21 世纪第二个十年，特别是 2016 年以后在英国院线的发行数量呈大幅增长态势，以中国内地为主要制片方生产的电影增长尤为明显（见表 1、图 1），单部中国电影在英国的平均票房收入呈现出不规则的上扬趋势。根据 BFI 的统计，2010—2019 年，市场上排名 100 位以下的电影平均票房呈现出明显的下降趋势，平均单部电影票房十年间降幅超过 25%。相比之下，中国电影在 2010 年的平均票房不到当年市场平均数的一个零头，但 2019 年的平均票房已超过 100 名以外 646 部电影的平均数。票房数据的一降一升从一个侧面表现出中国电影的成长趋势。

统计图表显示的仅仅是中国电影的平均票房收益，实际上即便是同一年上映的中国电影，其票房表现也有着极大的差异。2010 年的《孔子》仅有 92 英镑的票房，2019 年的《少年的你》和《我和我的祖国》的票房却超过 13 万英镑，另有《中国机长》《哪吒》《飞驰人生》这三部电影超过当年中国电影平均票房。较高收入的电影对平均票房具有明显的拉动效应。

表 1　中国电影在英国院线上映数量及单片平均票房收益

年份	2010	2011	2012	2013	2014	2015	2016	2017	2018	2019
中国内地出品数量	6	1	3	0	3	5	14	14	13	13
港澳台出品数量	2	3	2	1	0	4	8	6	1	4

---

① 数据来源于 BFI 统计年报（2020），https://www.bfi.org.uk/industry-data-insights/statistical-yearbook。
② 数据由笔者根据 BFI 公布的周末电影票房统计所得，资料来源：https://www.bfi.org.uk/industry-data-insights/weekend-box-office-figures。

续表

年份	2010	2011	2012	2013	2014	2015	2016	2017	2018	2019
合计	8	4	5	1	4	9	22	20	14	17
平均票房（英镑/部）	1155	6061	2859	33,101	23,535	23,968	21,153	15,484	10,458	35,041

图 1　中国电影在英国院线上映数量及单片平均票房收益

英国电影分级委员会（British Board of Film Classification，简称 BBFC）①将 2010—2019 年上映的一百余部中国电影分成 16 个类型（见图 2）。发行量排名前三的分别是：剧情片 54 部，占中国电影在英发行总数的一半以上；动作片 22 部，占中国电影在英发行总数的 21%；喜剧片 18 部，占中国电影在英发行总数的 17%。如果将这十年间在英国上映的所有电影按类型划分，根据 BFI 的统计，发行量排名前三位的分别是剧情片、喜剧片和动作片。由此可见，从发行类型考察，中国电影在英国的发行符合当地市场的一般规律。

BBFC 的分类在一定程度上体现了中国电影在英国市场的概貌，但其分类标准仍值得讨论：一方面，"剧情片"（drama）的类型概念过于宽泛；另一方面，近年来在票房和口碑两方面都有良好表现的中国独有电影类型（如"新主流"电影）被遮蔽在"剧情片"的广泛概念中，而无法体现中国电影在题材和叙事方面的特殊性，因而也就难以对中国电影在英国传播的现象和趋

---

① BBFC 成立于 1912 年，时称英国电影检查委员会（British Board of Film Censors）。为适应地方当局对电影的检查和放映许可，电影业自发成立了监管机构，以便统一内容检查标准。1984 年改用现名，BBFC 的最重要职能是对电影进行分级和发放上映许可证。

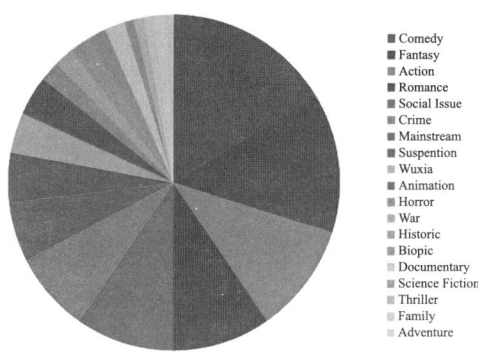

图 2 BBFC 中国电影分类（2010—2019）

势进行准确的描述。

基于这样的思考，笔者参考 BFI 以及学界对电影类型的研究，重新对上述 103 部电影进行了分类。新的分类刻意回避了"剧情片"，而是将剧情电影进行更为细致的类型划分，单独列出"新主流电影"①和"社会问题电影"两个类型（见图 3）。在新的分类标准下我们看到，喜剧、玄幻、动作和爱情片是中国电影在英国发行的主要类型，新主流电影和社会问题电影也在总发行量中占据了重要地位，在统计的十年间，共有 10 部社会问题电影和 6 部新主流电影上映，且上映片数呈现出逐年增加的趋势。

这一趋势至少反映出中国电影在英国传播的两个值得思考的现象：第一，以传递主流价值观为己任的新主流电影以商业电影的面貌出现在国外观众面前，成为普通观众消费的娱乐产品；第二，至少一部分新主流电影获得了相对较好的票房收益，如上文提到的《我和我的祖国》（见图 4）。

中国电影在英国院线传播的状况大致可以从三个方面来概括：其一，放

---

① 中国学者在 20 世纪 90 年代末提出"新主流电影"的概念，今天新主流电影被认为是国族叙事与商业运作相结合的中国独有的电影类型。基于主流价值体系的"中国叙事"是新主流电影的"最大母题"。参见马宁. 新主流电影：对国产电影的一个建议[J]. 当代电影，1999（4）：4-16；张春，刘美淇. 从主旋律到新主流：中国叙事的变与不变[J]. 电影文学，2021（16）：3-6；陈旭光，刘祎祎. 论中国电影从"主旋律"到"新主流"的内在理路[J]. 编辑之友，2021（9）：60-69；王真，张海超. 从"主旋律"到"新主流"：新主流电影的修辞取向研究[J]. 当代电影，2021（9）：155-160.

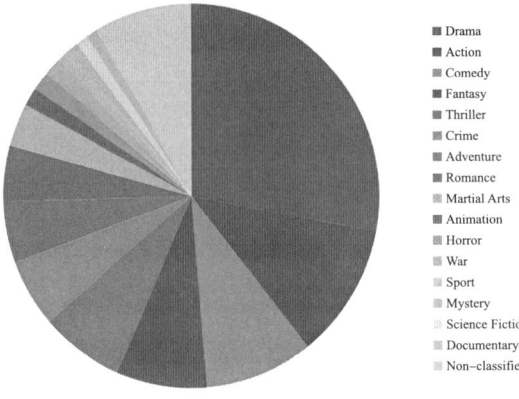

图 3　在英国影院上映的中国电影类型（2010—2019）　　图 4　《我和我的祖国》海报

映数量和票房收益总量较小，不同影片票房差异大，单片票房与美英主流电影相比差距明显；其二，从趋势上看，21世纪第二个10年间中国电影在放映数量和票房方面呈总体上扬态势；其三，从类型考察，在英国上映的中国类型电影符合英国普通观众的审美习惯，新主流电影具有一定的市场竞争力。

二、中国电影在英传播的制约因素

数据分析提供了对现象的描述，要理解现象背后的成因，首先需要讨论中国电影在英国传播的制约因素，这些因素是结构性的还是变动性的，如何解析结构性制约因素的构成框架？如何解释变动性制约因素的动力机制？笔者通过对普通英国观众和从事中国影视文化贸易的独立发行商的半结构化访谈，试图找到这些问题的答案。

（一）意识形态与他者视角

观众对电影叙事的认知和读解是在主导意识形态框架下产生的。当主导意识形态将中国电影，或者从更广泛的意义上说，将中国叙事定义为一个陌生的"他者"的时候，普通观众难以像接受本文化（或相近文化）及意识形态叙事那样对故事产生认同。受访者承认，"看好莱坞的片子，看到超级英雄中枪以后还能跑，觉得好像就该那样；可是在中国电影里看到类似的桥段就会觉得特别假"。人们看电影的经验是在两个小时之内逃离现实生活，同时在银幕呈现的人物身上找到生活的影子。在观看中国电影时，观众的这种期待难以实现，因为中国电影首先是一个他者，而不是关于自我的梦。

文化霸权不仅以无形的意识形态影响观众，还以有形的社会语境制约电影传播。受访者表示，对电影的选择会受到"同伴压力"（peer pressure）的影响，对于在社会公共话语中与主流意识形态相悖的导演、明星，甚至取景地拍摄的电影，受访者往往不愿购票观看，因为这种为非主流价值观作品付费（间接支持）的行为将会受到主流社会群体的排斥。同伴压力在年轻人中表现得尤为突出。此外，多数受访者表示，电影观看动机大部分源自主流媒体的介绍，然而主流媒体缺乏对中国电影严肃的艺术批评，"媒体上的报道大多是某部电影被中国官方禁映了，或者是引起了什么争议"。值得指出的是，西方主流媒体从意识形态方面对中国电影进行报道并非始自今日，按照张英进的说法，至少在当代中国电影引起国外广泛关注的20世纪90年代，"政治问题"即"构成了西方对中国电影的大部分兴趣所在……无怪乎大部分内地导演都被西方媒体——有时还有西方学术界——评价为既无趣也没有新闻价值，除非他们遭遇了审查事件"。① 媒体这种延续了三十余年的顽强的意识形态话语无疑强化了西方社会针对中国电影这一文化现象的话语霸权，成为制约中国电影在英国传播的社会文化因素。

（二）东方的诗学想象与电影叙事之间的断裂

电影作为一种文化现象，"被赋予了一个特许的角色以考察'形象、想象之形、想象之物——这些术语都将我们指向全球文化进程中的一种至关重要的东西：作为一种社会现实的想象'"。② 然而关于中国的想象与电影叙事乃至

---

① 张英进.影像中国：当代中国电影的批评重构及跨国想象[M].胡静，译.上海：上海三联书店，2008：29-30，41.
② APPADURAI A. Modernity at large: cultural dimensions of globalization [M]. Minneapolis: University of Minnesota Press, 1996: 31.

生活世界都存在着某种断裂，至少对普通观众来说，这一断裂尚难以找到弥合的路径。受访者认为，对于一般英国人来说，中国仍然是一个"神秘的概念"，而不是可以触摸的真实存在。观众倾向于将中国电影纳入一个统一的理解框架，哪怕这个框架仅仅出于想象。

20 世纪八九十年代，国产电影成为西方了解中国的一个渠道，彼时的电影虽然并不声称是现实中国的写照，但仍被英国观众解读为现实的中国文化和世界观的表征，受访者更愿意将其冠以"社会现实电影"的称谓。正如当时的研究者所言，"观众期待着让自己惊叹于一个'真实'压抑氛围中的中国式蛮荒……无论是想象中的、产生共鸣的还是真正体会到的"。①事实是，这种源自三十多年前的有关中国的"真实性想象"，或美其名曰对东方的神秘的"诗学"想象，仍然是现今英国观众考察中国电影的出发点和基本视野。这种潜在的对电影叙事框架的多重想象限制了观众接纳甚至是接触中国电影的可能性。受访者陷入了一种两难境地：一方面认识到现今的中国已非三十多年前电影所描述的奇观；另一方面又无法确认和接受今天的中国电影所表征的图景和价值观与现实的中国之间是否存在、何以存在、如何存在表征关系。质言之，英国观众渴望从中国电影里看到一个真实的中国，但这个"真实"是满足其潜在认知的，或者说是在主流意识形态框架下定义的；无论电影是否在事实上表征了中国的真实，弥合观众想象与电影叙事之间的断裂仍将是艰巨的。

（三）商品拜物教与好莱坞规训

电影有别于其他艺术作品的一个突出特点是它的商品属性，其生产、分发、消费的每一个环节无不受到资本的控制。电影在生产和发行过程中离不开资本的加持，而资本为了获得收益必须追求票房和影响力的最大化。商品拜物教带来了电影生产的两种倾向：其一，投资向收益最大化的市场集中，在这个动力的指引

---

① DONALD S.Symptoms of alienation: the female body in recent Chinese film [J]. Continuum: journal of media &cultural studies, 1998, 12(1): 12–24.

下，中国电影更多的是瞄准国内市场而不是开发国际市场；其二，生产和发行复制"成功"模式，好莱坞叙事被中国商业电影奉为票房制胜法宝。

首先，活跃的国内市场激发了电影生产的"向内"冲动，国外市场沦为"外宣"鸡肋。接受笔者访谈的英国观众认为，"中国电影不考虑外国观众能不能看懂，也不关心外国人是不是接受"。发行商则认为，"中国本土电影市场太大了，导演和制片方在国内可以赚到足够的钱，国外市场对他们来说太小，没有兴趣开发""很多中国电影发行到国外只不过是为了完成外宣任务，赚不赚钱无所谓"。研究者指出，中国电影产业的发展"过度本地化，忽视了国际口味"。① 由此观之，培育有足够吸引力的国外市场或许是中国电影"走出去"的一条可行之路。

资本控制产生的第二个直接后果是中国电影对好莱坞叙事模式的依赖。学界常以《英雄》（见图5）作为中国电影"与国际接轨"②的开端，因其开中国电影"国际市场运营模式"之先河，并在票房和口碑上均取得不俗的成绩。所谓"国际市场的

图5 电影《英雄》剧照

运营模式"无疑是以好莱坞为代表的，而运营模式的效仿必然带来叙事审美的趋同。好莱坞的叙事模式一方面规训了中外观众的电影审美自觉，这从好莱坞在英国市场上一枝独秀的表现即可看出；另一方面也成为电影制作的某种担保——如果你不知道怎么在电影里讲故事，那么，就按照好莱坞的某种套路去讲。

---

① BETTINSON G.Journey to the west: Chinese movies in the global market [J]. Asian cinema, 2013, 24(2): 259–270.

② 刘俊．省察与前瞻：中国电影的国际化传播研究（1978—2018）[J]．当代电影，2018（10）：135–139.

不过，追求好莱坞审美叙事的中国电影未能获得国外观众的认同。受访者认为，可能引起国外观众兴趣的国产电影类型仍然是满足其对中国社会文化潜在认知及刻板印象的作品，如被作为奇观凝视的以某些特定历史、社会事件（如"文化大革命"）为背景的电影，以及武侠、玄幻等类型电影。受访者认为，中国导演的长处在于打造具有东方风情的"艺术电影"，"但是他们放弃了艺术电影去做大片，结果像是好莱坞的末流电影，缺乏中国独特的艺术魅力"。将中国电影美学仅仅归入小众类型的判断显然有失公允，却从受众层面反映出中国电影遭遇的好莱坞对市场的规训以及突破观众刻板印象所面临的困局。

（四）电影翻译与跨文化传播

影像和言语是电影叙事的基本媒介，翻译则是言语在跨文化传播中获得意义的唯一路径。翻译是一种被遮蔽的在场。受访者坦言，"如果台词翻译得不好，观众就会觉得剧本不好，片子很烂，看不下去"。在信息表达上，观众似乎十分理解翻译的两难处境：一方面，受访者表示"字幕太长太快，忙着读字幕，根本不是在看电影，就这样有时候还跟不上"；另一方面，受访者又表示"细节是魔鬼"（the devil is in the details），语言的差异必然导致原文内容在翻译时被压缩，"翻译如果把原文压缩得太多，很多台词传达的细节就没有了，对于电影来说是个损失"。

信息表达的两难悖论反映出电影翻译的难题。中国电影叙事所包含的历史文化、社会结构、意识形态，尤其是中国式话语所传达的中国人的情感等特殊文化元素能否被重构、被表达，如何在有限的对白空间中转换成让观众理解的语言、思维和意趣，这些问题都对电影翻译形成挑战。

在制约中国电影在英国传播的上述四种因素中，前两项是结构性的，难以改变；后两项则是变动的，随着市场需求的变化，中国电影在叙事和翻译表达方面与英国观众审美需求相匹配并非不可期待。

三、推动中国电影在英国传播的思考

对制约因素的考察似乎可以提示研究者，中国电影若想在英国传播，短期内必须从非结构性或曰变动性因素方面寻求突破。

首先，电影叙事须回归生活。受访者认为，中国电影"故事讲得不好"，主要表现在"好人特别好，坏人特别坏。无法从人物身上看到生活的影子"。换句话说，观众期望在电影里看到自我和生活的复杂性的投射，而至少受访者看到的电影将这种复杂性图解为简单的二元对立，根本无法满足观众的审美需求。中国电影只有克服了二元对立的叙事模式，回归到生活的本真，才能够满足更广泛的观众的审美需求。

第二，电影翻译是跨文化话语重构。由于语言文化的差异性，加上对白本身的戏剧性特点，要把电影里的中国话翻译成既准确又有味道的英语不是一件容易的事情。研究表明，他者文化观众在"观看中国电影时的最大障碍反而是最表层的障碍——对于外语对白（或译制效果）和表演习惯的不适应"。[①] 按照福柯的观点，"话语构建了整个社会性的文化世界"。[②] 翻译的目标是在他者文化观众头脑中建构电影的语言形象，其中包括话语里所表达的思想观念、精神风貌和审美意趣。翻译在建构电影叙事的同时也建构着话语表达，由此形成了一场中国电影话语与国外观众的跨文化对话。

第三，权力、资本和品牌共同建构传播语境。电影作为商品，其发行传播依赖资本和品牌的推动。中英两国于 2014 年 4 月正式签署了《中英电影合拍协议》，BFI 在 2014 年开启了中英电影合作年，并举办了为期四个月的中国电影百年回顾展，此类活动无疑可以加深观众对中国电影的认识。导演和明星是观众"追剧"的一大动力，正如研究者所言，"陈凯歌和张艺谋已经成

---

① 黄会林，孙子荀，王超，等.中国电影与国家形象传播：2017 年度中国电影北美地区传播调研报告 [J].现代传播（中国传媒大学学报），2018（1）：22-28.
② 李智.从权力话语到话语权力：兼对福柯话语理论的一种哲学批判 [J].新视野，2017（2）：108-113.

为西方消费者认得出来的品牌"。① 值得思考的是，三十年过去了，中国电影在英国能够被"认得出的品牌"依旧只有那几个。

四、结语

本文从现象出发，描述了 21 世纪第二个十年间中国电影在英国院线传播的趋势。在指出传播数量和票房成绩依然难以与英美电影相比的事实之外，还看到了中国电影近年来较为明显的成长趋势。通过深度访谈，本文发现国产电影传播面临四个方面的制约，分别是意识形态话语和文化霸权，外国观众对中国电影的想象与误读，电影作为商品的逐利趋向与好莱坞对市场、观众、电影生产的规训，翻译对话语的建构。本文从信息编码的角度，在电影叙事、翻译、权力推动与品牌建构等方面对中国电影在英国传播何以成为可能提供了三个思考的维度。

---

① 张英进. 影像中国：当代中国电影的批评重构及跨国想象［M］. 胡静，译. 上海：上海三联书店，2008：29-30，41.

媒介跨文化研究之我见[*]

一、媒介跨文化传播研究及意义

跨文化传播学是传播学的一个重要分支,涉及人际传播、组织传播、国际传播和大众传播各个范畴,其中媒介(大众传媒)跨文化传播研究是跨文化传播学的最新领域。在全球化传播的背景下,媒介跨文化传播的问题越来越明显,有关这方面的理论研究引起人们的高度关注,因为它影响着人类社会的各个方面。

(一)研究现状及意义

从研究现状来看,媒介理论研究虽然也涉及文化的问题,但往往限于文化策略、媒介霸权之类,很少从不同文化之间相互交流、沟通的视角深入大众媒介传播的各个具体环节去展开分析,因而不能回答媒介和跨文化传播之间的互动关系及其规律。

跨文化交流学一般研究人际交流的问题,虽然已有向组织传播延伸的学术趋势,但还未能跟媒介研究结合起来,因而也不能回答媒介传播如何解决文化差异的基本问题。套用已有的传播学理论不能解决跨语言、跨文化的传

---

[*] 本文原载于《新闻学与传播学:全球化的研究、教育与实践》2004年第11期,收入本书时略有删改。

播问题，因为符号传播的普遍公式是以"你知我知"的同一符号系统为前提的，而跨文化传播的根本使命是要打破语言的隔膜。媒介跨文化传播的关键也正在于此。

解决语言障碍的根本问题靠的不是麦氏的技术决定论，而是翻译家们通过"二度编码"的创造性劳动使跨语际、跨文化的交流传播成为可能，这正是本文的思想基础。也就是说，媒介与跨文化传播研究是以人类文化交流的历史和现状为背景，运用符号传播的一般原理，来分析大众媒介的文本读解和转化过程，从而揭示媒介跨文化传播的本质性规律。本研究主攻的关键之一是说明翻译"二度编码"的基本原理，分析大众传媒各种不同文本的文化差异，剖析语言文本转化过程中存在的障碍并寻求有效的解决办法和途径，通过多学科的交叉，揭示翻译这一古老而现代的行为对跨文化传播的意义，尤其是它在媒介跨文化传播中所表现出的审美品质。

从学科建设方面来看，这一研究横跨媒介研究和跨文化交流学两大领域，涉及不同国家的传播媒介乃至社会文化的多个层面，所以其理论依据必然以传播学、文化学、语言学、新闻学、社会学、翻译学等多个学科的基本原理及研究成果为基础，因而具有突出的多学科交叉性。

从现实性来看，国内关于国际传播的研究还相当薄弱，人才匮乏，而媒体及相关研究和学术机构非常需要具备这方面素养的跨学科人才，以改善专业队伍的知识结构和素质。为满足社会需求，有的高校已开设相关课程，并增设了国际新闻专业跨文化研究方向。显然，该研究的学术成果不仅具有学术交流和理论建设的功能，还可直接满足高校教学的需要，为相关课程或相近专业提供基础理论及参考教材。

从研究的前瞻性来看，随着改革开放的不断深入，我国与世界各国的交流不断加强，国内媒体的国际传播活动日益活跃，成为中外文化交流的重要内容。显然，用文化比较的方法研究国际传播的客观规律，有利于更加全面地揭示国际传播活动的文化属性及功能，其研究成果和科学理论对于改善我国媒体的传播手段和方法，尤其是提升对外传播效果，促进传媒业的改革和发展，使之更有效地应对全球化的挑战，具有十分重要的指导意义。

媒介与跨文化传播研究从国际文化交流传播的视角来考察国际传播活动的特征和规律，其研究领域既是国际传播研究的深化，也是跨文化交流学从人际关系、组织关系向大众媒介关系延伸和拓展的必然趋势，而目前这一跨越在国内学界当属首创，在国际学界也少有先例，因而具有理论开拓性。该研究拓宽了媒介传播研究的认识视野，不仅对建立和完善国际传播学学科体系具有十分重要的理论意义，而且将对新闻学、跨文化交流学、传播学等学科的发展起到积极的推动作用。

（二）研究对象与方法

大众传媒是媒介跨文化传播的载体，自然成为媒介跨文化传播研究的主要对象。具体而言，媒介跨文化传播研究以不同语言的媒介文本及其转化为主要内容。

从形态分类看，媒介文本包括报纸、广播、电视、互联网、杂志、电影等媒介所采取的各种文体形式或结构样式，如新闻、体育、文娱、专题、动画片、纪录片、对话节目、文化时尚、电视剧、故事片等，可谓无所不包，而研究的重点则在于不同语言文本之间的转化，如国际新闻的编译、影视节目的译制等，其中尤以各种电视语言文本最为典型。

以中央广播电视总台为例，目前引进的节目有《人与自然》《动物世界》《环球》《正大综艺》《世界影视博览》《国际艺苑》《外国文艺》《世界各地》《世界文化广场》《世界名著名片欣赏》《周日影院》《海外剧场》《原声影视》《佳艺影院》《佳艺剧场》等，分别在 CCTV1、CCTV2、CCTV3、CCTV8 四个频道播出，每周首播节目时间为 25 个小时。[①] 这些栏目旨在向广大观众介绍世界各地的风俗民情、经济、科技、文化、艺术，是中国电视观众了解世界的重要窗口。负责这些栏目的国际部是如何进行译制加工的？译制人员在具体文本转化过程中遇到过什么困难？他们依据什么原则、采取什

---

① 赵化勇. 跨文化传播探讨与研究[M]. 北京：人民文学出版社，2002：611.

么方式来解决这些困难？这些问题正是媒介跨文化传播研究不能回避的重要课题。

从研究方法来看，一方面，由于媒介跨文化传播是以传播学、跨文化学和媒介研究等几大板块为基础的，所以必然要以这几大学科的基本理论和基本方法为依托；另一方面，媒介文本的转化离不开文本分析以及语言学和翻译学的基本框架，因而必然包括对人类文化传播的历史和现状的全方位的考察。

就某个单项研究而言，一般可采取几个不同步骤：

个案分析：从全国各大主流媒体跨文化传播不同形态中选择典型个案，进行文本分析，主要包括收集整理主要媒体国际新闻编译语言文本、电视专题节目（包括谈话类、文娱类节目）译制影像和语言文本、影视剧译制影像和语言文本等，进行结构、意义解读，从中发现问题、分析问题并寻求解决途径，以此作为研究的初始阶段。

文献调查：调查国内外有关媒介理论研究、国际传播研究、跨文化交流研究的研究状况，主要包括图书馆查询、影像资料库查询、网络查询、学者访谈、问卷调查等，以掌握学术动态、吸收最新研究成果，保证研究的先进性和创新性。

理论加工：运用传播学、语言学、翻译学、跨文化交流学等学科的基本理论和研究方法，从多个视角对媒介跨文化传播个案分析结果进行理论加工，形成基本思想、构建理论框架，这是理论创新的核心阶段。

总之，方法是多种多样的，但核心问题不仅仅是研究具体案例，而且要探讨最一般、最本质的规律，以最终形成完整、系统的理论体系。

二、媒介跨文化传播的符号学原理

前文已讲到，传播学的一般理论不能解决跨语言、跨文化的传播问题，因为符号传播的普遍公式是以"你知我知"的同一符号系统为前提的，而跨文化传播的根本使命是要打破语言的隔阂。媒介跨文化传播的关键也正在于此。① 如果我们运用符号传播的一般原理来分析大众媒介的文本读解过程,则可找到媒介跨文化传播的本质规律。

(一) 符号传播的一般原理

按照符号学的观点,人是符号的动物,世界是人造的符号世界。人创造并使用符号进行交流传播,人际传播的过程就是符号互动,不存在没有符号系统的传播。所谓符号,就是用来指称或代表其他事物的象征物。语言是人类社会中最重要的符号,它是人们交流、沟通的最重要的工具。在人际传播过程中,传受双方互为传播过程的主客体,执行着相同的功能,即编码、解码。所谓编码,就是将意义或信息转化成符号的过程,也就是把意义用语言(或非语言符号)表达出来。所谓解码,就是将符号还原为信息或意义的过程,也就是理解所接受语言(或非语言符号)表达出来的意义。人际传播的过程就是对信息或意义交替往复地进行编码和解码的过程。显然,决定传播过程的关键要素是符号——在一方的思想中代表某个意思,如果被另一方接受,也就在另一方的思想中代表了这个意思。② 这便是符号传播的一般原理。那么,大众媒介的传播过程是怎样进行的呢?我们以电视为例加以分析。

(二) 电视话语的制码和解码

当代西方文化研究理论大师霍尔(Stuart Hall)运用马克思主义政治经济学理论的生产和流通原理,提出了关于电视话语的制码和解码理论。他把电视话语的流通划分为三个阶段。③

第一阶段是"制码"阶段,在这一阶段要完成电视话语"意义"的生产,即电视专业工作者对原材料的加工。第二阶段是"成品"阶段。电视作品一

---

① 麦克卢汉的媒介概念是广义的,可以指语言、文字、图片、电视、电影、书籍等一切工具。为方便研究,本文的媒介概念一般指大众传播媒介,如报纸、电视、电影之类。
② 施拉姆,波特. 传播学概论[M]. 陈亮,周立方,李启,译. 北京:新华出版社,1984:67,72.
③ 陆扬,王毅. 大众文化与传媒[M]. 上海:上海三联书店,2000:68,74.

旦完成，即"意义"被注入电视话语后，占主导地位的便是赋予电视作品意义的语言和话语规则。第三阶段也是最重要的阶段，是观众的"解码"阶段。观众面对的不是社会的原始事件，而是加工过的译本。观众必须能够解码，才能获得译本的意义。如果观众能够解码，能看懂或消费电视产品的意义，其行为本身就构成一种社会实践，一种能够被解码成新话语的原材料，也就是说，意义和信息不是简单被传递，而是被生产出来：一方面产生于制码者对日常生活原材料的编码，另一方面产生于观众与其他话语的关系之中。

然而以上分析是以共同的语言文化环境为前提的，大家都用同样的语言体系，有人称之为语内交流。对不同的语言体系来说，情况自然要复杂得多。那么，媒介传播是如何克服语言差异的呢？

（三）媒介文本的二度符号化

如果我们把翻译二度符号化的原理运用到所有大众媒介语言文本的交流转换之中，那就是媒介跨文化传播的基本原理：甲语言文本（如中文电视剧、英文电影脚本、法文新闻稿、普什图语专题解说）先由译制人员进行读解，其后用乙语言进行配制，即"二度编码"（如把中文片译制成阿拉伯文、把普什图语解说译制成西班牙语、把法语新闻稿编译成马来语），这样便得到了乙语言文本，然后再经媒体传播到乙语言受众那里。

这种现象在我国早为人们所熟知，如影视节目的译制就是对影视语言文本的"二度编码"，是影视媒介跨文化传播所必不可少的重要环节。当然，媒介语言文本内容不只是电影、电视引进节目或出口节目，还有广播、报刊等媒体的新闻、文化娱乐、体育等各种内容。

正是这些译制家、编译家们创造性的"二度编码"劳动为中外媒介跨文化交流传播搭起了信息交换平台。翻译家们也正是以这种特殊的创造性劳动为全世界不同文化的交流、沟通和传播写下了辉煌的历史篇章。本文以下通过典型的媒介跨文化传播文本形态影视剧脚本的翻译来说明"二度编码"的实际意义。

三、影视剧脚本的翻译及审美特征

文学翻译的共同特征是情感化和人物性格再造,而文学形态的多样性又赋予了翻译重建形式美的不同艺术品格。这三个方面构成了文学翻译艺术审美的主要内涵,也赋予了翻译作为艺术的特殊品质。影视剧脚本的翻译是文学翻译的一种特殊形式,其典型特征不仅体现了媒介跨文化传播的人文品质,而且反映了文学翻译进行"二度编码"再创作的审美特征,具体表现在以下五个方面。

(一)口语会话原则

影视剧中人物对话的翻译不是供读者去慢慢阅读品味的,而是要转化为配音演员的声音,使观众在观赏的瞬间去理解接受。因此,仅仅达到文字上的"通顺""通达"是不够的,还必须使之贴近生活,使之易于上口,便于听懂。这样的译文经过配音,才能与人物表情(包括口型)相吻合,才能最终求得自然、逼真的艺术效果。

影视剧的对话语言是口语会话,因此翻译的首要原则就是使译文"好配",使之念起来上口、听起来顺畅。所谓"通顺"就表现为念得很"顺"、听得很像"话",使人感觉剧中人物就像平常生活中的人物那样真实。这正是影视译制进行"二度编码"再创作所依循的艺术标准。

(二)声画对位原则

重建形式美是文学翻译进行艺术再创作的重要表现。译诗的原则就是再创诗的意境。剧本的翻译不仅要考虑到其中的停顿、节奏及动作、人物性格,还要琢磨俏皮话、机智语、幽默、言外意、潜台词等。最后还要考虑到戏是上演的,译文要"上口"。[①] 正是这些要素赋予了剧本翻译力求重建舞台演剧

---

① 张君川.我的文艺翻译[M]//巴金,等.当代文学翻译百家谈.北京:北京大学出版社,1989:443.

形式美的品格。

影视剧配音脚本的翻译与戏剧脚本的翻译很相似。剧本要拿去上演，译制脚本供配音用，所以译文都要求"上口"。但是两者之间也有很大的差异。剧本译好了，交给剧团，演员看了译文，然后表演，对白依据译文而行。译制脚本则不然。原作的人物对话、表演已经存在，脚本是依据人物的实际话语译出的，然后拿去让配音演员给剧中人物"对口型"。这与剧本的翻译—上演过程正好相反。

影视译制的结果至少能使观众闻其声、见其人，知道哪句话出自谁的口，这是最起码的要求。为此，译文必须尽可能与原话字数相当，长短一致。译文过长过短都会给配音带来困难，甚至影响或破坏人物性格的塑造和情绪的表达。

从翻译方法来看，对于较为简单的语句，求得译语和原语长短一致并不太难。影视译制有点像演双簧，用剧中人物的口型装配音演员的声音，使所言所语如出其口。翻译的任务是为配音提供蓝本，所以译文要在保证准确、生动、感人的前提下，力图在长短、节奏、换气、停顿乃至口型开合等诸方面求得与剧中人物说话时的表情、口吻相一致，最终使观众闻其声，见其人，知道哪句话出自谁的口。

严格地说，译制一部片子像填一首词，思想内容自然不能更改，每句每行的"平仄音韵"也有严格的限定。假如译者忽视"口型化"的规律，不管话语的"轻重缓急"，译文任长任短，"意思对了就可以了"，那么，这样的译文，如果拿去配音，则会出现以下现象：短句译得过长，配音只好加快节奏"赶"——结果平静的心情变得焦急不安，沉稳的性格显得浮躁轻率；反之，长句译得过短，配音只能放慢速度"拖"——结果激动热情变得呆滞冷漠，干练果断成了优柔不决，如此等等。这表明剧本翻译不是简单的解码、编码，也不是根据基本意思进行自由发挥，而是一种切合原著的、务使语感得体的"二度编码"再创造。

（三）雅俗共赏原则

翻译的一般原则是"忠实""通顺"，但"通顺"并不等于"通俗"，因为

"通俗"是指大众化,而达到"通顺"并不意味着具有大众化的特点。也就是说,"通俗化"的原则是在"通顺"的基础上力求语言靠近大众,清楚明白、雅俗共赏。当然,"通俗"不等于"低俗"或"平淡"。现代汉语里大众化的语言有着极其丰富的表现力,它能反映简朴的思想,也能表达复杂的情感,关键在于能否使之生动活泼、准确自然。

所谓"通俗化"的原则实际上是一个为观众服务、对观众负责的原则,就是要求翻译在下笔时,设身处地为普通观众想一下,想一想哪种译法较容易理解,哪种表达不至于引起误解,如此等等。影视片的翻译要遵循通俗化的原则,这是由大众媒体的特性所决定的。一部思想性、艺术性很强的影片,译得通俗明白,就能为普通百姓所理解、所接受,从而更好、更广泛地起到教育人,特别是教育青少年的作用。如果译得过"雅",甚至艰深难懂,那就违背了它的初衷。

要做到通俗明白,翻译必须对原文语言现象,尤其是专业性问题有充分理解,然后在表达上深入浅出,力争既简单明了,又不失严谨准确,朴实而不乏味,深刻而不莫测,求得雅俗共赏的效果。

从改革开放的现实来看,中国正在昂首迈向全面建成小康社会的崭新时代,在建设物质文明的同时,还要大力建设社会主义的精神文明。为了使译制片更为广泛地走向千家万户,从而使广大人民群众在欣赏艺术的同时更好地了解世界,提倡译制"通俗化"、力求雅俗共赏的现实意义也就不言而喻了。

(四)人物性格化原则

文学作品大都以塑造人物性格为重点。文学翻译的重要任务在于人物性格的再造。张友松先生谈翻译马克·吐温作品的体会时说,译者必须细心揣摩原作中描绘的各式各样的人物形象及其言谈举止,把自己融在作品的境界里,下笔时则力求使原著中的各种人物和自然景色活生生地呈现在读者眼前,使读者得到艺术的享受。[①]

---

① 张友松.文学翻译漫谈[M]//巴金,等.当代文学翻译百家谈.北京:北京大学出版社,1989:432–433.

动人的故事由活生生的人物的一言一行构筑起来，人物性格越鲜明，故事就越感人。鲜明的人物性格赋予了故事生活的气息，使每一幅画面都生动而逼真，留给观众难忘的印象。准确把握人物性格是保证译制再创作实现生动传神的关键。译制者只有准确把握人物性格，才能在翻译、配音的创作过程中做到"对号入座"，真正达到言如其人、观众闻其声便知其人的艺术境界。人物性格化恐怕是机器译制永远无法胜任的。

准确把握人物性格对影视剧本的翻译来说尤其重要，它是保证译制过程通过二度编码再创作再现原作风貌、还原原作形象、实现译作生动传神的关键。正如张友松先生所说，"年龄、身份、习性和社会地位、文化水平等等各自不同的人物，各有其特征，他们的外貌、语言、举动和表情，在译文中都要恰如其分地表现出来，才算是真正地忠于原著，只在字面上死抠是不行的"。①

总之，翻译要整体把握人物性格、把握其语言特色，从而在译文中努力再创这些人物性格，通过配音，最终实现不仅"形"似而且"神"似、观众闻其声便知其人的艺术效果。这就是言如其人、人物性格化的道理所在。

（五）情感化原则

文学翻译家把翻译视为再创作，其原因之一在于译者情感的投入。张君川先生说，不论是小说还是剧本，都是诗，都是创作，首先必须爱之如命，甚至自己也有此创作欲望，拿它当自己的作品，才可下手翻译，不然译起来干巴巴的，就会失去诗意。艺术作品不是科学论文，要有丰富的思想感情与想象力，译作亦应如此，才能感人。如果没有译者思想感情的参与，所译的作品就失去了灵魂。以演剧为例：我们看剧本，脑中就生出舞台形象，就等于再创造，即就观众、读者来说，看戏、看小说也是随了演出及作者进行再创造。译者又何尝可以例外呢？②

---

① 张友松.文学翻译漫谈［M］//巴金，等.当代文学翻译百家谈.北京：北京大学出版社，1989：432-433.

② 张君川.我的文艺翻译［M］//巴金，等.当代文学翻译百家谈.北京：北京大学出版社，1989：443.

这就是"情感化"的原则，也就是说，翻译要努力"进入角色"，设身处地，从人物内心深处把握、领会其言语的确切含义，从而使译文"言而由衷""有感而发"，具有真情实感。

好的译制片，观众为剧情所吸引，几乎感觉不到是经过配译而成的。其中自然以译文达到"真切感人"为先决条件。如果翻译只停留在文字的浅层上，没有潜入其情感深层，那么，即使文字上说得过去，算得上"真实、通顺"，甚至在字数、节奏等方面也无可挑剔，其结果也往往"貌合神离"，难以求得"神似"。

一位翻译家曾说，翻译是寂寞的行当。要论工作条件，一个角落放一张桌子足矣。然而翻译家却并不孤独，因为他总是在跟人家对话，跟作者对话，跟各个不同的人物对话，直至跟每一位观众（读者）对话。对影视剧脚本的翻译来说，这种对话更生动、更形象、更直观。在翻译的脑海里有一个大千世界，时而翻滚着惊心动魄的巨幅画卷，时而流淌着催人泪下的绵绵情丝。张友松先生说，文学翻译工作者也像作家一样，需要运用形象思维，不可把翻译工作当作单纯的文字转移工作，译者如果只有笔杆子的活动，而没有心灵的活动，不把思想情感调动起来，那就传达不出作者的风格和原著的神韵，会糟蹋名著，贻误读者。[①]

总结起来，影视剧脚本翻译的五个原则集中体现了中外影视剧在跨文化传播过程中进行文本转化的基本特征。以此为案例来分析，不难看出"翻译二度编码"的原理在语言、文化乃至艺术等各个层面所表现出来的一般意义。

---

① 张友松.文学翻译漫谈［M］// 巴金，等.当代文学翻译百家谈.北京：北京大学出版社，1989：432-433.

中外媒体英语新闻语言学对比研究*

语言是新闻的载体，是新闻的外在表现形式。受众与新闻语言产生直观的接触，从而从新闻中获取信息。英语新闻作为我国媒体对外传播的重要组成部分，是以英语为媒介，向身处不同文化语境的受众进行跨文化传播的一种途径。我国媒体的英语新闻想要达到良好的传播效果，要经过受众两个步骤的接受过程：第一步是认知上的接受，第二步是情感上的接受。如果新闻语言没能在媒体信息中脱颖而出，得到受众最基本的认知接受，那么其后的情感接受，乃至进一步的影响力、传播力或议程设置等目标就无从谈起。所以，我国媒体英语新闻的写作质量，直接而深刻地影响着对外传播的效果。那么我国媒体的英语新闻报道质量如何？是否能在有限的时间内与国外受众有效对接？影响报道质量的因素是多样的，可以从不同的层面加以研究。本文正是带着这样的问题，从一个微观的视点，选取"埃及热气球爆炸事件"和"李天一无照驾驶打人案"两件社会新闻，在语言学理论的指导下，结合新闻的写作特点，从构成文本的两个基本单位——词汇和句子这两个层面，对比分析我国媒体、英语国家及非英语国家媒体对这两起事件的英语报道中的语言问题。

---

* 本文原载于《现代传播（中国传媒大学学报）》2013年第8期，与李忆南、贾天怡合作，收入本书时略有删改。

一、词汇分析

根据德国心理学家卡尔·布勒的观点，语言的语义功能分为三类：描述功能、表情功能、感染功能。①在此基础上，语言学家彼得·纽马克对文本类型进行了划分，主要分为表达类文本、信息类文本、召唤类文本。②在纽马克看来，表达类文本带有强烈的个人感情色彩，往往运用一些夸张的、有个人特点的词语和句型，反映出作者的语言风格和特点；信息类文本是对客观事件的写实性描述，它的语言往往不带个人特色，经常用普通的搭配、正常的句型、传统的习惯和比喻等；召唤类文本强调以读者为中心，其目的是号召读者按照原作者的意图来行动。

作为一种独特的文体形式，新闻和其他文体在文本上有着很大的区别。一般意义上的新闻，无论是作为"对新近发生的事实的报道"，还是作为"广大群众欲知应知而未知的重要事实"，应该都属于纽马克定义的"信息类文本"，即对客观事件的写实性描述。根据信息类文本的特征，新闻的语言应该具有以下几个特点：

第一，大众性。在本文中讨论的新闻，均刊载于世界性通讯社及国家英文日报等具有广泛受众的媒体，使用的语言属于国际性交流语言。由于服务对象是受教育程度不尽相同的广泛受众，所以为了最大限度地传达信息，写作的语言应具有通俗易懂、朴实无华的特点，在词汇的选择上应尽量避免佶屈聱牙、堆砌辞藻。

第二，客观性。信息类文本的目的是尽可能客观地描述新闻事实，因此，在撰写新闻时必须尽量避免使用带有个人主观感情色彩的词语，同时在选词时应注意避免表露出写作者个人对事件的看法和态度，尤其在形容词的选择和使用上必须慎之又慎。马克·吐温曾提出："（写作新闻时）一旦出现形容

---

① NORD C. Translating as a purposeful activity: functionalist approaches explained [M]. Shanghai: Shanghai Foreign Language Education Press, 2001: 151.
② 张春芳. 功能翻译理论视阈下的学术论文摘要英译研究 [D]. 上海：上海外国语大学，2012.

词，应该马上删掉。"①

第三，简洁性。信息类文本在语言风格上体现为遵循经济原则。法国语言学家马丁内（André Martinet）提出的所谓"语言经济原则"，主要指在交际和表达的需要与人自身的惰性的相互协调、促进之下，言语活动在完成交际功能的前提下，将尽可能减少力量的消耗，使用比较少的、省力的、已经熟悉的或比较习惯了的或者具有较大普遍性的语言单位。② 简而言之，就是用简练的语言传达丰富的信息。简洁性是信息类文本和新闻即时性特征的要求，也符合现代受众的阅读习惯。

一个文本往往兼具几种文本特征。③ 作为信息型文本的新闻也是如此。1994年，江泽民在全国宣传思想工作会议上提到："以科学的理论武装人，以正确的舆论引导人，以高尚的精神塑造人，以优秀的作品鼓舞人。"这段话意味着优秀的新闻作品是有感染力的，可以对受众起到激励、鼓舞的作用。从文本类型学的角度看，这表明新闻文体也具有一定的召唤类文本特征。好的新闻在向受众传达客观事实和信息的同时，必须能吸引受众的阅读兴趣。落实到新闻的语言选择上，这便要求新闻写作者在保证客观性的基础上，尽量运用表意具体、丰富多变的词语，力求将新闻语言打磨得形象生动、富有吸引力。

对同一个新闻事件的英语报道，中外新闻媒体在词汇的处理上是否满足了上述特点？其风格有何不同？本节以"埃及热气球爆炸事件"为例，选取CNN网站、半岛电视台网站、路透社网站、《中国日报》网站及新华社网站对此事的报道，对这几家媒体在新闻词汇处理上的特点进行对比分析（见表1）。

---

① MENCHER M. News reporting and writing [M]. Beijing: Tsinghua University Press, 2003: 187.
② 周绍珩. 马丁内的语言功能观和语言经济原则 [J]. 国外语言学，1980（4）：4-12.
③ 廖七一. 当代英国翻译理论 [M]. 武汉：湖北教育出版社，2004：154-155.

表 1　关于"埃及热气球爆炸事件"不同媒体新闻标题及字数一览

媒体	标题
CNN	Deadliest balloon crash in decades kills 19 in Egypt（9w）
半岛电视台	Tourists die in Egypt hot-air balloon crash（7w）
路透社	Egypt balloon crash kills 19, mainly foreign tourists（8w）
《中国日报》	Crash of balloon in Egypt kills 19 tourists（8w）
新华社	18 tourists killed in balloon explosion in Egypt's Luxor（9w）

（一）标题措辞对比

通常情况下，好的新闻标题不仅具有高度概括性，同时对于新闻内容本身能够起到画龙点睛的作用。所以，虽然新闻标题字数寥寥，但对其用词状况进行分析，却具有一定的典型意义。

如表1所示，五家媒体的标题字数均保持在7～9个英文单词，主要信息点为"热气球事故""发生地点为埃及""死亡人数"。其中，半岛电视台标题最简洁，只有7个英文单词，但没有提及事故致死的具体人数，信息点最少。《中国日报》的标题满足了对3个主要信息点的表述。除此之外，还有媒体提供了额外的信息点。CNN在标题中将事故描绘为"Deadliest balloon crash in decades"，提供了对事故性质的叙述；路透社提到"mainly foreign tourists"，对"死亡人员的国籍"这一信息点予以补充；新华社在标题中提到"Egypt's Luxor"，对事故发生地点进行了进一步解释。就用词的简洁性和提供的信息量而言，半岛电视台的新闻标题用词量最少，提供的信息量也最少，在短短的7个英文单词中，用了"hot-air"来修饰"balloon"，属于信息的重复。CNN和新华社的标题均使用了9个单词，都拥有4个信息点。路透社和《中国日报》的标题都使用了8个单词，但路透社拥有4个信息点，后者的信息点只有3个。《中国日报》对"埃及热气球事故"的表述为"crash of balloon in Egypt"，简洁度不及路透社的"Egypt balloon crash"。五家媒体的标题均没有使用修辞手段。

综上所述，《中国日报》和新华社的新闻标题在简洁程度和提供的信息点方面比较中规中矩，满足了新闻标题的基本要求。路透社的标题在保证简洁性的同时提供了最多的信息点。

(二) 正文措辞对比

与新闻标题的处理方法类似，在五篇新闻报道的正文中，对于相似信息点的叙述，各家媒体采用的具体词汇也各不相同。不同的选择和处理方式，也会影响新闻的表达效果。通过阅读和分析，五篇新闻报道中均提到的信息点有事故发生时的情景、事故的结果、有关伤亡者的信息、事故之后的处理状况、对事故发生地的补充信息等。

在事故发生时的情景表述方面，在五篇新闻报道之中，只有CNN的新闻对事故发生前的状况进行了文学性的描绘，使用了五篇新闻报道中篇幅最长的间接导语，以及包含一定感情色彩的描述性语言："The view from above southern Egypt is stunning, a contrast of beige desert valley giving way to green farmland, including fields of sugar cane. Tourists soak in the sight by hiring hot air balloons that have large baskets to carry passengers hundreds of feet above the countryside."在这段话中，写作者用"stunning"（绝妙的）表述了埃及南部的景色，还提及了"desert valley""green farmland""fields of sugar cane"等景物细节，属于修辞上的烘托手法，与后文的惨案形成鲜明对比。从文本类型学的角度来看，比起新闻所属的信息类文本，这段话更突出地反映了表达类文本的特点，虽然写作者使用的都是普通词汇，但却带有一定的个人主观感情色彩。联系后文所要叙述的新闻事实，这段叙述提供的信息和后文无明显的逻辑关系，并不符合新闻语言的经济原则。

但是，上述语言风格在描述事故本身时，在把握好客观性尺度的情况下，能够将事实表现得生动形象。例如，在表述"热气球爆炸坠毁"这个新闻事件时，CNN使用了"pierce"（刺破、穿过），具体可感；用来描述爆炸场景的还有"billow of smoke"。但是，写作者最终将落脚点放在了"Smoke from the burning sugar cane painted the ancient city of Luxor below with an eerie haziness"，主观感情色彩比较强烈，体现出表达类文本的特质，并且，"eerie haziness"这个词组文学性较浓，并不适合在新闻文体中使用。其他四篇新闻报道对于事故的发生描述得比较简略，多使用中性词汇，如 crash（碰撞）、explosion（爆炸），甚至于更为简单的 come down（落下），将最基本的事实介绍给受众。当然，表述简略虽然符合新闻文本特征和经济原则，但缺少语言的美感和趣味性。

针对事故结果和死亡人数的描述，CNN 和半岛电视台采用的表述是"死亡人数攀升至 19 人"，前者采用"climbed to"，后者采用"rose to"，均表达了"死亡人数的最终确定是一个过程"的含义，表意准确。路透社和中国日报使用的是中性词"die"，在此只表明结果，比 CNN 和半岛电视台的表达方式少一层含义；同时，两家媒体分别用"tourists"和"people"做主语，而 CNN 和半岛电视台使用的分别是"number of dead"和"death toll"（死亡人数），表述更加客观。

在解释事故原因这个信息点中，CNN 和半岛电视台仅仅提到"gas explosion"，路透社、《中国日报》和新华社对于事故原因的解释则比较详细，信息内涵更加丰富。路透社提及"the fire had begun in the pipe linking the gas canisters to the burner"，《中国日报》的表述是"an explosion in the hose between the balloon's burner and its gas canister"，二者仅仅在对"管道"的用词上有所区别，而《中国日报》直接使用介词"between"表示方位，结构更加简洁。比较路透社、《中国日报》和新华社的三篇新闻报道对事故原因的描述，路透社和《中国日报》的用词简单易懂，结构简洁，信息点陈述清楚。

在表述对事故所进行的后续处理时，除《中国日报》外，其余四篇报道都提到了两个关键细节：其一是"埃及官方将对事故原因进行调查"，其二是"热气球观光服务已暂停"。在表述前一个细节时，这四篇报道用到的词汇均是"investigate"或其名词"investigation"（调查），只在后一个细节的表述上有所区别。CNN 和半岛电视台在表述"暂停观光服务"时用到的关键词汇是"ban"（明令禁止、取缔），语气强硬，而路透社用到的关键词汇是"stop"（停止），属于中性词汇；但联系上下文便可得知，热气球观光是埃及旅游业的一项重要服务，发生此次事故只是暂时停止相关活动，并非永久废除。所以，新华社使用"suspend"（暂停）在这个语境中是最恰当的。

最后，在对此次事故进行补充性描述时，五篇报道的信息点集中在两个方面：其一是介绍卢克索旅游胜地的地位，其二是介绍类似的热气球事故。

在介绍卢克索时，CNN 的报道是五篇报道中最为精练的，使用的关键词汇是"top tourist draws"；同时表明"travel sites often recommend the hot air balloon trips"，突出了热气球观光项目在埃及旅游业中的重要地位，侧面暗示了事故的严重性，逻辑严谨，首尾呼应。半岛电视台的报道比较详尽地介绍了卢克索的地理位置和人文景观，"510km south of Cairo, Egypt's capital""most renowned archaeological sites""famous Valley of the Kings and the grand Temple of Hatshepsut"；《中国日报》对此信息也进行了详细介绍："famous for its pharaonic temples and tombs of the Valley of the Kings, including Tutankhamen's"，二者对词汇的选择类似，但比起 CNN 的介绍，半岛电视台和《中国日报》的报道除语言不够简洁之外，也没有和此次事故联系起来，信息点也较少。路透社的介绍是"many of the area's major historical sites are located"，词汇选择和 CNN 类似，属于客观性描述，信息点同样少于 CNN。在五篇新闻报道中，路透社和新华社提到了和本次事故类似的其他热气球事故。路透社的表述是"plunged to the ground in flames"，新华社的表述是"impinged with"和"fell down"，虽然描述的动作不同，但新华社的动词含义比较笼统，路透社的则更准确、生动一些。在提供新闻背景补充信息方面，CNN 和路透社的选词在五篇报道中最为细致。

通过对五篇新闻报道进行文本类型的分析和解读可以看出，CNN 对英语新闻词汇的把握最为到位，但写作者有时会发挥过多的个人风格，容易背离新闻信息类文本的本质特征；路透社在词汇的选择方面比较中规中矩，保证了新闻语言的客观性，同时兼顾了文字的吸引力；半岛电视台行文简练，语言表意准确，令读者一目了然，但有时会过分拘泥于语言的经济原则，造成信息点的缺失。五篇新闻报道的选词都比较大众化，几乎没有出现偏词、怪词。作为非英语国家的媒体，《中国日报》和新华社在报道选词上能够做到准确简洁，在新闻语言的"去作者化"方面也把握得当，但在语言的精练程度和感染力方面相对薄弱。

二、句子分析

语言是社会活动的产物。按照系统功能语言学的观点,语言作为人际交往的工具,承担着各种各样的功能。韩礼德把语言的纯理功能分为三种:概念功能、人际功能和语篇功能。概念功能,即语言对人们在现实世界(包括内心世界)中的各种经历的表达。换言之,就是反映客观和主观世界中所发生的事、所牵涉的人和物以及与之有关的时间、地点等因素。人际功能,即语言具有表达讲话者的身份、地位、态度、动机与对事物的推断等的功能。语篇功能,即在语义层中把语言成分组织成为语篇的功能。[①]

按照上述思想,我们可以把新闻的语言功能也分为三种,即概念功能、语篇功能和人际功能。其中,概念功能主要体现为客观地阐述真实发生的事件和经历(传递信息);语篇功能体现为组织新闻语篇(组织语句);人际功能体现为反映态度和判断(表达倾向)。句子是表达意义的基本语言单位。从概念功能和语篇功能出发,英语新闻语句需要满足以下两个方面的要求:一方面,要根据特定的英语语境把语言组织成为完整的意义群,即句式要符合英语语言表达和组织的习惯特点(符合思维习惯);另一方面,句子要传递丰富的信息,在此基础上还要符合经济原则,在尽量短的篇幅内传递尽量多的信息点。本节将从句子的层面对中外媒体的英语新闻写作进行比较分析。

(一)句式对比

语言跟思维有着密切的关系。我国媒体在进行英语报道时往往受到汉语语境的影响。这种影响有时表现在词语的选择上,有时则表现在句子、语篇的组织上。

从基本特征来看,汉语和英语在语篇组织上的差异,主要体现在句子的"形合"与"意合"上。形合与意合是语言的两种基本组织手段。狭义上的形

[①] 胡壮麟,朱永生,张德录. 系统功能语法概论[M]. 长沙:湖南教育出版社,1989:7,105,135.

合指词语或语句间的连接主要依靠连接词或语言形态手段来实现；广义上的形合包括形态和词汇两种形式手段，指一切依借形式和形态手段完成句法组合的方式，包括语汇词类标记、词组标记、语法范畴标记（性、数、格、时态、语态、语气、体式等）、句法项标记（主语、谓语、宾语等）、分句与分句之间的句法层级标记、句型标记（如从句）、句式标记（如提问句）等。① 意合则指词语或语句间的连接主要凭借语义或语句间的逻辑关系来实现。②

研究表明，英语多用形合：从句句式规整，分句结构丰富，语言表达从细处着眼，层层相加，环环相扣；利用引导词及标点符号来体现句子与句子、句子与词之间的关系。与之相比，汉语重意合，较少运用严密的语法形式或连接词，在叙述上层层推进、逐一讲述，最后归纳总结。

根据以上分析，对于中国媒体而言，英语新闻在句子的组织上，要尽量遵循其从句繁复、分句丰富的使用习惯，这样既可以保证结构规整、信息集中，又符合以英语为母语的受众的阅读习惯，使新闻稿件具有吸引力。笔者选取了中外媒体（新华社网站、人民网、CNN网站、路透社网站、法新社网站）对"李天一无照驾驶打人案"的五篇报道进行句式复杂程度的比较。

首先，英语中的完全句，按其结构形式，又可分为简单句、并列句、复杂句和并列复杂句。③ 句子的结构从一定程度上反映着其复杂程度。经过统计，新华社及人民网在这一报道中运用简单句和并列句的比例分别是53%和50%；CNN、路透社、法新社分别是40%、50%以及12.6%。我国媒体这两种句式的使用比例略高于CNN及路透社，而法新社所用比例最少。在复杂句和并列复杂句的运用方面，新华社和人民网的比例是47%以及50%；CNN、路透社、法新社的比例分别是60%、50%以及86.3%。相比之下，我国媒体对复杂句的使用率明显低于CNN和法新社。在"句均分句数"方面，路透社和法新社分别为2、2.4、2.6个；新华社和人民网分别为2、2.1个，均低于路

---

① 张思洁, 张柏然. 形合与意合的哲学思维反思 [J]. 中国翻译, 2001 (4): 13–18.
② 宋志平. 英汉语形合与意合对比研究综观 [J]. 东北师大学报（哲学社会科学版）, 2003 (2): 92–98.
③ 章振邦. 新编英语语法教程 [M]. 上海：上海外语教育出版社, 2003: 13.

透社及法新社；人民网与CNN持平，但其复杂句使用比例低于CNN。另外，虽然人民网在句式使用的比例上与路透社持平，但是却在"句均分句数"上落后，可见其对分句的运用略逊于后者。综合以上统计可以看出，新华社和人民网相比于CNN、路透社和法新社，运用简单句较多，复杂句较少，分句较少，句式偏向简单。（注：句数统计不包括直接引语）

简单句和并列句类似于汉语的"流水句"，结构零散，有时读者需要通过上下文语境及句子间的逻辑关系来领会语篇的整体意义，这符合汉语高语境文化的思维习惯。但是就英语新闻而言，结构简单、分句较少的句子表达手段单一，每一句可包含的信息量少。如果将多个分句并列叠加，则显得枯燥乏味，表意不连贯，按部就班的陈述好似"流水账"。例如，新华社的报道描述了李天一和同伴撞车及打人的具体过程的片段（见表2），由6个按时间顺序依次排列的句子组成。文章中将每一个情节分述为一个短句，把事件的详细经过和发生的先后顺序交代得清楚明了。然而分句句意无法前后呼应衔接，结构松散，缺乏吸引力。

表2 新华社与CNN报道叙事部分对比

新华社报道事件叙述	CNN报道事件叙述
1. Li got out of his car and attacked the driver, surnamed Peng, without a word of explanation.（17w）	1. Last week, the son of an army general and celebrity singer in China rear-ended a Buick sedan carrying a family of three.（22w）
2. Li's friend surnamed Su, who had been following in another car, joined in.（13w）	2. It turned out that Li Tianyi, 15, was driving his BMW without a license, according to the Beijing Evening News.（20w）
3. Peng's wife tried to stop them and was also beaten, despite the fact the couple's five-year-old daughter was crying in the back.（22w）	3. After the collision, Li and an 18-year-old friend, who was driving an Audi behind him, reportedly jumped out of their cars and attacked the driver and his wife, berating them for stopping abruptly.（33w）
4. The attackers even shouted at by-standers warning them not to call the police.（13w）	4. As the couple's child cried in the back seat, the newspaper described how Li had threatened by standers, daring them to call the police.（23w）
5. The two youths tried to escape afterwards but the police arrived and detained them with the help of guards.（19w）	
6. Peng and his wife were sent to hospital with head injuries.（11w）	

CNN采用了4个长句,不仅句数较少,而且增加了"李天一驾驶宝马车并且没有驾照"等细节性的信息。这一段文字多用信息点丰富的复杂句,每一句的长度都在20词以上,第三句甚至达到33词。长句将松散的细节串联起来,厘清每一过程的逻辑关系,阅读起来一气呵成,缜密紧凑,连贯畅达。而新华社稿件的6句话的长度几乎全部在20词以内。根据统计,新华社和人民网在这一段落所用句子的"句均词数"分别为15.8及18.8个,CNN、路透社、法新社分别是22.4、43及31.5个。在选取的五篇新闻报道中,我国媒体采用的新闻语句普遍短小,内容简单。另外,通讯社的报道属于书面稿件,对行文正式及规范程度的要求应相对较高。在这一主要片段中,路透社的"句均词数"可达43个,超过新华社的两倍多,句式复杂程度的差别可见一斑。

(二) 信息量对比

信息的传递是新闻的基本职能。新闻语言为了更好地完成其概念功能,应该在完成信息传递的基础上,结合自身特点尽量遵循经济原则。相较于多个简单句,一个内容丰富的复杂句或并列复杂句更加简洁精练,表意更高效,信息密度更大。媒体版面有限且每一寸版面都关乎商业价值,所以理应字字斟酌;并且,新闻是最讲求时效性的快速消费品,受众也期待在最短的时间内获取最多的信息。所以新闻要力求利用最精简的篇幅,传递最丰富的信息,在节省版面的同时抓住受众的注意力。

此外,概念功能的及物性系统,将现实生活中的事件和行为分为"过程""参与者"及"环境成分"。其中"环境成分"还包括时间、空间、方式、程度、比较、伴随、因果、身份等。[①] 及物性通过交代这些信息点来体现语言的概念功能,所以我们可以根据以上分类,对每篇报道在叙述新闻事件的主体部分时所传递的信息点进行统计。

经过统计,在描述"李天一无照驾驶打人案"事件经过的这一段,新华

---

① 胡壮麟,朱永生,张德录. 系统功能语法概论 [M]. 长沙:湖南教育出版社,1989:83.

社和人民网分别用了 6 句和 4 句话；CNN、路透社及法新社分别用了 5 句、2 句及 4 句。通过对"句均信息点数"的统计发现，我国两家媒体报道的信息密集程度低于国外三家媒体的 2.2、4.5 及 2.75 个，尤其是新华社，其"句均信息点数"只有 1.3 个，即每个句子几乎只包含一个信息点，而人民网为 1.75 个。

信息点的密度与句式的复杂程度密切相关。在这方面，应属路透社的叙述最为高效。例如，Li Tianyi, the teenage son of People's Liberation Army general Li Shuangjiang, a singer known for belting out patriotic songs for television shows and official events, careened a souped-up BMW into another car in Beijing last week, and since then the outrage has not stopped. 这一句中就包含了 5 个信息点：首先，句子连续运用了两个插入语，分别是一个名词词组和一个非限定分句，在前半句中交代了李天一和李双江的身份；其次，在主句中点明时间和事件；最后运用一个并列句补充说明了事件发生后的舆论环境。可以说既有主要事件，又有有用细节，还有背景介绍。再如 CNN 的句子：After the collision, Li and an 18-year-old friend, who was driving an Audi behind him, reportedly jumped out of their cars and attacked the driver and his wife, berating them for stopping abruptly. 此句包含 3 个信息点：首先用定语从句表明肇事者身份；其次用主句陈述事件——其中运用副词"reportedly"来代替介词短语，更增进了简洁程度；最后用现在分词结构的状语分句伴随说明李天一及伙伴打人的原因。然而新华社的报道却很少将几个信息点有机结合在同一长句中，而是连续运用简短的句子。

总的来看，新华社和人民网在句式上多通过简单句的罗列来表达时间顺序及逻辑关系，分句运用较少，信息点分散。比较而言，CNN、路透社和法新社的报道多用各类复杂句，将多个信息点有机结合，这样更符合英语"形合"的特点，表达更简洁高效，更符合语言的经济原则。

三、结语

本文从微观的层面,把对外报道中的语言表达问题作为研究对象,运用语言学的方法进行对比分析。由于所选案例的局限性,本文的认识只针对具体的个案,而不足以作为普遍的结论。在有关对外宣传、对外传播、国际传播的研究中,使用"国家形象""传播力""影响力""话语权""软实力"之类的宏观话语,似乎远远大于从写作表达入手的具体分析。本文的思考和探讨,其宗旨不在于寻找答案,而在于抛砖引玉,在于寻找认识视角和研究方法。

体育直播的文本和意义：体育媒介事件的叙述模式*

体育与电视的联姻，造就了体育直播这项当今社会最广泛的大众传播活动。在摄像机镜头的关注下，体育的竞技场扩展到了千家万户。分布在全球各地的观众，对着电视机热血沸腾、激情澎湃地呐喊，感受着竞技体育的魅力。2006年夏天的德国世界杯，当"五星"巴西首次亮相时，全球大约有10亿名观众收看了比赛直播。这场球赛的全球电视直播覆盖了200多个国家和地区。

当电视媒体的摄像机镜头对准体育竞技场时，那些重大的体育赛事就已经不再是单纯的体育比赛，而是衍生为一场令人关注的媒介事件。不论是体育场上的运动员、参与电视直播的新闻工作者，还是坐在电视机前的观众，都成为一场盛大节日的参与者。

一、媒介事件界说——大众传播的盛大节日

何谓"媒介事件"？针对这一问题，学者们的看法不尽相同。学者李彬在《传播学引论》中这样写道："依照通常的理解，媒介事件专指历史学家丹尼尔·波尔斯丁所说的'伪事件'，即有意安排的、非自然的人为事件。比

---

* 本文原载于《现代传播（中国传媒大学学报）》2006年第6期，与徐杨合作，收入本书时略有删改。

如，记者招待会、公关活动、揭幕剪彩等，都属此类。事实上，我们是把所有经过大众媒介传播的事件统称为媒介事件，不管它是人为制造的伪事件，还是自然发生的真事件。"① 可见，李彬认为媒介事件是一个相当广泛的范畴，他并没有给出媒介事件的具体界定条件，似乎一切与大众传媒有关的事件均可被称为媒介事件。除了这种相对笼统的定义，学界和业界对于媒介事件的理解主要有两种。

（一）经过策划、炒作的"伪新闻事件"

传播学者韦尔伯·施拉姆认为媒介事件"主要是制造出来供传媒作报道的事件"，他还以美国大选为例对媒介事件进行了分析。② 施拉姆所指的媒介事件，与前面所说的"伪事件"实际上是一个意思，就是人为制造出来的新闻报道活动。

这种经过媒体策划、炒作出来的媒介事件并不少见。例如，2000年下半年被中国大陆媒体炒得沸沸扬扬的陆幼青的《死亡日记》就是此类媒介事件的典型。学者施喆在《〈死亡日记〉：一个媒介事件的构建和伦理分析》中指出：媒介事件是大众传播媒介议程设置功能的集中体现。媒体能够通过持续对某一问题的集中报道，使原本不出现在公众视野之内的事件成为社会一时间关注的焦点；如果这一事件主要由媒体发起、策划，或媒体在其进行过程中起了主要的推动作用，就可以认为这样的"伪新闻事件"是媒介事件。③

（二）电视直播的仪式事件

随着大型电视直播报道的广泛兴起，1992年，法国媒介专家丹尼尔·戴扬和美国专家伊莱休·卡茨出版了《媒介事件：历史的现场直播》(*Media*

---

① 李彬.传播学引论[M].北京：新华出版社，1993.
② 施拉姆，波特.传播学概论[M].陈亮，李启，周立方，译.北京：新华出版社，1984：272-274.
③ 施喆.《死亡日记》：一个媒介事件的构建和伦理分析[J].现代传播（中国传媒大学学报），2001（2）：7-15.

events: The live broadcasting of history）一书，提出了对媒介事件的另一种解释。他们把媒介事件定义为"那些令国人乃至世人屏息驻足的电视直播的历史事件——主要是国家级的事件"。[①]两人认为这样的事件包括划时代的政治和体育竞赛（如奥林匹克运动会、总统竞选）；表现超凡魅力的政治使命或者具有挑战性的出访（如萨达特去往耶路撒冷的出行）；以及大人物们所经历的过渡仪式（如皇室婚礼、肯尼迪葬礼、就职、颁奖典礼等）。他们分别把这三种类型的媒介事件称为"竞赛""征服""加冕"。

根据两人的定义，媒介事件是电视直播的事件，而不是电视报道的事件或以任何其他媒介方式播报的事件。媒体不直接参与事件本身，也不是组织者或发起者，而是用电视的方式、家庭化的方式对事件的元素进行组织加工，完成事件的再生产。观众不是来获取信息的，而是来参与仪式表演，来评价、见证、体验仪式的流动的，是以激动之情度过"神圣的日子"的，可以说，媒介事件是群体情感的宣泄，是"历史的现场直播"。

本文在研究体育直播的文本意义时，选择了戴扬和卡茨对媒介事件的界定。也就是说，媒介事件是电视媒体带来的一种"电视仪式"（television ceremonies）、"节日电视"（festival television），甚至"文化表演"（cultural performance）。

体育赛事的电视直播是此类媒介事件的重要表现形式，但是并非所有的体育比赛直播都可以被称为媒介事件，构成媒介事件的要素是仪式性的表演，其同时具有干扰性、垄断性、直播性和远地点性：干扰日常生活流程，恭恭敬敬地对待神圣事物，并需要忠实观众的反映。

从一般意义上讲，媒介事件是人们盼望已久的事情，需要经过精心的广告宣传和策划，需要组织者和电视台投入大量人力、技术和资源。为了确保这种仪式框架的要旨不会在观众眼里消失，电视台不惜花几个小时甚至几天来让观众熟悉事件的行程路线、日程表及其象征符号。

[①] 戴扬，卡茨.媒介事件：历史的现场直播［M］.麻争旗，译.北京：北京广播学院出版社，2001：1.

事件的意义是公然声明的，往往具有一定的历史意义，如创造新的纪录，或标志一个时代的过去。事件的象征价值被置于突出地位，事件经过组织者和电视台的合作，其表现便带着仪式性的崇敬，所用的语气表达出神圣和敬畏，颂扬的是进取的精神和社会重新统一的主题。

事件的功能在于具有极大的震慑力，能使众多观众心驰神往，使全国乃至全世界都为之振奋。事件是人类共有的经验，使观众彼此合一，并与社会融合。人们一边进行节日性的、庆典性的电视收看，一边彼此相告、激情参与、热情讨论，是生活中的重大节点，也是交流中的必要谈资。

基于以上的分析，符合媒介事件的只有重大的体育赛事——如世界杯、奥运会的电视直播，而不是一般的赛事直播。

如果说正常的节目是在平日收看，那么，媒介事件就是在节日收看，观众被邀请甚至按照指令停止日常惯例来参加一项节日体验，可以说，媒介事件就是大众传播的盛大节日。

二、媒介事件的脚本——竞赛、征服、加冕

脚本就是构成媒介事件样式本体的基本叙述形式，它既是划分事件素材的类型或故事形式，又是决定每一事件内人物角色的分配及其扮演的方式。根据戴扬和卡茨的定义，媒介事件的脚本主要分为"竞赛""征服""加冕"三种。任何媒介事件都可以由一个或多个脚本构成，有的以一种为主，有的兼而有之，但所有媒介事件同时具有处于背景或次要地位的脚本的某些特征。

"竞赛"包括的范围可以从世界杯到总统竞选，也可以从奥运会到参议院的听证会。体育和政治是竞赛的领地，这是有规则的冠军之战，能吸引千百万名观看者。竞赛有时被定义为游戏，有时又被定义为一场豪赌。

"征服"就是代表"人类巨大飞跃"的电视直播，如登月航行、"神六"升空、外交出访等。这类事件往往具有冒险性和强烈冲突，但总是以人类的胜利告终，代表了人类的辉煌成就。电视直播提供了与真实时间同步的史诗般的解说画面，这些内容往往具有相似性，充满了对人类成就的溢美之词。

"加冕"则是一种完全的仪式事件,如婚礼、葬礼、回归、阅兵、就职典礼等。

其实,这三种类型的脚本在媒介事件中往往是紧密相连、互相渗透的。往往最初是"竞赛",然后是"征服",最后是"加冕"。世界杯以公平竞赛为起点,接着呈现出战胜对手、克服挑战的征服情节,最后获胜者拿奖,得到观众和媒体的欢呼、赞誉和加冕。"神六"升空是在航天领域的竞赛,接着是征服太空、战胜困难、取得突破,最后得到党和政府的表彰,接受社会和媒体的加冕。

在体育直播中,最主要的脚本就是"竞赛",但也包含了"征服"和"加冕"的元素。体育比赛直播的焦点是比赛现场的角逐,而不是演播室的游戏。人们最关注的是赛场上运动员的表现,以及谁能成为胜利者;与此同时,赛场上的拼搏和竞争反映了人类对自我的超越和征服,而获胜后的欢呼、颁奖、奏乐,则是对英雄的加冕。

构成媒介事件的体育直播是一项复杂的工作,需要各方的协商和参与,也需要经过精心策划和广告宣传。比如德国世界杯的直播,央视体育中心就动用了大量的人力、物力,当然其效果也是很好的。据时任中央电视台体育中心主任江和平介绍,关于世界杯的报道,他们先提交世界杯报道方案,然后要经过中央电视台编委会正式通过。这个方案将分为三个部分:赛前、赛中和赛后。赛前以营造世界杯的氛围为主,赛中以现场直播比赛为主,赛后则主要是延续世界杯的热情。江和平还表示:"世界杯必将吸引全国观众的目光,成为 2006 年最吸引眼球、最具传播力的社会热点事件。"由此可见,央视的世界杯直播,是一场经过精心策划、已经撰写好脚本的媒介事件。

三、体育媒介事件的叙事结构——解说、表演、参与

在体育与电视相结合后,体育比赛就成了电视节目的素材,或者称为"文本",电视媒体通过自己的方式对文本进行加工,赋予文本以意义和解释,从而把体育比赛打造成令人关注的媒介事件。具体而言,电视媒体所打造的

体育媒介事件在叙事结构上有三个明显特征。

（一）电视角色

电视直播体育赛事，让电视本身成为体育媒介事件中不可缺少的角色。大众传播的游戏理论认为，媒介是游戏的代言人，而游戏则是社会生活的代言人。体育比赛是社会生活的浓缩，而电视直播则成为这种浓缩生活的代言人。

电视把真实事件微型化、家庭化，把赛场装进四边框架内，营造出"在现场"参加节日的气氛。电视不仅给主演和观众授予了角色，而且还充当事件的同期解说员和字幕员（直播时有专门的解说员，电视本身亦是事件的解说员）。电视把遥远的事件的意义"带回家"，并用趣味性和相关性将意义激活。

电视体育解说员和评论员是电视角色的集中体现。他们的解说和评论是对事实文本的直接解读，他们通过自己的语言拉近观众与现场的距离，也因此成为体育媒介事件的一个重要组成部分。这就是为什么世界杯赛场上黄健翔的"激情三分钟"会在社会上引起如此强烈的反响，因为在体育赛事直播中，现场解说和评论已经不再是可有可无的配角，而是引导观众情绪的指挥家。就像有网友评论说："我也曾听过外国的解说员解说足球，从声音到情绪，从战术到调侃，让你无暇听别的声音，感觉画面是在为声音配合，就像一个交响乐让人心潮澎湃。很庆幸我们还有一个黄健翔，每次听到他的声音，即使画面踢得不是很好看，也仍能被他的话题和情绪感染，我告诉自己'看下去'。"

（二）竞技表演

"竞赛"是体育媒介事件的主要脚本，选手是参与表演的主要演员，对抗、拼搏、竞争是表演的主要内容。体育比赛的电视直播之所以吸引人，正是因为它不仅表现了体育，更展现了激烈的竞技。竞赛象征敌对力量的平等，尤其是规则的绝对权威。这是一种理性的角逐，势均力敌的选手为了胜利的荣誉而战。胜者得到鲜花、欢呼和奖牌，败者则吸取教训，期待着下一次的机会。

竞技让体育比赛成为一种表演，具有无与伦比的观赏性，而结果则非常简单，胜负分明。观众并不需要具有多少专业知识，就能一起感受赛场的紧张气氛，共同分享胜利者的喜悦，这也是体育直播吸引人的原因之一。

除了"竞赛"，"加冕"也可以称为体育媒介事件的内容，"加冕"呼唤的还是体育精神和巨大的成就，让人们共同见证体育英雄的诞生。比如中央电视台举办的2005CCTV体坛风云人物颁奖典礼，就是一种具有"加冕"意味的媒介事件，从央视国际网站的新闻标题"千锤百炼 铸造辉煌"就不难看出这一点。

（三）观众参与

奥林匹克精神的宗旨就是重在参与。观众在观看体育比赛时，并不是无动于衷的观看者，他们也受到了"邀请"，成为体育媒介事件的参与者。首先，观众扮演了啦啦队的角色，他们在电视机前为自己支持的运动员和球队摇旗呐喊。其次，他们是忠诚的支持者，他们的心情会随着赛场上的变化跌宕起伏。最后，观众还扮演了评论员的角色，他们会对比赛给出自己的解读，会对运动员的表现进行评价，并通过发短信、打电话、上网留言等各种方式直接参与体育节目的电视直播。

四、体育直播的文本意义与体育精神

媒介是表述现实的工具，是传递信息的工具，也是凸显社会文化价值观念、构建社会精神与文化意义的工具。电视作为一种高科技的现代媒体，在告诉受众"想什么"的方面表现极为出色。电视直播"邀请"大众参加一种"仪式"和"文化表演"，在传递信息的同时赋予事件以意义。

在体育直播构成的媒介事件中，人们关注的已经不仅是比赛最终的结果，甚至已经不再是体育运动本身，大众被电视媒介"邀请"，共同加入这一盛大的节日。人们享受着全程参与赛事的体验，在这种"竞赛、征服、加冕"的过程中，大众感受到竞技体育不断进取、追求完善的拼搏精神，获得欢乐与美的享受，同时领悟到许多人生哲理。体育直播带给大众的意义正在于此。体育比赛提供了一个衡量人类成就的标杆，而电视直播则通过一种非常直观和感性的方式，让人们感受到选手的风采、教练的神情、观众的呐喊和欢呼，大众在见证英雄产生的同时宣泄自身情感。

以世界杯为例，世界杯已经成为一种文本符号，它象征着公平竞争的游戏规则，象征着充满激情和活力的生活，象征着平等、友爱、团结、拼搏的精神。直播带给大家的并不是单一的体育比赛，而是一种精神寄托。

再以奥运会为例，作为规模最大的体育媒介事件，2008年的北京奥运会不仅是属于北京、属于中国的，更是属于全世界的。《奥林匹克宪章》早就告诉我们，奥林匹克精神就是互相了解、友谊、团结和公平竞争的精神。也就是说，我们的奥运会直播，其根本目的不是宣传环保、人文或者科技，也不是弘扬中国文化或者突出北京的现代化建设，而是给全球观众营造一个互相了解、增进友谊的平台，让大家参与进来，共同欢度体育的盛宴，感受奥林匹克精神。

国际奥林匹克委员会原主席罗格在为人民日报社的《奥运经济周刊》撰写文章、评价北京奥运会的筹办工作时说："每当我想到2008年北京奥运会和想象这个奥运会能为主办国带来什么的时候，激情是描述我心情的最恰当的字眼。"他认为，承办奥林匹克运动会必须传播奥林匹克理想。相应的全国性的普及计划应该着眼于公众参与程度的最大化。①

罗格的此番言论已经明确告诉我们，2008年奥运会是大众参与的传媒盛事，在这场盛大的节日中，最不能缺少的就是激情。

现代奥运会绝不仅仅是体育竞技，而是集政治、经济、文化、娱乐等诸多内容与意义于一身的盛会，是全人类同乐共享的一个盛大节日。这是一个

---

① 段红. 罗格为《奥运经济周刊》撰文［EB/OL］.（2002–05–10）［2020–02–13］. https://www.cntv.cn/lm/660/14/39291.html.

极其复杂的文本,是传统性与现代性、民族性与世界性的巧妙结合。对于主办国来说,奥运会意味着国家形象的树立和国际地位的提升;对于运动员来说,奥运会意味着光荣与梦想,意味着摘金夺银,为国争光;对于媒体来说,奥运会就是一场媒介事件,意味着高收视率和丰厚的经济利润;对于大众来说,奥运会则意味着快乐与激情。

体育比赛不是古典音乐会,观看体育直播的观众不需要正襟危坐,闭目养神,他们需要的是释放激情。电视直播就是连接全球观众与奥运赛场的纽带,是让观众参与其中,感受激情和释放激情的平台。在黄健翔的"激情三分钟"事件之后,有网友声援黄健翔说:"我爱你,黄健翔,是你让我觉得足球里还有激情!"同样,我们可以用此来表达我们对奥运直播的态度:我们爱奥运,因为奥运给我们带来了激情。

后 记

在中外影视文化交流中，译制扮演着管道和桥梁的角色。然而，在关于"译制是什么"的讨论中，人们的认识却是模糊的。译制片到底是什么？这是笔者一直想回答的一个核心问题。

1989—1992年，本人就读于中国传媒大学国际传播学院（原北京广播学院外语系），攻读国际新闻硕士学位。1991年在中央电视台国际部实习，开始学习影视翻译。第一部习作美国电视剧《失踪之谜》是在国际部多位指导老师的帮助下完成的。该片获1991年全国优秀译制片"飞天奖"。消息传回学校，研究生学生会张贴喜报庆贺，使我受到莫大的鼓舞。从此，我爱上了影视翻译这一非常辛苦的行当。1992年留校主讲翻译课，教学的需要也使我不能放弃具体的翻译实践。结果是实践活动丰富了教学内容，理论研究又促进了实践能力的提高，这也许就叫"理论联系实际"或曰"教学相长"吧。

这样算起来，我跟影视翻译打交道已有几十个年头了。除教学工作外，我先后兼任《正大剧场》《国际影院》《名著名片欣赏》及一些连续剧的翻译工作，稿酬没赚多少，经验倒是积累了一些。除《失踪之谜》外，美国故事片《居里夫人》荣列1998年全国优秀译制片"飞天奖"一等奖榜首。从认识上讲，我对影视译制的理解是一个不断积累、不断超越、不断深化的过程，大致可分为以下五个阶段：

第一是从翻译的方法、技巧到一般原则的总结阶段。笔者在这一时期的研究是从大量影视剧翻译的实践中总结、归纳一些具体方法和技巧，最终找出影视翻译不同于其他文学翻译形式的一般规律，写成文章就是《论影视翻译的基本原则》。但是在沾沾自喜之余，笔者又发现这点体会仍停留在"术"的程式中，充其量只是手段性的"招数""套路"，根本没有触及译制活动的原理、功能、本质等深层次的东西。

第二是译制艺术赏析阶段。这一时期是从"术"的圈子里跳出来，回味、体验它所表现的美的地方，也就是以所有文学翻译作品的一般性质为参照，对影视翻译在情感表达、人物性格塑造、语言形式美等方面的问题进行剖析，这算是对影视文学翻译的审美思考，自认为是在认识上的一次飞跃，因为此时的分析似乎已从"术"的"招数""套路"中，见出译者的情感投入、人物性格再现、形式美再造等基本美学元素，并由此理解了译者那瞬间的美的体验，理解了一位老翻译家所说的在寂寞的书房一角跟作者、人物进行的心灵对话，理解了译者常随自己翻译的人物一同落泪的情景。把这样一点体会写成文章，就是《论译制片〈居里夫人〉的翻译及其艺术品格》。这时候虽然自我感觉进步不小，但仍囿于"译"的过程，并没有跳出译者的小圈子。

第三是媒介跨文化传播研究阶段。从翻译的原则到译制审美，虽有飞跃，但依旧只是在译者自身体验的"书房"里做文章。译制片的载体是大众媒介，影视译制活动必然具有媒介跨文化交流的特征。因此，要认识影视译制原理，必须以认识跨文化传播，尤其是媒介跨文化传播的本质规律为前提，这就不得不运用传播学、文化学、社会学、翻译学、语言学等多种学科的基本理论和分析方法，从跨文化交流的历史和现实中发现差异，找到共性。这就是说，译制片的研究必然带有多学科性、综合性和交叉性的特点。把这点思考写成文章，就是《翻译二度编码论——对媒介跨文化传播的理论与实践之思考》和《译制片与跨文化传通》。这时候，笔者对影视译制的思考视野好像宽阔了许多。

第四是视听译制与国际传播阶段。随着社会的发展，视听译制传播越来越呈现网络化、全球化、个性化的特征。尤其在新媒体时代，视听译制从译制文本、形态、系统、传播媒介到受众都发生了变化，于是，人们对译制的认知也必须随之改变。

中国的译制业自1949年起至20世纪90年代末有着辉煌的历史。改革开放

后，传统的外国影片中译片成为宝贵经验和财富，译制业不断引入多样化系统。中国译制业向内延伸至民族语译制，向外传播中国文化，形成引进、民族语、对外译制三位一体的系统，展现了独具中国特色的译制文化。这一体系不仅巩固了国家安全和统一，还扮演了文化传播及教育的角色。中国的译制实践与理论研究彰显了文化品质，奠定了中国译制学的理论基础和认知方式。把这样的认识写成文章就是《理念更迭与全球探望：新时期我国译制艺术发展论》和《视听译制艺术的国际传播力研究》。于是，笔者对影视译制的思考进入了一个崭新的阶段。

第五是译制教育和学科建设阶段。在"一带一路"倡议实施的大背景下，中外影视交流出现了前所未有的繁荣景象，中国影视文化"走出去"成为时代话语，为译制人才培养提供了广阔的需求市场。中国高校不仅肩负着理论建设的重任，还肩负着用理论知识培养人才的使命。译制教育，尤其是此概念下的影视翻译、字幕翻译、视听翻译等专业教学问题，成为相关院校学科建设的重要资源。换句话说，译制理论不仅是一种知识、一种决策参考，还是一种指导实践的帮手。从可持续发展的角度讲，译制教育的根本目标在于通过大学教育的制度手段转化为现实生产力，为社会源源不断地输出高素质的专业译制人才。由此可见学科建设的意义。目前关于译制教学的学术成果还不够丰富，笔者仅有一篇论文《加强理论研究改变教学观念——关于影视译制教学改革的几点思考》。但从全国范围来看，不少高校开展的与译制相关的教学活动十分活跃，并且丰富多样。依笔者所见，从实践的角度讲，所有的研究其实都是手段，而教学则成为目的。这无疑是令人欣慰的。

其实，上述思考只是侧重于笔者心里所关心的问题而已，因为这些问题都是统一的，都来源于笔者自身的责任感：作为译者，应该知道视听翻译的原则和方法；作为师者，应该明白为什么、如何学、如何提高；而作为学者，则应该有学术尺度和价值追求。鉴于此，笔者念念不忘的还是"译制是什么""怎样学会它""有什么价值"这几个最基本的问题。

麻争旗

2024年2月24日